# 中国新型城镇化
## 发展理论与实践问题研究

ZHONGGUO XINXING CHENGZHENHUA
FAZHAN LILUN YU SHIJIAN WENTI YANJIU

邓文钱·著

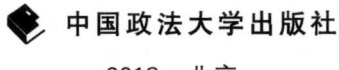
中国政法大学出版社

2018·北京

声 明　1. 版权所有，侵权必究。
　　　　2. 如有缺页、倒装问题，由出版社负责退换。

**图书在版编目（CIP）数据**

中国新型城镇化发展理论与实践问题研究/邓文钱著. —北京：中国政法大学出版社，2018.9
ISBN 978-7-5620-8584-3

Ⅰ.①中… Ⅱ.①邓… Ⅲ.①城市化－研究－中国　Ⅳ.①F299.21

中国版本图书馆CIP数据核字（2018）第226321号

---

| | |
|---|---|
| 出 版 者 | 中国政法大学出版社 |
| 地　　址 | 北京市海淀区西土城路25号 |
| 邮寄地址 | 北京100088 信箱8034分箱　邮编100088 |
| 网　　址 | http://www.cuplpress.com（网络实名：中国政法大学出版社） |
| 电　　话 | 010-58908586（编辑部）58908334（邮购部） |
| 编辑邮箱 | zhengfadch@126.com |
| 承　　印 | 固安华明印业有限公司 |
| 开　　本 | 880mm×1230mm　1/32 |
| 印　　张 | 9.5 |
| 字　　数 | 230千字 |
| 版　　次 | 2018年9月第1版 |
| 印　　次 | 2018年9月第1次印刷 |
| 定　　价 | 49.00元 |

# 序言
## PREFACE

　　城镇化是人类社会文明发展到一定阶段的集中体现。然而，在不同时期、不同地域，城镇化会呈现出不同的时代特征。中国开启了人类历史上规模最大、速度最快的城镇化进程，仅用30年的时间就达到了英国用200年、美国用100年和日本用50年才能实现的城镇化水平，城镇化建设取得了巨大的成就。但是，在传统城镇化发展模式的指导下，也出现了一系列的问题，如人口城镇化的发展速度缓慢、资源浪费严重、生态环境恶化、社会矛盾凸显，各种"城市病"困扰着城镇的健康发展。如何避免西方城市化发展的老路，寻求适合中国社会发展的城镇化道路，成了中国政府面对的重大现实课题。

　　中国新型城镇化道路顺应了中国社会主义现代化发展的时代要求，是实现中国人民的"宜居梦""创业梦""幸福梦"的具体举措，是建设生态中国、美丽中国、健康中国的重要组成部分。2012年，中央就提出在破解城市内部二元结构过程中，走上可持续的新型城镇化道路。2013年11月，中央城镇化工作会议提出走一条有利于释放内需巨大潜力、有利于提高劳动生产率、有利于破解城乡二元结构和有利于促进社会公平和共同富裕的城镇化新路。2015年3月24日，中央又明确提出把生态文明建设融入经济、政治、文化、社会建设各方面和全过程，协同推进新型工业化、城镇化、信息化、农业现代化和绿色化，简称"五化同步"。新时代赋予了城镇化发展新的内容，新型城镇化的实践探索又对新型城镇化发展理论提出了要求。所以，探索中国新型城镇化道路，不仅是中国政界面临的一项重大政治任务，也是摆在学界面前的一项重大研究课题。

　　本书以辩证唯物主义和历史唯物主义为指导，结合国内外城镇化发展实践，在收集、整理和归纳关于城镇化问题研究的经典著作和最新成果的基础上，从马克思主义哲学视域，对中国城镇化发展理论进行系统阐发和论述，力图实现理论性与现实性的有机结合。首先从国外国内城镇化发展的理论脉络和实践脉络入手，依次对城镇化的相关概念、主要特征、功能定位进行剖析，系统梳理新型城镇化与"三农"之间的内在逻辑，分析新型城镇化面临的主要问题和主要任务，力求在马克思主义方法论和价值论的指导下，针对城镇化过程中出现的危机和挑战，探索出中国新型城镇化发展的新思路和新路径。在此前提下，本书结合山东新型城镇化发展实际，通过数据模型、多层分级等方法，构建符合区域发展的新型城镇化指标体系，为推进中国新型城镇化健康顺利发展提供启示。

# 目 录
## CONTENTS

序 言 ·················································· 1

引 言 ·················································· 1
  一、研究背景 ········································ 1
  二、研究现状 ········································ 8
  三、研究方法 ······································· 23
  四、逻辑结构 ······································· 24

## 第一章 城镇化道路概念的历史探源 ················· 27
### 第一节 世界典型国家城市化道路的理论与实践 ······ 27
  一、世界典型国家城市化道路历史演进 ················ 27
  二、世界典型国家城市化发展主要特征 ················ 45
  三、世界典型国家城市化道路一般规律 ················ 51
### 第二节 中国城镇化道路的实践脉络 ················· 59
  一、中国古代城镇化的溯源探析 ······················ 60
  二、中国近现代城镇化一般进程 ······················ 70
  三、中国当代城镇化的发展历程 ······················ 73
### 第三节 中国新型城镇化道路的概念阐释 ············· 79

一、中国新型城镇化道路提出的背景 …………………………… 80

二、中国新型城镇化道路的主要特征 …………………………… 84

三、中国新型城镇化道路的主要内涵 …………………………… 92

## 第二章 中国新型城镇化道路与"三农"问题的内在逻辑 …………………………………………………………… 102

### 第一节 农民市民化——新型城镇化道路发展的本质要求 … 102

一、农民市民化的主要思想 ……………………………………… 103

二、农民市民化的实践模式——以张家港农民市民化为例 … 111

三、张家港市农民市民化给我们的启示 ………………………… 113

### 第二节 农业智慧化——新型城镇化道路发展的内在要求 … 116

一、农业智慧化的主要思想 ……………………………………… 117

二、农业智慧化的实践模式——以广西智慧农业发展为例 … 122

三、广西发展智慧农业给我们的启示 …………………………… 126

### 第三节 农村特色化——新型城镇化道路发展的必然趋势 … 129

一、农村特色化的主要思想 ……………………………………… 129

二、农村特色化的实践模式——以威海崮山农村特色化为例 ……………………………………………………………… 136

三、威海崮山农村特色化给我们的启示 ………………………… 139

## 第三章 中国新型城镇化道路面临的现实困境、制约因素与主要任务 …………………………………………… 142

### 第一节 中国新型城镇化发展道路的现实困境 ………………… 142

一、从主导地位上看,城镇化发展的定位不合理 ……………… 142

二、从内容与形式看,城镇化发展方式的粗放式 ……………… 145

三、从体制与效能看,城镇社会管理水平的滞后 ……………… 148

四、从价值取向来看，城乡文明一体化需要过程 ………… 150
第二节　中国新型城镇化道路的制约因素 ………………… 153
一、产业发展是中国新型城镇化的根本动力 …………… 153
二、法治环境是中国新型城镇化的政治保障 …………… 155
三、人文精神是中国新型城镇化的思想向导 …………… 157
四、社会管理是中国新型城镇化的调节手段 …………… 160
五、制度设计是中国新型城镇化的实践规范 …………… 162

第三节　中国新型城镇化道路的主要任务 ………………… 164
一、科学定位——新型城镇化的主体与功能 …………… 164
二、主要内容——"三农"之间的协同发展 …………… 168
三、基本目标——"五维目标"的整体推进 …………… 172
四、重要方法——城镇经济社会的协调运行 …………… 178

# 第四章　中国新型城镇化道路的路径选择 ……………… 181

第一节　中国新型城镇化道路的价值取向 ………………… 181
一、建设智慧型的城镇 …………………………………… 182
二、建设公平性的城镇 …………………………………… 184
三、建设人文理念城镇 …………………………………… 186
四、建设和谐型的城镇 …………………………………… 189

第二节　中国新型城镇化道路的路径选择 ………………… 191
一、确立发展目标，树立以人为本的发展理念 ………… 191
二、统筹城镇全局，制定科学的城镇发展规划 ………… 193
三、优化产业布局，实现"四化"的深度融合 ………… 197
四、健全体制机制，清除城镇发展制度性障碍 ………… 200
五、创新发展模式，激发社会各方的发展活力 ………… 207

## 第五章 新型城镇化指标体系构建——以山东省为例 211
### 第一节 新型城镇化评价标准和指标体系的研究状况 211
### 第二节 山东省新型城镇化指标体系的构建 221
### 第三节 山东省新型城镇化指标体系实证分析 236
### 第四节 启 示 265

## 第六章 中国新型城镇化发展道路趋势展望 270
### 一、城乡一体化的趋势显著 270
### 二、城乡居民生活水平提高 272
### 三、特色城镇趋势更为突出 274
### 四、智慧城镇导向逐步明显 275
### 五、生态城镇化的步伐加速 278

## 参考文献 282
## 后 记 298

# 引 言

## 一、研究背景

新型城镇化道路问题已成为影响中国社会发展的时代性课题,新型城镇化道路研究也已成为国内外学者非常关注的焦点和热点。党的十八大以来,为推进新型城镇化的发展,党中央作出了一系列的决策部署。2013年12月12日,中央城镇化工作会议明确了新型城镇化的指导思想、主要目标、基本原则和重点任务。2016年2月21日,习近平同志又进一步强调要坚持以创新、协调、绿色、开放、共享的发展理念为引领,以人的城镇化为核心,更加注重提高户籍人口城镇化率,更加注重城乡基本公共服务均等化,更加注重环境宜居和历史文脉传承,更加注重提升人民群众获得感和幸福感。随着中国新型城镇化的快速发展,城镇化对人们的生产方式、生活方式和思想观念的影响也在逐步增强。当前,伴随着中国工业化、信息化、工业化和城镇化的不断推进,在新型城镇化发展过程中出现的城乡二元化、城乡差距过大、环境污染等一系列的社会问题是中国社会发展亟须面对和解决的难题。新型城镇化道路问题不仅仅是中国特色社会主义发展道路的重要内容,而且也是新时期中国共产党领导全国人民进行现代化建设事业的重要组成部分。新型城镇化道路选择问题会直接影响到中国全面建设小康社会目标的实现,最终也会关系到中国共产党在社会经济建设中的地位和作用。

（一）理论意义

首先,哲学视域中的新型城镇化道路研究为分析城镇问题提供了一种新的理论研究范式。新型城镇化道路的哲学研究是运用辩证唯物主义和历史唯物主义分析现实重大问题的具体应用。哲学视角下的新型城镇化研究,其本质是总结城镇化发展的一般特征,寻求新型城镇化发展道路的一般规律,从而为中国城镇化实践提供指导。哲学视角注重城镇化本质、发展模式、发展方向、发展规律以及城镇化的意义与价值等问题的沉思。在研究范式上,从哲学视角来研究城镇化,虽名为哲学,但其在本质上却并不归属于目前学科专业分类的哲学,而是代表一种综合性、超越性、整合性的研究态度、研究方法、研究视阈。[1] 哲学视角下的新型城镇化问题研究提供了一种崭新的视角和思路,为进一步深化其他领域的中国新型城镇化问题研究,解决中国新型城镇化发展面临的难题,探索新型城镇化发展的思路,提供了一种不同于其他学科的分析框架和理论视角。

其次,哲学视域中的新型城镇化道路研究有助于深化马克思主义哲学理论研究。在当前的马克思主义哲学研究状况中,无论是对内容体系的相关拓展研究,还是对哲学文本的研究,如果不能深入到中国的现实,关注和深刻把握当今社会存在的热点,那么就无法真正实现创新。新型城镇化道路问题是关系当今社会发展的重大问题,与时代发展、社会环境、个人生活等方面具有密切的关系。但是新型城镇化道路问题却呈现出了时代性、系统性、复杂性等方面的特征。不同学科对城镇化问题的研究也在发生变化。20世纪90年代中期,对城市化道路的研究集中在经济学、地理学、人口学等领域,更多关注的是城市化的量化水平和人口向城市的集聚;进入90年代中期后,社会学、人类学等学科加入到对城市化的讨论中,更多地关注城

---

[1] 陈忠:"社会理论的空间转向与中国城市哲学的构建",载《中国社会科学报》2012年3月28日。

市阶层结构、城市不同群体的生活状况、城市不同族群的关系,以及农村人口价值观、生活方式向城市转变的过程。随着城镇化问题研究的深入,将有更多的学科参与其中,对城镇化的多学科、综合性研究是今后城镇化研究的大趋势。[1]所以,从当今城市发展的现状来看,城镇化道路的研究必须超越单个学科界限的限制,从整体观和系统观的宽广视角来把握城镇化道路的本质、城镇化道路的发展规律,这就是马克思主义哲学所关注的问题。然而,马克思主义哲学研究与其他学科的区别不仅仅是在研究对象上,而且还在于观察的深度与研究的方式上。面对复杂的世界局势和社会变革,新型城镇化道路问题成了当今社会发展面临的重大而紧迫的任务,作为具有担当和责任意识的马克思主义哲学必须做出回应。其应通过与各种不同的社会学术思潮的对话和碰撞,推进马克思主义哲学的研究进路。

最后,从哲学视域研究城镇化道路可以深化城镇化理论研究。国内外对城镇化的研究取得了一系列的成果,从不同视角和范式建构了不同的城市发展理论。如经济学从科学技术进步、产业结构变化和人口变迁等角度来研究城镇化进程,抓住了产业发展变化与人口结构变化的内在联系,体现了经济发展规律与城镇化发展规律的内在统一;人口学认为城镇化是人口向城镇集中的过程,也是人口数量和城市数量不断增加的结果,它着重从人口的结构变化和区域变化角度来研究城镇化的内在规律;社会学认为城镇化是城市社会生活方式变迁的过程,从人们的生产生活方式、思维方式和思想观念等方面来认识城镇化的内在规律;地理学认为城镇化是从农业区或未开发的农业区向更集约的空间配置和更高效率的结构形态发展,体现城镇空

---

[1] 向春玲:"城市化:中国新世纪的战略性课题",载《中国党政干部论坛》2002年第2期。

间布局和产业布局的内在统一。以上不同学科对城镇化道路的研究,从不同程度上揭示了城镇化发展的规律,对中国新型城镇化发展道路具有重要的指导意义。然而,哲学在研究广度上扩展了城市理论的研究视域,在内容上丰富了城市理论的内涵。在基本精神上,哲学的基本精神是科学批判精神。作为具有科学批判精神的哲学,是马克思主义哲学产生、发展的前提和内在动力。[1]作为具有批判精神和时代精神的哲学,必须对新型城镇化发展道路所出现的问题进行深层次的审视和反思,对城镇化道路背后的原因进行深层次剖析,探究新型城镇化道路的内在规律。哲学视角下的城镇化研究,是综合多学科的研究成果,从更深层上揭示城镇化发展的一般规律,以历史与现实、理论与实践为视角,秉承以科学批判为主要特征的哲学基本精神,深入地分析中国新型城镇化发展的内在矛盾,揭示城镇化发展的一般规律。在此基础上,其从更高的视角来构建以人为本的新型城镇化发展道路,融合了城镇化发展科学性与价值性、目的性与规律性的发展理念。哲学视角的城镇化研究是对以往城镇化发展理论的继承和发展,也是对城镇化发展规律的深入探索,哲学视角的研究可以进一步丰富城镇化发展理论。

(二) 实践意义

城镇化的快速发展已成为当今世界不可阻挡的历史潮流。特别是自工业革命以来,随着生产力的快速发展,全球化和信息化的急剧变化,世界城镇化的步伐加快,人类经济活动的空间结构分布发生了巨大变化,城镇改变了以往的工作和居住方式,对人们的生产生活产生了深刻影响,特别是在产业优化、

---

[1] 陈金美:"马克思的基本精神与哲学创新",载《江汉论坛》2005年第8期。

科技创新、人口集聚等方面发挥了重要的作用。中国城镇化也在世界城镇化发展潮流中得到了快速发展，在不到30年的时间里，中国走完了西方发达国家150多年所要走的路程，城镇化率从1978年的17.9%发展到2013年的53.7%。[1]城镇发展的整体面貌得到了很大的改善，城镇居民的生活环境和生活质量有了很大的改观。但是，另一方面，我们也要看到：中国在城镇化发展过程中出现了不容忽视的问题，如在城镇化道路上，没有考虑到城镇空间的对称、经济社会发展的不平衡、环境恶化、文化水平和历史传统的差异等现实问题。因此，这些问题引起了国内许多专家学者和国际政要的关注。联合国前秘书长潘基文说，到2030年，全球总人口的2/3将居住在城市里。急速城镇化将为人类制造诸多问题，例如大量生活垃圾带来环境污染、温室气体排放增加，以及贫困加剧等。潘基文致信称，应该推动打造更加健康、安全和繁荣的都市，并确保人人得享公平与公正。联合国人居署执行主任安娜·蒂贝琼卡也认为，面对全球变暖、环境恶化和金融危机等一系列的问题，如何实现城市的协调、可持续发展，需要各国的共同努力。面对这些问题，世界各国都在努力转变发展方式、推行节能技术、进行合理城镇规划，促进和谐城镇化的发展。中国该如何面对全球性的城镇化浪潮，是摆在我们面前的重要难题。2008年，时任国务院副总理的张德江强调未来中国必须按照科学发展观的要求，继续加快城镇化进程，坚持走以人为本的城镇化道路。2012年9月7日，国务院总理李克强提出了中国城镇化发展战略问题。后来，他又提出城镇化的核心是人的城镇化，关键是提高城镇化质量，造福百姓和富裕农民，走集约、节能、生态的

---

[1] http://news.dichan.sina.com.cn/2014/01/20/1020089.html.

新型城镇化发展道路。2013年12月24日，中央城镇化工作会议认为城镇化是实现现代化的必由之路，是解决农业、农村、农民问题的重要途径。但是，如何深入推进城镇化道路的发展，把握城镇化道路的发展规律，从而为城镇化长远发展提供理论支撑，是理论界不能回避的问题。

首先，哲学视角下的新型城镇化道路研究有助于营造城镇居民的精神家园。哲学与城镇生活紧密相连。在日益紧张的城镇化过程中，我们周围出现了一系列不和谐的现象，如人们的生活空间越来越狭窄，可支配的时间越来越少，受到的外界的约束越来越多。特别是受到各种交通拥堵、环境污染、资源短缺等问题的困扰。这些现象都促使人们开始对自身的活动进行重新思考，对原本生活的意义进行深刻反思。为什么紧张、急促的生活不仅没有充实人们的心灵，反而使人们在忙碌和辛苦中收获的是精神的虚无？在忙忙碌碌的生活中，人们原有的精神家园变得荒芜，对未来的理想和追求也开始迷茫，进而出现了现代物质文明与城镇生活意义的内在割裂。这些问题促使人们对城镇生活进行重新反思，对城镇化过程意义进行深刻追问，期望能重塑未来美好城镇的期待和信心。所以，新型城镇化道路问题研究的主要任务就是构建人们未来美好的精神家园。

其次，新型城镇化道路哲学研究可以为城镇发展规划提供思想指导。城镇规划与价值取向紧密相连。从不同阶层、不同视角出发对城镇规划作出的判断是不一样的，以人为本的城镇化和以物为本的城镇化是两种截然不同的城镇化发展价值取向。由于我国城镇化发展时间比较短，城镇化发展水平一直比较低，尚对城镇化的本质、功能和城镇化形态等问题缺少应有的关注。在发展理念上，我国一直坚持以物为本的城镇化发展价值理念，在城镇化发展模式上，更多地引用西方发达国家的城市发展经验。所以，在城镇化道路探索上，我国虽然取得了比较好的效果，但是在发展模式上并没有完全超越西方发达国家城市化发展的窠臼。当今，有些地方盲目的城镇化运动，导致了环境污染、非法占地、资源短缺等一系列的问题。出现这些问题的原因是多方面的：直接原因在于缺少以人为本的城镇化发展理念的指导；根本原因在于缺少对城镇化发展规律的深刻认识，对城镇社会发展与城镇规划的内在联系把握不够。哲学视角下的新型城镇化道路研究，不仅重视对城镇发展理念的研究，而且还注重对城镇化空间规划、基本功能、发展规律和基本路径等根本理念问题的研究。通过对城镇化的价值取向、空间布局的研究，对运行机制的探讨，我国可以深刻地把握城镇化发展的内在规律，为我国的城镇化发展提供科学的理论指导，从而避免出现盲目的城镇规划。

最后，哲学视角下的新型城镇化道路研究有助于增强中国特色社会主义的道路自信。中国特色社会主义道路是中国共产党领导中国人民进行现代化建设，实现全面建设小康社会的必由之路，而中国新型城镇化道路是中国特色社会主义道路的重要组成部分。2012年11月29日，习近平带领新一届中央领导集体参观中国国家博物馆"复兴之路"展览时提出，实现中国梦就是要实现国家富强、民族复兴、人民幸福。然而，中国梦在不同历史时期有不同的具体内涵，在当前进行城镇化建设的过程中，对广大人民群众来说，最重要的就是实现宜居梦、就业梦、教育梦、创富梦、小康梦等，正是这些一个个具体的梦，构成了强大的中国梦。中国新型城镇化道路为实现这些具体的梦提供了良好的机遇和平台。通过建设富有中国特色的新型城镇，可以为每个人的全面发展提供良好的条件和环境。理论研究可以指引道路发展方向。新型城镇化理念的研究可以加深我国对新型城镇化道路的认识,也可为中国共产党领导新型城镇化建设指明方向。新型城镇化道路的稳步发展可以使进城农民和城镇居民从城镇化的实践中获得更多的实惠、更加便利的生活环境、更加科学健康的生活方式,从而增强城镇生活的凝聚力和吸引力,进而增强我们对中国特色社会主义道路的信心。

## 二、研究现状

国内外一些学者对城镇化道路做了一系列的深入研究,对不同时期城镇化过程中出现的问题进行了深入剖析,从而寻求相应的城镇化发展对策。有关专家和学者经过多年的深入研究和思考取得了卓有成效的城镇化理论研究成果。

(一)国外关于城镇化道路问题的研究

关于这方面的研究,国外学者更多的是从城市化道路角度来分析城镇化过程。[1]按照国际通用的说法,城市化就是城市不断发展、完善的过程,是乡村人口不断向城市人口转变、乡村社会向城市社会转变的过程。相比之下,城镇化是中国社会发展境遇下的特有概念。由于语言差异和社会背景等方面的原因,国外学者在研究过程中很少用城镇或城镇化的概念,他们在研究现实问题时统一用"城市化"这个概念。

关于城市化概念的研究。西方学者西蒙·库兹涅茨认为,

---

〔1〕 在国外,"城镇化"和"城市化"的概念并没有严格的区分。在中世纪早期,城镇保持了健全的环境。基于这样的基本事实:尽管当时多数城镇都有城墙圈围着,但城镇仍旧是开阔乡野的一部分。也就是说,在这种环境下,城镇和乡野并没有根本上的差别。乡村并不是一味从事农业,城镇也并非完全从事工业生产。参考刘易斯·芒福德的《城市文化》。所以,国外关于城镇概念的界定兼具有村、镇两范畴的意蕴。所以"城镇化"和"城市化"的内涵并没有明确的区分。本书在概念使用上,在涉及国外的城镇或城市论述时,都是指的同一指称。

# 引 言

城市化的定义是城市和乡村之间的人口分布方式的变化。[1] 赫茨勒指出，城市化就是人口从乡村流入大城市以及人口在城市的集中。[2] 威尔逊还将城市化理解为一种居住在城市地区的人口比重上升的现象。[3] 保罗·诺克斯认为城市化不仅仅包括城市和乡镇居住、工作人口数量的增加，它反映的内容要远远多于这些。他认为城市化是被一系列紧密联系的变化过程推动的，包括经济、人口、政治、文化、科技、环境的变更。还有学者认为城市化是城镇体系（urban system）（一个区域或县内所有城镇的组合）的动态和特征方面发生了巨大的变化，进而在城镇之间引起土地利用模式的改变、社会生态（social ecology）的改变（社会和邻里人口结构）、建筑环境的改变和城镇生活（urbanism）的本质（在城市环境下所进行的生活方式和社会相互作用的形式）变化。[4] 路易斯·沃斯指出，城市化意味着乡村生活方式向城市生活方式发展、质变的全过程。沃斯所说的城市生活方式，不仅指有别于农村的日常生活习俗、习惯等，而

---

[1] 西蒙·库兹涅茨（Simon Kuznets-Simon Kuznets, 1901~1985年），俄裔美国著名经济学家，于1955年提出了收入分配状况随经济发展过程而变化的曲线——倒U曲线，是发展经济学中重要的概念，又称作"库兹涅茨曲线"。此外，其还是1971年诺贝尔经济学奖获得者。由于他在国民收入核算研究中提出了国民收入及其组成部分的定义和计算方法，因此被经济学家们称为"美国的G.N.P.之父"。其主要著作有《1870年以来美国国民收入的长期变化》（1951年）、《各国经济增长的定量方面》（1956年）、《关于经济增长的六篇演讲》（1959年）、《现代经济增长：速率、结构和扩展》（1966年）、《各国经济增长：总产值和生产结构》（1971年）等。本书参考［美］西蒙·库兹涅茨：《现代经济增长》，戴睿、易诚译，北京经济学院出版社1989年版。

[2] ［美］赫茨勒：《世界人口的危机》，何新译，商务印书馆1963年版，第12页。

[3] Christopher Wilson, *The Dictionary of Demography*, Oxford: Basil Blackwell Ltd, 1986.

[4] ［美］保罗·诺克斯、琳达·麦克卡西：《城市化》，顾朝林等译，科学出版社2011年版，第9页。

且还包括制度、规划和方法等结构方面的内容。[1]孟德拉斯认为,乡下人享有都市的一切物质条件和舒适,从这种意义上来说,他们的生活方式都市化了。[2]这种定义强调了城市化道路是一个农村和城市之间的多维互动过程,它既包括了城市的成长,也包括了农村的发展。在这种双向的互动中,农村劳动力、资金与技术等要素的流动,造成了农村生活和生活方式的变化。另一方面,城市先进生产力向农村扩展,促进了农村思维观念和思想水平的提高。这种双向思维克服了过去对城镇化单方面的理解,为全面、深入地研究城市化问题提供了崭新的视角。

随着城市化理论研究的深入,有学者进一步深化了对城市化发展道路的研究。罗西认为城市化一词有四个方面的含义:一是城市中心对农村腹地影响的传播过程;二是全社会人口逐步接受城市文化的过程;三是人口集中的过程,包括集中点的增加和每个集中点的扩大;四是城市人口占全社会人口比例的提高过程。[3]在此基础上,美国学者弗里德曼将城市化过程区分为城市化Ⅰ和城市化Ⅱ。前者包括人口和非农业活动在规模不同的城市环境下的地域集中的过程;后者包括城市文化、城市生活方式和价值观在农村地域的扩散过程。[4]

城市化道路理论的来源也越来越受到有关学者的重视。关

---

[1] Wirtih, "Louis Urbanism as a Way of Life", *American Journal of Sociology*, 1989 (29), pp. 46~63.

[2] 孟德拉斯(Henri Mendras, 1927~2003年),法国著名社会学家,法国科学研究中心农村社会学研究组负责人、法国应用社会学协会主席。他强调科学研究必须在经验调查的基础上,认为理论的反思和推论必须扎根于定量的调查统计资料或定性的调查案例资料中。主要著作为《农民的终结》。本书参考[法]H.孟德拉斯:《农民的终结》,李培林译,中国社会科学出版社1991年版。

[3] 许学强:《现代城市地理学》,中国建筑工业出版社1989年版,第47页。

[4] 康就升:"中国特色城镇化的理念创新和体系构思",载《南方经济》2004年第10期。

## 引言

于城市化道路的理论来源有以下几种说法：一是田园城市的思想。英国社会学家霍华德（Ebenezer Howard）于1989年出版了《明日：通向真正改革的和平之路》(*Tomorrow A Peaceful Way to Real Reform*)，提出了田园城市的目标。[1]他认为，发展田园城市要控制一定的规模，要有由一个一个中心组成的系统，用绿带将生活区和工作区隔开；建立合理的居住、工作、基础设施和功能布局，在城乡之间建有良好的交通连接，从而实现市民与自然景观的接触。霍华德对未来城市化的建构是建立在人的空间规划与自然环境的合理搭配的基础上的，其希望以此实现自然与社会的和谐统一。二是精明增长理论。1997年马里兰州长兰登（Parris N. G Lending）提出了精明增长的概念，后来美国城市规划协会在政府的资助下，确定了精明增长的城市规划。其基本目标是城市发展要实现每个人都能受益，实现经济、环境和社会公平；实现新旧城区都有投资机会，得到良好的发展。"精明增长"理念不仅在于实现人的需要、环境需要和社会需要的统一，而且还要实现城市短期发展与长期发展、自我发展与外部发展、经济效益与社会效益的统一。三是推拉因理论。关于城市化过程中的人口转移问题，很多学者都有论述，包括英国经济学家拉文斯坦（E. G. Ravenstein）等人提出的推拉因理论，舒尔茨（T. W. Schultz）的人口迁移理论，托达罗（M. P. Todaro）的城乡人口迁移理论，库兹涅茨（S. Kuznets）的人口迁移理论和刘易斯（W. A. Lewis）等人的二元经济发展模型。推拉因理论是解释发达国家和发展中国家城市化动力的一种模式。它认为，人口由农村向城市迁移受农村的内部推力和来自城市的拉力两种力量同时作用的影响：一方面，城市工业的集聚和发展，提

---

[1] 吴志强："百年现代城市规划中不变的精神和责任——纪念霍华德提出'田园城市'概念100周年"，载《城市规划》1999年第1期。

供了大量的就业机会，吸引了农村剩余劳动人口的进入和同化；另一方面，农业机械化生产的发展和农村传统手工业的萎缩，产生了大量的农村剩余劳动力，推动着其为维持基本生计或改善生活条件而进入城市，从而形成了"推力"和"拉力"并存的城乡人口吸聚过程。在这里，农村偏低的所得水平、不合理的土地租佃制度、农产品不利的交易条件等均可视为推力因素；而城市较高的收入水平、较佳的就业机会与生活条件等则可视为拉力因素。其实"S"曲线也可以被理解为是推拉因素共同作用下的城市化规律。

国外专家学者对城市化的内涵、城市化的发展道路和城市化的理论来源的研究，立足于城市化可以科学地利用生活居住空间，挖掘资本要素的内在潜能，促进经济社会的快速发展。他们虽然对影响城市化的各种要素进行了深入的分析，并提出了城镇化发展的路径，但是并没有从精神层面提出针对城市化所带来的问题的相应对策，对城市化的理论分析，也只是服从于西方发达国家快速发展的经济需要，并没有从全球的视角对城市化发展规律进行探讨。所以，在涉及不同的国家和地区的城镇化进程时，我们必须对其进行重新的梳理和归纳。

关于城市化发展阶段的研究，从不同的角度和标准出发，对城市化发展划分阶段也会有不同的认识。有学者把城市化分为以农村为主导的城市化、城乡一体化的城市化以及以城市为主导的城市化；有学者将城市化分为城市化、城市郊区化、逆城市化；还有学者从城市的起源和发展动力出发，把城市化分为传统农业基础上的城市化、早期工业化基础上的城市化、现代工业基础上的城市化。尽管不同的学者对城市化做了不同的划分，但是从世界主要国家的城市发展史来看，我们可以对城市化发展全貌作一统揽，基本上把世界城市化发展道路划分为从

引 言

传统农业阶段到早期工业革命阶段,再到现代工业发展阶段。[1]

(二) 国内关于城镇化道路问题的研究

目前,国内关于城镇化道路的研究已经涉及经济学、社会学、人口学、地理学、政治学等众多的领域,并取得了一定的进展。很多学者从城镇化的研究,逐步扩展到对新型城镇化发展道路的研究,取得了一系列的研究成果。

1. 关于城镇化道路内涵的研究

当前,有关学界对"城镇化"的定义还没有形成统一的结论。不同的研究视角对城镇化有不同的认识,所以,"城镇化"的概念呈现多样化。纵观近年来对城镇化定义的研究,可以归纳为以下几种:

从城镇化道路的实现形式来看,有学者认为城镇化道路主要指人口的城镇化和空间的城镇化。如伏中林认为:"城镇化是农村人口转化为城市人口的过程,这个过程表现为城市人口的增加,城市数目的增多和城镇地理界限的不断扩大。"也有学者认为城镇化的内涵不仅仅包括乡村人口向城镇人口的转化、城市数量的增加和城镇规模的扩大,还应当包含人的思想观念与生活方式的转变提高。城镇化的本质反映在经济、人口、社会、设施与环境上面,城镇化就是城镇本质功能的发展变化。

从城镇化道路思想的内容来看,有学者认为城镇化主要指物质层面和精神层面的城镇化。如周如昌认为:"乡村城镇化是一个社会经济运动过程,是城市与乡村的居民共同继承、共同创造和平等分享人类共有的物质文明、精神文明的过程。"[2]城

---

[1] 新玉言:《国外城镇化比较研究与经验启示》,国家行政学院出版社 2013 年版,第 1 页。

[2] 周如昌:"对我国乡村城镇化的一些看法",载《中国农村经济》1985 年第 12 期。

镇化不仅仅包括农业人口转化为非农业人口、城镇性质和城镇功能的转变，还包括城镇化文化教育水平、城镇居民身心健康的同步化，是城镇和乡镇在物质文明和精神文明方面逐步同化的过程。

从城镇化道路的发展目标的角度来看，学界有不同的观点，有学者认为城镇化就是城乡一体化。如李梦白认为："城市化的这一概念，源于马克思在分析了古代和中世纪的城乡关系后所作的科学论断：'现代的历史是乡村城市化'。这一论断的现实意义在于：它规定了城市化'化'的方向是城市，而'化'的对象是农村。从而有利于我们破除以农村人口向城市集中为主要标志的旧城市化观念，进而探索中国自己的城镇化新路子。"［1］

纵观对城镇化道路的研究状况，我们可以看出，城镇化道路问题是一个非常复杂的发展过程，不能从某一个学科或者一个视角来定义其内涵，它是一个动态的过程而不是一个静态的结果。如果要真正了解城镇化道路的内涵，必须融合多个学科的知识，从更宽广的视角来剖析其内涵。霍华德认为："城镇与乡村必须结合在一起，在融合中会生长出一种新的希望、新的生活和新的文明。"［2］概括地说，城镇化道路主要是农业人口转变为城镇人口的过程，其本质是从农业社会到工业社会，农业

---

［1］李梦白："乡村城市化——不可阻挡的历史潮流"，载《城市发展研究》1995年第4期。

［2］刘易斯·芒福德（Lewis Mumford, 1895~1990年），美国著名的城市规划理论家、历史学家、哲学家和文学批评家。其于1934年完成其成名作《技术与文明》（technics and civilization），强调城市规划的主导思想应该重视人文因素，从而促使欧洲的城市设计重新确定方向。除此以外，他还深入到哲学、历史、社会、文化等诸多领域。其于1961年出版的《城市发展史：起源、演变与前景》，揭示了城市发展与文明进步、文化更新换代的联系规律。其有影响的著作还包括《艺术与技术》（1952年）、两卷本《机器的神话》、《技术与人类发展》（1967年）、《权力五角形》（1970年）、《城市文化》（1938年）等。本书参考［美］刘易斯·芒福德：《城市文化》，宋俊岭译，中国建筑工业出版社2009年版，第432页。

活动的比重逐步下降，第二产业和服务业的比重逐步增强。在这种社会经济活动的变动中，必然会出现人口从以农业活动为主的农村向不以农业为主的城镇转移。这个转移的过程，既表现为居民消费水平提高、城镇文明的不断发展扩大并向广大农村地区渗透和传播，也表现为人的综合素质不断提升。

以上观点虽然从内容上把握了城镇化道路的基本含义，但是还没有从更高的视野出发对城镇化道路的本质做出高度概括。要真正从深层把握城镇化道路的发展本质和规律，必须依托已有的具体学科关于城镇化的研究成果，从哲学视角加以重新审视和考查。

2. 关于中国新型城镇化道路的研究

有关新型城镇化道路内涵的研究。有学者认为：新型城镇化道路是以人的全面发展为核心，以城乡享有均等机会为标志，以实现城乡一体可持续发展为目标，实现城乡间经济、政治、社会、文化四位一体的统筹发展，城乡间各种生产要素自由流动，公共服务均衡发展、共同繁荣，逐步消解城乡二元结构，达到共同富裕的城镇化之路。[1]胡际权博士认为，新型城镇化道路就是体现以人为本、全面协调可持续发展的科学理念，以发展集约型经济与构建和谐社会为目标，以市场机制为主导，大中小城市规模适度、布局合理、结构协调、网络体系完善，与新型工业化、信息化和农业现代化互动，产业支撑力强，就业机会充分，生态环境优美，城乡一体的城镇化发展道路。[2]仇保兴认为，中国的新型城镇化道路要坚持保护基本农田的城

---

[1] 牛文元："中国新型城市化战略的设计要点"，载《中国科学院院刊》2009年第2期。

[2] 胡际权："中国新型城镇化发展研究"，西南农业大学2005年博士学位论文，第73页。

市规划,建立紧凑型的城市化发展模式,加大农村人居整治,实现严格的节能减排措施,加强生态环境的治理。[1]有学者认为,新型城镇化道路首先要实现人的城镇化。在城镇化的过程中,要坚持以人为本,强调人口的自由流动,城镇人口与经济社会、资源环境的协调,加快城乡文化设施、医疗卫生、教育文化、自然景观设施等配套设施建设,实现城乡劳动力比较充分地就业,让全体人民都能享受到经济社会发展的成果。[2]这种概括尽管抓住了人的城镇化作为整个城镇化的核心内容,但是对和谐城镇化内涵的概括并不全面,也不凝练。有学者对此进行了进一步概括,认为新型城镇化道路就是以科学发展观为引领,发展集约化和生态化模式,增强多元的城镇功能,构建合理的城镇体系,最终实现城乡一体化发展。[3]

关于中国新型城镇化道路的理论基础,主要有以下几种理论观点:

其一,"增长极"理论。这个理论是于1950年由法国经济学家佩鲁提出来的。他认为,经济空间是"各种不同关系的集合",是"抽象关系的构成体"。增长极能把某些地区聚集发展而形成经济活动的中心,恰似一个"磁场极",能够起到吸引辐射的作用,促进自身并推动其他部门和地区的经济增长。其容易使人口、资本、生产、技术等高度集中,通过各种渠道最大限度地促进区域经济发展,带动整个区域经济的增长。新型城镇化正是发挥了人口、资本、技术、产业等优势,在地方经济

---

[1] 仇保兴:"中国的新型城镇化之路",载《中国发展观察》2010年第4期。

[2] 杜丽红:"成都市人口和谐城镇化的问题与对策",载《软科学》2009年第10期。

[3] 彭红碧、杨凤:"新型城镇化道路的科学内涵",载《理论探索》2010年第4期。

发展过程中起到了积极的作用，这也为新型城镇化奠定了必要的理论基础。

其二，持续发展理论。1987年，以布兰特夫人为首的"世界环境与发展委员会"对可持续发展作出了定义："既满足当代人的需要，又不对后代人满足其需要的能力构成危害的发展。"可持续发展的核心思想：一是发展目标满足人类需要；二是强调人类的行为要受到自然界的制约；三是强调代与代之间、人类与其他生物种群之间、不同国家和地区之间的公平。即实现生态持续、经济持续和社会持续的协调发展。生态持续是城市发展的基础，经济持续是城市发展的条件，社会持续是城市发展的目的。在人地关系上，城镇化发展应考虑到人类社会、经济发展与生态环境的诉求。人类在发展过程中尤其重视城镇化发展对生态环境带来的影响和危害，如何合理配置有限的资源，实现人类活动与自然之间的协调发展，是城市可持续发展的基本思想。在人与自然环境的关系上，城市生态理论是充分考虑到人的社会经济活动与周围环境各因子交织的城市生态经济复合系统，包括能量流动、营养物质循环、废弃物处理、社会生产的交换和经济消费等活动。城市生态经济的平衡发展过程是人类社会经济最优的发展模式，也是持续发展的过程。城市持续发展强调的是最佳的效益和效率，没有效益和效率的发展，只能导致资源的浪费，而生态经济平衡发展是效益和效率得到保证的前提条件。[1]在人口增长与环境承载力方面，环境承载力理论认为，人类的生产和发展规模与环境承载力之间有一个合适的比例。如果人类活动的影响超过了环境所能支持的极限，外界的"刺激"超过了环境系统维护其动态平衡与抗干扰的能

---

〔1〕 石永林："基于可持续发展的生态城市建设研究"，哈尔滨工业大学2006年博士学位论文，第28~32页。

力，便会导致生态环境的恶化和资源的枯竭，进而导致经济社会的不可持续。环境承载力理论是可持续发展理论的重要组成部分。

其三，社会冲突理论。最早使用"冲突理论"这一术语的是科瑟。他于1956年把结构功能分析方法和社会冲突分析模式结合了起来。1959年，达伦多夫认为，社会现实有两张面孔：一张是稳定、和谐与共识；另一张是变迁、冲突和强制。社会学不仅需要一种和谐的社会模型，同样需要一种冲突的社会模型。[1]1975年，柯林斯认为社会结构是行动者的互动模式，是在行动者不断地创造和再创造中产生并得以持续的。现代冲突理论强调社会冲突的"正"功能。社会冲突不仅会导致社会的不和谐，还具有社会整合的作用，关键是通过怎样的机制推动变革，阻止社会的僵化。现代冲突论在承认社会冲突普遍性的同时，还将社会和谐建设性地作为研究的落脚点，并认为社会冲突具有社会整合功能，是社会变迁的动力。"安全阀"理论是研究社会的落脚点。它认为社会应该保持开放、包容、灵活的状态，通过可控制、合法、制度化的机制，使社会紧张能够得到释放，使社会诉求得到回应，使社会冲突得以消解。城镇化进程就是各种文化相互摩擦、相互碰撞的过程，从某种意义上来说，冲突和协调是新型城镇化过程中不可回避的一部分。社会冲突理论为新型城镇化发展路径提供了理论支撑。

---

[1] 达伦多夫（Ralf G. Dahrendorf）（1929~2009年），德国社会学家、思想家、政治家，是冲突理论的主要代表人物之一。早在1958年，其就对功能主义提出了批评，从变迁、冲突诸要素对系统分化的作用以及暴力等方面对社会进行了解剖。他认为，现代阶级冲突的根源不是占有和不占有生产资料之间的矛盾，而是权威的分享和排斥之间的矛盾。主要著作有《社会冲突理论探讨》（1958年）、《工业社会中的阶级冲突》（1959年）、《走出乌托邦》《社会人》《阶级后的冲突》《生活的机会》等。

其四,社会分工理论。城镇化的出现是建立在生产力发展和社会分工的基础上的。马克思、恩格斯深刻分析了城镇化产生的根源。他们认为,生产力的提高、社会分工的扩大、商品交换的增多促使了城乡之间不同利益的分离。所以,"某民族内部的分工,首先引起工商业劳动和农业劳动的分离,从而也引起城乡的分离和城乡利益的对立"。[1]所以说,城镇化进一步促使了生产要素的集中,而"城市本身表明了人口、生产工具、资本、享乐和需求的集中"。[2]马克思认识到了城市发展与生产力发展有很大的关系。在资本主义条件下,由于生产要素的集中、贸易的增加,从事工业的人口开始增长,在这种情况下便产生了资本主义大工业,从而导致了近代城镇的出现。资本主义大工业的兴起不仅使人类社会第一次有了真正意义上的世界历史,同时还赋予了城市区域中心的功能。所以,马克思写道:"它首次开创了世界历史,因为它使每个文明国家以及这些国家中的每一个人的需要的满足都依赖于整个世界,因为它消灭了以往自然形成的各国的孤立状况……它建成了现代化大工业城市来代替从前自然成长起来的城市。凡是它所渗入的地方,它就破坏了手工业和工业的一切旧阶段。它使商业城市最终战胜了乡村。"[3]马克思、恩格斯始终把城市出现与生产力发展、社会分工的扩大联系在一起,从而为我们认识和分析新型城镇化发展规律提供了重要的启示。

关于新型城镇化发展道路的原则,有学者认为应基于人的价值实现,既适应国家经济社会发展模式的重大转变,也反映出改革开放所蕴含的价值观念的变化。推进新型城镇化道路步

---

[1]《马克思恩格斯全集》(第3卷),人民出版社1995年版,第24~25页。
[2]《马克思恩格斯全集》(第3卷),人民出版社1995年版,第57页。
[3]《马克思恩格斯全集》(第3卷),人民出版社1995年版,第67页。

伐，要落实到对人的文化关切上，应基于人的价值实现。[1]有学者认为，新型城镇化道路以发展权为核心，通过制度创新，全方位演绎，在考虑农民现实利益的同时，更注重其生计的持续发展。新型城镇化道路具有多维、双向性的属性。新型城镇化道路包括城乡空间形态一体化、城乡产业发展一体化、城乡要素市场一体化、城乡公共服务一体化、城乡管理体制一体化。[2]以上观点虽然从不同视角对新型城镇化道路的主要特征做了分析，但都认为新型城镇化道路的主要特征还是在于对人的需求和对价值趋向的关注。

关于新型城镇化的发展目标，有学者提出了和谐城镇化的道路。和谐型城镇化道路的主要特征是维护居民的生存权、共用权、环境权、参与权以及城乡均衡发展。建立城乡全覆盖的生活安全保障机制；发展社会资本，建设和谐人居环境；实现人与自然环境的和谐；积极推进公众参与，建立决策的民主化机制；实现城乡统筹协调发展。[3]仇保兴在《和谐与创新——快速城镇化进程中的问题、危机与对策》一书中，从具体实践层面对如何发展和谐城镇化道路进行了思考。他认为，和谐城镇化道路首先应解决城市发展与能源供求不和谐的现象。针对农民公共产品供给不足、生产和生活环境恶化、城乡收入日益扩大等现实问题，他提出了健康城镇化模式。其虽然看到了城镇化发展过程中遇到的现实问题，并提出了城镇化发展道路的指导思想，但是并没有对新型城镇化道路的内涵进行概括。李国庆

---

〔1〕 李永中："'新城镇化'应基于人的价值实现"，载《光明日报》2013年3月15日。

〔2〕 刘嘉汉、罗蓉："以发展权为核心的新型城镇化道路研究"，载《经济学家》2011年第5期。

〔3〕 李国庆："中国特色和谐型城镇化战略与路径"，载《中共福建省委党校学报》2012年第10期。

认为和谐城镇化道路是一种社会发展战略,目的是建立起城镇社会中不同阶层、不同社会群体的和睦、融洽,对城市政策具有较强的认同意识的社会状态。[1]他认识到和谐城镇化道路的目的就是实现城乡差别不断消除、城市治理的民主程度不断提高的理想状态,如在城乡人口流动、城乡居民社会保障、公共服务体系均等化等方面实现共享。其主旨在于把和谐城镇化道路看作不同社会阶层或群体之间相互认同的社会状态,基本上抓住了和谐城镇化道路的价值目标,但是对和谐城镇化道路的深层意义并没有揭示。

关于新型城镇化发展路径的选择,有学者认为城镇化路径有广义和狭义之分,狭义上的城镇化路径是指城镇化的实现途径,是推动城镇化发展的方法或战略安排;广义的城镇化道路是指城镇化的方向、目标、战略、速度、实现途径及相关方针政策的总称。一个国家采取城镇化路径往往受该国的历史、经济、人口、文化、地理资源等多重因素的影响和制约。因此,城镇化道路选择并非只是一个国家或地区城镇化发展的简单定位,而是涉及诸多条件的综合考量。[2]有学者围绕着城镇化道路的原则、理念进行了探讨。陆大道认为新型城镇化建设必须坚持循序渐进的原则,防止城镇化速度过快;加强和完善相应的制度体系建设;控制蔓延式的城市发展;加强城市规划的管理和审批。宋林飞认为解决中国城市化道路就要落实科学发展观,走新型城镇化道路,促进城镇全面协调可持续发展。实现这一目的,就要避免走发达国家走过的"先污染、后治理,先

---

[1] 李国庆:"中国特色和谐型城镇化战略与路径",载《中共福建省委党校学报》2012年第10期。

[2] 范卿泽:"基于中小企业集群的西部城镇化路径研究",重庆大学2008年博士学位论文。

蔓延、后整治"的弯路。所谓新型城镇化道路，就是在新型工业化的基础上，采取适度积聚、布局合理、规模效应、成本节约、保障普及、环保优先等城乡居民欢迎与可持续的城镇化发展的路子。[1]有学者认为，中国特色城镇化道路应该依靠市场配置资源，加强宏观调控，走城市化与农村城镇化相结合、集中型与分散型相统一的城镇化路子，逐步建立、充分发挥大城市的辐射带动作用，以中等城市为中心、以小城市为纽带、以小城镇为基础，建立大、中、小城市和小城镇协调发展，布局合理，功能互补的城镇体系，实现城乡一体、工农融合、共同繁荣，推进中国城镇化。[2]

（三）对现有研究成果的分析与评价

以上内容从哲学视角来研究新型城镇化道路，主要有以下几个方面的特点：

第一，从现有学术研究成果来看，国外对城镇化道路问题的专门论述比较少。这些年来，通过学者们的不断努力和发展创新，我国在城镇化道路方面的研究结出了丰硕的成果，研究队伍也在异军突起。总的来说，国内外对城镇化道路的有益探索，丰富了城镇化道路理论研究的思路与方法，为我们多角度、多层面地研究城镇化道路奠定了良好的基础。

第二，从研究内容来看，国外学术界对城市化的研究较为深入和系统，并体现出了多学科交叉综合的特点。由于具有特殊的历史条件和社会环境，国外学者对城镇化道路问题更多的是从经济学、社会学、地理学、管理学等视角来研究，而涉及城镇化道路的专著则较少。因而，国外关于城市化的研究成果

---

〔1〕 陆大道、宋林飞、任平："中国城镇化发展模式：如何走向科学发展之路"，载《苏州大学学报（哲学社会科学版）》2007年第2期。

〔2〕 叶连松等编：《中国特色城镇化》，河北人民出版社2003年版，第61页。

并不能直接应用于我国城镇化道路的发展实际情况。我国学者在借鉴国外理论研究成果和思想的基础上，结合中国的具体国情，从经济学、规划学、社会学等角度针对城镇化道路的研究提出了很多建设性意见。总的来说，这些研究成果对本书具有一定的参考和启示意义。但是，理论界对于新型城镇化道路的哲学研究仍处于破题阶段，虽有深入研究的趋势，但是探索不够，仍有较大的研究空间和拓展余地。

第三，从研究方法来看，我国对新型城镇化道路的分析研究还没有形成一套完整而系统的理论和研究范式，许多研究仅仅停留在对个别现象和具体问题的分析、阐释及解决阶段。还没有把新型城镇化道路作为一个独立的分支，从经验分析上升到系统理论高度。我国对新型城镇化道路问题的认识，只是从某一领域或一般理论层面沿着城镇化道路概念、特征、问题和对策等路径展开探讨。相比之下，哲学研究的视角和方法相对滞后。城镇化道路问题看似与哲学无关，但要想真正把握城镇化道路的本质、功能以及运行规律，却离不开哲学的视角和研究方法。哲学的主要任务就是对这些问题的再认识，对已有知识的再审视，它可以从整体上，从更高、更深层面对新型城镇化道路的本质特征、指导理念和发展路径进行思考。

### 三、研究方法

(一) 研究方法

1. 历史唯物主义的分析方法

历史唯物主义是马克思主义分析社会现象的科学方法论，它为分析和研究新型城镇化道路发展规律提供了一把钥匙。因此，只有从唯物史观出发，才能科学地认识和把握新型城镇化道路的内在规律，进而为新型城镇化道路提供科学的理论基础和方法论指导。

2. 多学科研究方法的借鉴

马克思主义哲学的推进离不开具体学科的支持,在对具体学科进行研究的基础上,从个别中汲取经验的营养。因此,哲学视域中的新型城镇化道路研究也离不开社会学、人口学、地理学和经济学的具体方法。只有这样,才能在广泛吸收不同学科的既有的研究成果的基础之上,比较客观、全面地把握新型城镇化道路的内涵、运行规律。

3. 科学分析与价值评价相统一的方法

科学分析大多与"是什么"的事实判断密切相关,而价值评价则是做出"应该是什么"的价值判断。本书将采用科学分析与价值评价相统一的方法,努力从实践中探索出推进新型城镇化道路的对策,并以之指导我国新型城镇化的未来发展。

4. 文献法及其例证法

哲学研究在调查分析的过程中,会对已有文献进行综合分析与概括归纳。由于当前关于新型城镇化道路方面的材料繁多,在不同地区、不同背景下,发展模式是不一样的,因此,需要利用从现象到本质的抽象方法,从中发现具有稳定性、规律性的东西。这需要在分析大量文献资料的基础上概括出能体现新型城镇化道路本质的东西。因此,对新型城镇化道路的研究离不开大量的文献资料,主要来自史实、典籍和已有的成果,通过哲学分析框架,从中挖掘出具有新型城镇化道路本质规律的东西。

以上方法是本书运用的主要研究方法,除此之外,本书还运用了归纳演绎分析方法等。

**四、逻辑结构**

本书以马克思主义、邓小平理论、"三个代表"重要思想和科学发展观为指导,在收集、整理和归纳中西方学者关于城镇化道路研究成果的基础上,从马克思主义哲学视域出发,立足中国国情,对当代中国的城镇化道路理路进行了较为系统的阐发和论述。本书首先从城镇化道路的相关历史探源入手,对新型城镇化道路的哲学内涵、新型城镇化道路的普遍规律、新型城镇化道路的内在机制、新型城镇化道路与"三农问题"的内在逻辑以及城镇化道路的价值取向进行阐释。力求从唯物史观和唯物辩证法的角度,分析新型城镇化道路面临的危机和挑战,提出新型城镇化道路的发展思路。

本书分为引言和正文两大部分,正文分六章。

引言部分提出了本书的研究对象,对国内外的研究现状进行了评述,阐述了本书的研究思路和基本方法,以及本书的难点和创新之处。

第一章为城镇化道路概念的历史探源。首先梳理了西方主要国家城市化发展的一般进程,概括了城市化发展的主要特征,总结了世界城市化发展的一般规律,为分析中国新型城镇化提供了一个历史背景。其次梳理了中国古代城镇化的实践脉络,分别介绍了词源上的城镇化、行政建制中的城镇化、历史事实中的城镇化,概括了近代中国新型城镇化发展的主要特征和内涵。

第二章为中国新型城镇化与"三农问题"内在规律研究。主要分析了新型城镇化与农民市民化、农业智慧化和农村特色化的内在关联,有助于深刻把握新型城镇化的过程是多种要素相互支持、相互配合、协调发展的逻辑过程。

第三章为中国新型城镇化面临的现实困境、制约因素和主要任务。中国新型城镇化发展面临的困境主要有:城镇化的主体定位不合理;城镇化的内容和形式失衡;城镇化的经济和社会脱节；城镇文明一体化是长期的过程。本书分析了影响新型城镇化道路的主要因素，即产业因素、法治因素、人文因素、社会因素和制度因素；探讨了中国新型城镇化道路的价值取向，即要坚持智慧城镇、公平城镇、人文城镇和可持续发展城镇。所以，中国新型城镇化发展必须解决主体功能定位、"三农"之间的协同发展、"五维目标"的深度融合、城乡协调发展等问题。

第四章为中国新型城镇化道路的路径选择。首先分析了新型城镇化的价值目标为智慧城镇、公平城镇、人文城镇、可持续发展城镇。其次强调在实践层面要有以人为本的发展理念、科学的发展规划、"四化"的深度融合、城镇制度性障碍的清除、社会各方面活力的调动。

第五章为中国新型城镇化指标体系的构建。本书以山东新型城镇化发展为例，结合国内外城镇化指标体系的最新研究成果，利用问卷调查、分层分析法等来分析山东新型城镇化发展的状况，并对新型城镇化发展质量作了比较分析，从中得出了新型城镇化发展几点启示。

第六章为中国新型城镇化发展趋势展望。根据当前城镇化发展的实际，本书探讨了未来城镇化会出现的新的趋势：城乡一体化的趋势明显、城镇居民生活水平提高、特色城镇更为突出、智慧城镇更为明显、生态城镇步伐加快。

# 第一章
# 城镇化道路概念的历史探源

在人类社会发展史上，城镇是人类文明进步的重要成果。尽管不同国家和地区，在不同的发展阶段，城市化发展模式和具体做法方面存在差异。然而，从世界主要国家城市化发展的视野中，我们可以理清世界城市化发展的一般进程，寻求城市化发展的一般规律，从而为推进中国新型城镇化建设提供重要的经验借鉴。

## 第一节 世界典型国家城市化道路的理论与实践

世界城市化发展是一个复杂的过程，城市化发展道路呈现出了复杂的特征，这给我们把握世界城市化发展规律带来了难度。本章将通过梳理世界典型国家和地区的城市化发展历程，总结世界城市化发展的一般特征，从而概括出城市化发展的一般规律。

### 一、世界典型国家城市化道路历史演进

从世界城市发展史来看，城市从出现到发展，再到成熟，经历了一个漫长的发展过程。如果从城市化发展的程度来看，大体可以分为城市发展的萌芽时期、城市发展的停滞时期、城市发展的恢复时期、城市发展的成熟时期、后城市化发展时期等五个阶段。

#### （一）城市发展的萌芽时期

从世界城市化发展过程来看，城市萌芽可以追溯到大约5000

年前,在那时,最初的城市形态就已经出现了。[1]早期城市出现的地区主要集中在尼罗河流域、印度河流域和黄河流域。这时期的城市形式主要表现为一定的聚落,虽然在时间、空间和文化上与村落没有严格的区别,但是这时的城市建筑和城市化功能已经出现。[2]在生命发展的每一个水平上,都存在着要求定居、休息的倾向,要求回到安全而又能够提供丰富食料的有利地点和场所。所以说,贮藏和定居这种癖好性本身大概就是原始人类的一种特性。[3]作为永久性的固定居住地,与那种较为固定、保守和敌视外来者的村庄有本质的区别。这些固定居住地具备了聚集人口的功能,其往往能把周边的人们吸引到此地进行情感交流,如同进行经济贸易一样,这成了城市固有特征的有力证据。

村庄聚落是在人类进入新石器时代后才出现的。以犁耕为代表的生产工具大规模地开垦土地,使得生活资料在当时条件下的无限增加成为可能,从而也能够使得森林变为耕地和牧场。这样一来,人口便开始迅速增长,稠密地聚居在不大的地域内。[4]在马克思看来,进入野蛮时代后,铁器在历史上起到过革命作用,它是各种原料中最后的也是最重要的一种,[5]不仅对农业发展起到了促进作用,而且还提高了周围建筑的水平。马克思指出,食物生产是直接生产者的生存和一切生产的首要条件,

---

〔1〕[美]保罗·诺克斯、琳达·麦克卡西:《城市化》,顾朝林等译,科学出版社2011年版,第22页。有些考古学家认为城市出现得更早,大约在10 000年以前。

〔2〕[美]刘易斯·芒福德:《城市发展史——起源、演变和前景》,宋俊岭、倪文彦译,中国建筑工业出版社2011年版,第3页。

〔3〕[美]刘易斯·芒福德:《城市发展史——起源、演变和前景》,宋俊岭、倪文彦译,中国建筑工业出版社2011年版,第4页。

〔4〕《马克思恩格斯选集》(第4卷),人民出版社1995年版,第23页。

〔5〕《马克思恩格斯选集》(第4卷),人民出版社1995年版,第163页。

只有具有足够的农业生产率，出现更多的剩余劳动，农业剩余产品才会成为可能。[1]铁的应用使得大面积的田野耕作和广阔森林的开垦成为可能，更重要的是为手工业工人提供了更加先进的生产工具。铁制农具的广泛使用，提高了农业生产效率，为聚居地提供了充足的食物。

　　古代聚落始于一些神圣的地点和优越的位置。周边村落的人们会定期回到这些地点进行祭祀仪典。于是，古代聚落就成了永久性聚会的地点。如美索不达米亚地区的城市就已经具备了吸引人、滋养生命的特性，那里的城市聚落大多位于大型台地之上，因而能够避免周期性洪水的袭击。新的自然危险和人类发展机会促使人们从偏远的地区向都市聚居区流动。很早的时候，尼罗河三角洲的民族便占领了尼罗河白城中的有利位置。从这种意义上来讲，无论在什么地方，城市聚落的兴起似乎都突破了乡村的封闭和自给自足，突破了乡村生活中那种极度节俭的自我满足。这种城市特有的吸引力和优越性促使偏远的人们来到大河流域，而且还为那些游牧民族提供了经常性的聚会地点。久而久之，不同种族、不同文化、不同的技术传统都聚集到一起，相互融合、共同发展，逐步成为不可分割的利益共同体。

　　古代聚落的经济作用最重要的是满足人类较为充足、稳定的食料供应。永久性聚落是以捕捉鱼、河蚌等食物为基础的，有时还种植茎类作物，作为其他不可靠的食物补充。随着聚落的形成，比较早的农业开垦地开始出现。通过饲养家禽家畜和食用植物种植，人们获得了更为广泛的食物来源。经过长期的聚落生活，人们逐步学会了管理种植和养殖的方法，拓展了人

---

[1]《马克思恩格斯全集》（第25卷），人民出版社1974年版，第715~716页。

类生产活动的范围和深度,提高了人类农业生产的能力和水平,从而也增强了人类改造自然的能力。这些伟大的农业革命无论是在村庄还是在游牧部落,都不可能发生。因为只有在同一地区持久地居住下去,人们才能观察到农作物的生长周期,了解自然运行的过程,从而为人类自身的发展提供帮助。

　　古代聚落的政治职能体现为对内的统治和对外的维护聚落安全。聚落内部往往有严格的组织机构。这些组织化的道德、政府、法律、正义都起源于村庄长老会议。它往往代表村民们的一致意见,确保约定俗成的规矩、决定能得到执行。在当时没有文字的特殊历史条件下,唯有那些德高望重的人才能有机会参与商讨一些重大的事项,维护整个聚落的社会秩序。城市聚落对外起着保卫的职能。城镇聚落虽然有发挥保护作用、保障安全的功能,但是从其出现的那一刻起,其便带来了对外掠夺进攻、对内镇压反抗的后果。从城市聚落到王国的发展变化中,我们可以看出,随着人口的不断扩张,增加粮食的产量以维护基本的生存需要可以通过多种方式来实现,要么扩大产粮区提供产量,要么通过贸易合作来增加产品,或者通过强征纳贡甚至掠夺。具体选择何种关系,取决于聚落的基本条件和历史环境,可是城市文明本身便具有承认并支持各种好战的习惯和要求的特性,尽管这些习惯和要求不断破坏着城市文明。所以说,城市聚落具有双重性。古代城墙既是物质性的防御壁垒,又是有精神意义的界线。因为它可以保护城里的人不受外界敌人的侵扰,维护城里的人的生命和财产安全。城堡成了城市聚落生活的共同基础。整个城市聚落如同一个强大的精神家园,坚固的城墙成了人们坚实的生活依靠。若没有宫殿和庙宇所包含的神圣权力,古代城市聚落便将失去它存在的目的和意义。更重要的是,在统一权威建立后,随着社会交往领域的扩大,法律会使社会成员的行为趋于统一，社会行为和社会规范也会逐步一致，作为统一控制社会的手段，最终会促使社会融合和理性观念形成。

城市聚落在文化方面起着"文明容器"的作用，促使社会各个成分融合，发挥最大限度的作用。从起源时代起，城市便是一种特殊的构造，作为专门用来贮存并流传人类文明成果的"容器"，这种容器足以用最小的空间容纳最多的设施，通过不断扩大自身的结构，来适应不断变化的需求和社会发展所要求的形式，从而保存不断积累起来的社会遗产。这里还有一个前提，即在"容器"没有任何东西可容纳之前，其首先会吸引人群和各种组织，对于这个特点，埃比尼泽·霍华德[1]使用了"磁力"一词。这个词在表述中非常有用，既然有"磁力"，那么必然会有"磁场"的存在。城市就像一个"磁场"，把不同性质的粒子吸引到城市中心来。从村庄到城市聚落的急剧转变，不是只有人口数量的增加，而是这种发展变化须待一种外来挑战，它是对村庄生活的急剧扭转，使之脱离以饮食和生育为宗旨的轨道，去追求一种比生存更高的目的。[2]在古代城市聚落发展的过程中，这一作用是通过宗教组织来完成的。人类通过宗教加强了自身的活力。宗教神灵所具备的长生不老的观念吸引着生活在周围的人们，人们会尽其所能地采取各种措施保证自身的长生不老。凡是那些信奉法律、参加仪典的人都这样做

---

[1] 埃比尼泽·霍华德（Ebenezer Howard，1850~1928年），英国著名社会活动家、城市学家、风景规划与设计师，"花园城市"之父，英国"田园城市"运动创始人。其主要著作为《明日的田园城市》（1902年），其在书中提出了建设新型城市的方案，认为应该建设一种兼有城市和乡村优点的理想城市，即"田园城市"。田园城市实质上是城和乡的结合体。

[2] [美]刘易斯·芒福德：《城市发展史——起源、演变和前景》，宋俊岭、倪文彦译，中国建筑工业出版社2011年版，第31页。

了。对于统治者来讲，宗教神灵对维护个人权威，加强城市统治的意义非比寻常。在他们看来，庙宇比城堡和武装力量更为重要，民众都是如此的顺从，神灵不仅在人们的现世生活中保佑着丰产和平安、秩序和公道，而且在人们死后的世界中至少保佑着一个象征性的不朽。

(二) 城市发展的停滞期

从古罗马帝国崩溃至公元1000年的这段时期被称为欧洲城市发展的停滞衰亡期。虽然世界上其他地区的城市生活继续繁荣，但是在欧洲地区，北方的日耳曼侵略者利用了古罗马帝国崩溃后的权力真空，扩大了在该地区的影响。长期不稳定的政治局势，增长了商业长途运输的风险，也阻碍了城市发展的交通命脉，使得周围的城市变得孤立、破碎，最终导致了中心城市人口的减少。

随着古罗马帝国的衰落，以往靠武力征服为罗马人提供机会的时期已经过去了，帝国不再有获取领土的能力，这时，帝国处在防御状态。商业贸易发展的条件和环境受到了破坏，区域之间的相互联系受到了极大的限制。因为地区之间的贸易联系取决于已有的交通工具的状况，取决于由政治关系决定的沿途的社会治安状况，取决于由交往所在地及地区内相应的文化水平决定的比较粗陋的或比较发达的需求。[1]但在这个时期，罗马帝国已经不能提供这样的条件了，整个帝国的运行对奴隶制的依赖性加大。失去安全保障和便捷交通的社会现实使国家已经不能再提供基本的发展环境，广大中坚力量的手工业者和小商人已经不能再继续从事正常的生产活动，他们中的大多数都成了债务人而必须依靠国家度日。许多上层知识分子也厌倦

---

〔1〕《马克思恩格斯选集》(第1卷)，人民出版社1995年版，第107页。

了令人烦扰的城市生活，而选择远离城市的农村或在那不勒斯海湾的别墅生活。罗马帝国的衰退在很大程度上是因为其依靠寄生经济制度和掠夺的政治手段。对外掠夺征战的成功，以普遍的形式给富人和穷人带来了一种空虚和无聊的依赖性生活，最终导致了无法解脱的忧虑。

　　罗马城市的衰退带来了帝国功能的丧失，罗马人口也开始直线下降，新的建设停滞不前，旧的建筑则破败不堪。罗马城市的衰退，使得欧洲城市生活日益暗淡，在此后的几个世纪里，城市发展开始"向内"发展：人们的视野变得狭窄，地方势力变得根深蒂固，古老的效忠观念不断增强。罗马城市的衰落，从政治上分析，在于其没有把握好城市发展的限度。城市的过度扩张带来的功能性丧失，以及与政府相关的经济因素和社会因素失控，导致帝国已不能左右整个经济发展的方向。这种失去控制的内在系统超出了整个帝国的驾驭能力，而没有这种内在的控制系统则给城市带来了病态性过度发展问题。罗马统治者在国内实施分而治之的策略，为防止各小城市联合起来反抗罗马，统治者鼓励各地之间进行竞争。随着罗马经济的也日益恶化，各地反抗罗马过分权力的斗争日益加剧。在缺乏互利合作的基础时，各地之间的斗争只能带来整个国家城市经济的每况愈下。

　　罗马城市的衰败从文化因素方面分析，主要表现为虐待狂式的社会礼俗弥漫在城市周围。在社会生活方面，人们通过感官刺激来打发空虚、无聊的寄生生活。罗马人沉浸在战车比赛，蔚为壮观的海战表演，以及各种夸张的哑剧中。为了补偿精神生活中的不足，罗马不论是上层还是下层，都涌向斗技场观看残忍的折磨和屠杀。在特有的城市文化和城市习俗的影响下，许多人都对疯狂和犯罪现象习以为常，长此以往，这种普遍性的病症成了健全的标准。随着日常生活的恶化,各种恐怖、受罪和死亡开始危及更多的人,寄生城市变成了病态城市。

(三)城市发展的恢复期

从 11 世纪起,欧洲城市进入了恢复发展时期。在这个时期,封建体系逐步弱化,在随之而来的人口、经济和政治危机下开始瓦解。这些危机产生的根本原因在于人口的快速增长,这是在科技进步不是很大而土地数量有限的情况下发生的。封建统治者为了应对扩军备战的需要开始不断增加赋税。结果,大部分农奴和佃户都到市场出卖产品以获得现金,这培养了强烈的金钱经济,开启了基本农产品和手工艺品的贸易模式,贸易也增加了城市的规模和活力。到了 13 世纪后期,欧洲大约有 3000 多个城市,容纳了将近 420 万人口,但是大多数的城市中心规模都比较小。如巴黎作为最重要的欧洲城市,人口也仅有 27.5 万,除了巴黎、君士坦丁堡和科尔多瓦(Cordova)外,只有米兰、日内瓦、威尼斯、佛罗伦萨和布鲁日有 5 万以上人口。[1]

城市复兴时期的城市促进了商业资本主义的快速发展。新建城市大多数选在路边和河边,用于复兴的长途贸易。城市结构也出现了新的特征:城市中心是开放的广场,周围是天主教堂或基督教堂、行业工会、宫殿等;城市防卫形态成了最重要的决定因素,在城市增长的城墙内,随着人口的增长,有限的空间造成了不同社会经济集团在同一栋建筑内的垂直分层。正是这种区域专业化和贸易模式为商业资本主义城市化奠定了基础。在这个时期,商人对城市发展起到了重要作用,商人建造了城市,在一些城市中形成了大的商业网络。最初,威尼斯、

---

〔1〕〔美〕保罗·诺克斯、琳达·麦克卡西:《城市化》,顾朝林等译,科学出版社 2011 年版,第 47 页。

比萨、日内瓦和佛罗伦萨的商人组成了商业贸易伙伴，很快，一个大的贸易体系卷席欧洲。当商人开始在横穿欧洲的主要贸易路线选址定居时，当各地经济开始重视市场交换时，商业贸易量的增加促进了城市开发。

城市复兴时期城市的政治功能主要出于安全需要。早期的城市主要是以带有城墙的城堡的形式出现的。这时的城堡主要用于应对社会秩序不稳定性的危险、经济发展程度不平衡性的威胁。为了保护大型农业灌溉设施不被攻击，维护整个城邦的安全，统治者往往把加强对城堡安全的防御作为首要任务，这个时候统治者非常重视城堡的军事防御设施。早期宗教、商业和防御的重要性在古希腊的城邦布局中可以反映出来。中心是高地城市的一个防卫据点，其中有神殿、政府办公室和仓库，高地之下是作为集市和政治聚会场所的市场（agora）、更多的政府和宗教建筑、军事区、居住区，最外围有防御城墙拱卫着他们。[1]中世纪以后，城市人口的数量不断增加，但是技术进步迟缓，再加上耕地数量和面积有限，为了保证基本的生存需要，封建贵族开始对内征收越来越高的赋税，对外扩张备战。到了公元14世纪~18世纪，欧洲殖民者通过侵略掠夺来扩大政治势力，世界城市体系也发生了根本性的变化。西班牙、葡萄牙殖民者将欧洲城市体系纳入到世界的边缘地区，征服本土中心的地区后进行重建，以建立殖民城市，其首要目的是把这些城市作为行政和军事中心。除此以外，殖民者还利用贸易扩张的手段在全世界建立门户城市，主要是管理这些国家或者地区的入口和出口。欧洲移民从这些城市进入大陆，大陆内部的产品又从这些城市输出。里约热内卢是在金矿的基础上发展起来的；

---

〔1〕[美]保罗·诺斯克、琳达·迈克卡西：《城市化》，顾朝林等译，科学出版社2011年版，第36页。

圣保罗是在咖啡生产的基础上发展起来的；布宜诺斯艾利斯是在生产羊肉、羊毛和陶器的基础上发展起来。这些产品随后又促进了欧洲的城市发展。总体来讲，欧洲城市化的扩张主要是统治者为了扩充财源，扩大对外的势力范围，维护自身在本地区甚至全球的政治和经济安全的需要而推动的。中世纪城镇的建立既有政治理由，又有经济理由，但是总体来说，城镇诞生的政治理由发生在先，而经济理由在后。[1]从中世纪开始，军事需要超过了一切。一个强有力的统治者，征服了与原有领地相邻的地区，或者为了加强边境防敌的能力，会粗略地建造一些堡垒要塞，鼓励他的臣属子民居住进去，以便承担永久性的防卫任务。统治者为了社会纽带和效忠精神更为持久，建立教堂、教区和主教教区。教堂不仅是宗教信仰的处所，而且还是展示"基督教忠诚的博物馆"。

  城市复兴时期城市文化功能还体现出了神圣教化功能。早期的城市作为"小城"出现，即城堡，遵循着浓厚的村庄习俗，虽然这种单个城堡还不足以使村落表现出城市的形象，但是，在战乱频繁、武力横行的环境下，单靠野蛮强制在很多情况下很难达到目的，于是人们便把野蛮强制与神圣仪式结合起来，从而完成了双方的相互理解和相互行动，城堡作为不可侵犯的圣地发挥着宗教般的作用。随着人们交往越来越紧密，接触范围不断扩大，相互联系的内容也在扩展，单个孤立的城堡变成了较大范围的城墙，这些新兴城市突破了以往村落的价值观念，把人们的眼光引向永恒的思考，从而提升了人们对生存和意义的认识。城市缔造者集中统一的意志和行动，超越了单个村落造成的局限性。他们通过缔造庞大和具有象征意义的建筑物提

---

[1] [美]刘易斯·芒福德：《城市文化》，宋俊岭等译，中国建筑工业出版社2012年版，第29页。

升整个城市的威慑感和影响力，实现了宗教和世俗权力的高度融合，而这种融合所产生的力量又把城市的起源因素组合到一起，产生了一种令人生畏的创造物。这种威严一旦产生，城市主人便不仅能主宰城市的命运，而且还为人类文明准备了新的模型，从而最大限度地把社会分化、职业分化与统一整合的发展过程结合在了一起。[1]王权制度扩大了统治者的权力，把他们置于支配者的地位，在这种情况下，以僧侣为代表的统治阶层不仅掌管着广大的领土空间，而且还预言着节令性的重大事件。掌握时间和空间的人，自然也就控制着广大的民众。

（四）城市发展的成熟期

18世纪中期，英国工业革命开启了城市化的新阶段。以制造业技术革命为驱动力的关键性转变奠定了伦敦商业帝国的地位，工业已经成为城市生活的重要组成部分。英国早期工业城市的发展得益于便利的交通和理想的政治环境。例如，靠近大西洋，河流密布，可用于发电和交通运输，这为英国的工业发展提供了较为便利的能源保障。英国在长期稳定的政治环境下，并没有意大利那样支离破碎的政治权力困扰，也没有法国那样动荡不安的社会骚乱，这就具备了工业发展的社会环境和政治环境。

但是英国早期的工业城市化是以剥削农民为代价的，强力占有农民土地，以合法形式剥夺农民的生活资料，迫使农民失去基本的生产生活资料，使其成为"自由人"，失地的农民随后涌进城市成了雇佣工人。其中最为突出的表现就是"圈地运动"。早期的圈地运动是对农民土地的赤裸裸的掠夺。统治者把

---

[1] [美]刘易斯·芒福德：《城市发展史——起源、演变和前景》，宋俊岭、倪文彦译，中国建筑工业出版社2011年版，第41页。

中国新型城镇化发展理论与实践问题研究

农民从土地（农民对土地享有和封建主一样的封建权利）上强行赶走，夺去他们的共有地，从而造成了人数众多的无产阶级。由此引起的羊毛价格的上涨，对这件事情起到了推动作用。[1] 随着英国城市工业的发展，城市人口急剧膨胀，社会和市场对农产品的需求日益增加。政府为了增加肉类供给和粮食生产，除了提高土地的生产能力外，还加快了圈地运动，资产阶级通过议会立法使圈地合法化，利用国家机器迫使农民服从圈地法案。由于农民无法承担圈地的费用，或者因失去公地使用权而无法维持生产和生活，所以被迫出卖土地。英国在早期城市化的过程中，在工业革命的推动下创造了史无前例的财富，但是不能忘记的是，它是以牺牲人类的基本利益为代价的。在这种城市社会中，看不到同情，看不到上帝，工业城市缺乏宗教空间或者强大的社会道德约束，只有马克思所说的"金钱关系"。[2] 在新兴的工业城镇里，工人的居住条件非常恶劣。就总体来说，其不是萧条而是丑陋，不符合人类生存最基本的生理学要求标准，穷人的居住状况过分拥挤，这种状况还扩展到了中产阶级的住宅中。"从贫民窟，到半贫民窟，再到超级贫民窟；如此过程，便是城市进化的历史。"这就是英国生物学家帕特里克·格迪斯[3]对这个时代所给予的评价。

工业城市带动了经济的迅速发展。英国商业以新一轮制造

---

[1] [德] 卡尔·马克思：《资本论》（第1卷），中共中央马克思恩格斯列宁斯大林著作编辑局译，人民出版社2007年版，第825页。

[2] [美] 乔尔·科特金：《全球城市史》，王旭等译，社会科学文献出版社2010年版，第125页。

[3] 格迪斯（Patrick Geddes，1854~1932年），英国生物学家、社会学家，现代城市研究和区域规划的理论先驱之一。他主张城市规划应以当地的价值观念和意见为基础，尊重当地的历史和特点，避免大拆大建。此外，他还运用哲学、社会学和生物学的观点，揭示城市在空间和时间发展中生物学与社会学方面的复杂关系。其主要著作有《区域规划思想与实践》《进化中的城市》等。

业技术革命为驱动力,为经济发展的关键性转变奠定了基础。从美索不达米亚时代开始,虽然工业成了城市生活的重要组成部分,但是当时工业规模化的程度还很有限。到了18世纪,英国率先创立了一种新型城市——主要依靠大规模生产产品的城市。在英国工业革命的推动下,一些小城市得到了快速的发展。1810年,以精纺加工业为中心的布莱德福是一个仅有1.6万人的无名小镇。19世纪前半期,该城市工厂的产量增长了600%,人口也呈现爆炸式增长,达到了10.3万,在同期欧洲城市中其增长速度是最快的。[1]这些城市代表了一种全新的模式,城市中心的突出特征是依靠大规模的产品加工,其是全球所有城市革命的开端。到了19世纪50年代,在英国到处可见纵横的铁路大桥、交错的隧道、蔓延的工厂。甚至连托克维尔也评价道:"在英国的每一步发展都会有些东西令造访者怦然心动。"[2]工业革命在给富人带来好处的同时,也使得工人的工资得到了增长,消费水平也得到了提升。一些工人甚至进入了中产阶级行列,教育水平和社会地位也得到了很大的提高。托马斯·贝恩斯评价道,到19世纪末20世纪初,利物浦、曼彻斯特、利兹和布莱德福等城市——尽管存在无可争议的丑恶、污染的天空和骇人听闻的贫民窟——不会因为仅仅是大量输出商品的简陋之地而消亡。他们更像是过去的推罗和佛罗伦萨一样,是"智慧摇篮"的组成部分,这些智慧的发明正极大地改善着人类的生活。[3]几乎用了大半个世纪,伦敦、巴黎、柏林等大都市

---

[1] L. John and Barbara Hammond, *The British Industrial Revolution*: *Triumph or Disaster*? Boston: D. C. Heath & Compay, 1958, p. 40.

[2] Alexis de Tocqueville, *Poor Essays*, New York: Harper Torchbooks, 1968, p. 2.

[3] [美]安德鲁·利斯:《城市观察:1820~1940年欧洲和美国的城市社会》(英文版),哥伦比亚大学出版社1985年版,第53~54页。

已经形成了工业聚集效应所必需的各种因素，并且发育到适合的均衡水平。城镇工厂所具备的有利条件开始抵消乡镇工业的有利条件，这成了城镇工业的竞争优势。这些条件一旦被调动起来，城镇所具有的空前规模就能吸引人口的自然增长。从19世纪开始，工业就成了促成城镇化的积极因素和巨大推动力。到了18世纪80年代，瓦特蒸汽机的广泛应用，形成了一股巨大的推动力，并且改变了一切。在世界市场形成的背景下，以蒸汽机为动力的工厂体系，带动了人口稠密数量地区的城市大大增加。到了1830年，铁路的普及成了促进世界范围内城镇化大发展的第二个重要因素，大大地助长了世界城镇化的进程。

工业城市使得政治秩序得以重新确立。机械化生产方式在资本主义社会确立后，权威政治开始巩固，世界总体模式初步形成。人类建立生产组织能力的增强，要求人类创造平衡外部世界的能力也要提高，要实现人类总体社会的协调平衡，消解外在的束缚和羁绊，最重要的是建立区域间的团结联系。然而，在这个时代，人类并没有创造出与机械化生产方式相适应的控制能力。随着社会组织机体解体以至于碎片化，以及多种模式的走投无路，世界人口却出现了速度的超常增长，原有的社会模式开始失效，导致混乱无序的生活状况被固化。人们在进入强制性经济组织的同时，作为同一城镇中的市民变得日益松懈，甚至连工业也失效了，原因是它只能依赖这种无规划的建筑和杂乱、随意的物质环境组织形式。[1]在这种情况下，大城市以强大的资本优势发挥了重要的作用。一些大城市不仅在地理位置上占有战略地位，而且还控制了与统治者密切关系的中央银

---

〔1〕〔美〕刘易斯·芒福德：《城市文化》，宋俊岭、倪文彦译，中国建筑工业出版社2009年版，第7页。

行和交易场所，获得了特有的政治优势和特殊地位。所以，一些城市通过强大的整合能力和政治影响力，成了所有城市发展的龙头。如，工业革命时期，在成为首都后，东京也获得了成为全国精神和世俗的都城的"合法性"。[1]许多处于领先地位的商界企业都把总部放在东京，而不是传统的商业中心和新兴工业城市。

工业城市对社会生活产生了重大的影响。工业革命对商品的制造方式、技术手段和制造地点产生了根本性影响，成了城市增长的强力催化剂。由此，人们的生产方式和生产活动发生了根本性的变革：从以前单个的手工生产转变为机械化的大生产；从以前以工厂作为吸引工人的决定因素转变为以城市聚落作为吸引人的新亮点。工业化推动了城市化的发展，城市化为工业化提供了基础的设施和条件。随着工厂、仓库、商店和办公室、交通网络、大型劳动力市场的建立和完善，工业逐步改变了城市的面貌、内部结构和功能。伴随着现代工业的发展，交通条件和通信网络日益发达，人们之间的联系不断加强，实现了信息的有效沟通，经济分工更加细密，成员关系更加密切，城市体系得到了不断的巩固和完善。现代工业时代内燃机的批量生产，也为一战后的经济发展和城市发展力量平衡带来了重大变化，汽车开始进入交通运输系统和运输网络，拉近了人们之间的空间距离，大大地方便了居民的生产和生活，推动了郊区时代的到来。拖拉机的使用让广大农民可以开垦更多的土地，从而开创了大农场革命时代，进而解放了农场工人，刺激了城市化进程。

与此同时，工业城镇对自然环境和人类生活带来的负面影

---

[1] Marius B. Jansen, *The Cambridge History of Japan*, Vol: The Nineteenth Century, Cambridge, Eng: Cambridge University Press, 1988, p. 731.

响也随之而来。从 18 世纪开始，由于铁路应用的普遍化，凡是铁路所到之处，采矿业和矿石加工业也会随之出现。技术时代加快了铁路的发展，但是也给大地带来了巨大的伤痕和破坏，大地的伤口并没有人去医治愈合，呼啸而来的火车头又给城镇中心地区带来了噪音、烟雾、灰尘。工业城镇的扩展也给环境造成了严重的后果：森林被砍伐、农田土壤被挖掘、自然平衡被破坏。这种灾难性、破坏性建设不仅使城市原有的形态丧失了，而且使以往有效的社会组织也不复存在了。长此以往，长期积累的人类社会遗产和自然资源终将在这种肆无忌惮的开采和挖掘中无以为继。

（五）后城市化的时期

二战以后，对"城市病"的忧虑使越来越多的城里人选择到郊区生活，引起了人们对城市发展本质的反思，这标志着人类进入了后城市化时代，主要体现在人口高度集中的澳大利亚和新西兰、北欧、西欧、北美地区，以及发展速度比较快的东欧、南欧、日本和苏联。以人口集中为特点的发达国家已进入了后城市化阶段，而发展中国家则日益成为世界城市化的主体。二战后，现代工业化将全球城市化带进了新的发展阶段。两次世界大战将西方工业化和城市化先进理念传播到了世界各地，使整个世界都开始了工业化和城市化的发展进程，至此，世界城市化正以前所未有的发展速度和发展规模向前推进。从 1945 年到 2008 年，在短短 50 年的时间里，世界城市化水平提高了 23%，基本上完成了世界城市化的伟大创举，人类进入了普遍繁荣的后城市时代。

"城市病"的出现也引起了人们对城市化发展道路的深思。由于英国、美国等发达国家城市化进程的加快，大量农村人口涌进城市，或者说，由于城市化进程加快，发生了"城市病"

等社会问题。主要表现是：城市中心人口的过度集中，拥挤不堪，住房紧张，交通拥挤，居民生活负担加重，环境受到污染，生态平衡受到破坏，人们的生活质量下降，社会问题和社会矛盾凸显，城市中种族矛盾问题、移民问题、失业问题比较严重，吸毒卖淫，违法犯罪活动猖獗。一些发达国家开始将人口和城市职能由城市中心逐渐向郊区分解。城市郊区化受到了世界主要经济大国的垂青。与城市中心的高楼大厦相比，更多的人将他们心中的"更好的城市"定义为有更多的个人空间和隐私，甚至还有自己的私家草坪。英国、美国、日本等发达国家分别在20世纪40年代、60年代和70年代开始出现这种现象。二战后，英国也开始考虑将伦敦市中心工业区向郊区转移，开始只是部分地展开，到了几十年后，随着汽车数量的增长，伦敦向郊区迁移的速度开始迅速加快，规模也开始迅速扩展。据统计，在2000年，大约有70%仍然居住在城市中心的居民更喜欢住在其他地方。[1]美国在20世纪50年代，郊区人口显著增长，占全国人口的84%，到了80年代中期，美国2/3的家庭都拥有自己的住宅，家庭住房拥有率是当时德国、瑞士、法国、英国和挪威的2倍。越来越多的美国人开始不再把自己限定在老城区，他们更愿意选择更加分散的新开发郊区。郊区为那些从拥挤城市归来的人们提供了临时休息的港湾，在那里，人们可以充分地享受清新的空气和安逸的环境。

不仅如此，信息时代城市化还加大了对新问题的忧虑。20世纪70年代，在数字通信技术的影响下，生产方式变革对城市化产生了重要影响。特别是国际互联网、移动电话、卫星电视和通信技术的日益扩大，使得人们之间的联系更加便捷，更加

---

[1] Patrick Collinson, "Property: A Slowdown Will Mean a Steadier Market", *Guardian Newspaper*, October 28, 2000.

容易获取各自所需的信息服务。城市个体之间也在经济和技术方面进行着密切的联系,利用不同的方式进行日益复杂的交流。新的生产方式变化重新塑造了不同的城市景观。同时,由于技术创新性和局部经济发展方面的差异,导致在城市化的过程中,出现了内部社会的不平等,最明显的就是"碎化城市化"(splintering urbanism)。[1]

  一些新兴城市也抓住有利时机,加快经济发展,推进城市化进程。在亚洲,韩国、日本、新加坡和我国香港地区,受亚洲悠久历史文化的影响,城市的数量有较大的进展,而且城市的经济增长也比较显著。城市化发展比较快的是新加坡。二战后,新加坡的经济受到了严重影响,社会治理还面临着巨大的挑战——巨大、拥挤的贫民窟,黑社会帮派和技术水平较低的人口。新加坡人民在李光耀的领导下,充分利用亚洲贸易港口和交通枢纽等独特的地理位置优势,迅速实现了从纺织业的粗放型工业向高科技和服务员的转型。通过几十年的努力,新加坡彻底告别了殖民主义时代,创造出了亚洲城市发展的崭新模式。到了 20 世纪,新加坡自称是世界上人口受教育程度最高、经济生产力最强的国家之一。与新加坡一样,韩国也是在受过战争的创伤后,充分利用战后的有利时机,以较快的经济发展速度创造了大量的物质财富,这为城市发展提供了强有力的资金支持。随着新公路、新住房、新办公大楼的建立,城市中心区域的发展快速推进。亚洲的工业城市虽然与过去欧洲的老工业城市有相似之处,但是他们的崛起却是城市分散时代的产

---

  [1] "碎化城市化"是由地理学家斯蒂芬·格雷厄姆和西蒙·马文提出的,描述了在新技术、网络化信息和通信设施的选择性作用下,城市的经济结构、社会结构和实体结构所发生的碎化。(参见 [美] 保罗·诺斯克、琳达·迈克卡西:《城市化》,顾朝林等译,科学出版社 2011 年版,第 184、609 页。)

物。随着一座座高楼大厦的拔地而起,城市向外扩展的压力也越来越大。东京等城市的住宅区、商业区和购物商场也搬到了城市郊区。城市郊区化已成为这个时期城市化发展的主要特征。

**二、世界典型国家城市化发展主要特征**

世界城市化发展已有将近五六千年的历史。从美索不达米亚、印度河流域和中国宗教中心,到古典时期的罗马帝国中心、伊斯兰教世界城市、欧洲的威尼斯等商业城市,再到后来伦敦、纽约等现代工业城市,通过考察和分析,我们可以看到他们具有某些共同的东西。美国的城市学家乔尔·科特金将其特征高度概括为:神圣、安全、繁忙。[1]他认为要成为世界名城必须具备精神、政治、经济三方面的特质,缺一不可。只要有一个环节缺失,就会损害城市文明的根基,最终导致衰亡。如果从整个人类城市化的发展历程来看,在辩证唯物主义的指导下,我们大概把城市化发展概括为以下几个主要特征:

(一)在功能定位上,城市发挥着社会整合作用

城市具有较强的社会整合能力,这是由城市本身的特点决定的。一般来讲,城市是经济发展、政治参与、文化传承的中心,凝聚着人类长期积淀的物质文明和精神文明的成果。所以说,城市作为人类历史发展的创造物,不仅代表着人类至高的想象力和创造力,也代表人类文明发展的辉煌成就。城市化的过程就是人类文明不断演进的过程,所以城市化基本贯穿在人类历史发展的长河中。

---

[1] [美]乔尔·科特金:《全球城市史》,王旭等译,社会科学文献出版社2010年版,第1页。

城市集中体现了要素的密集性、功能的综合性、运行的高效性、管理的系统性和区域的辐射性等特点。城市能将人口、资本、技术等要素自始至终、源源不断被地吸引到中心区,通过各种要素的互相作用、互相组合产生单个生产要素无法取得的综合效益。城市充分发挥了人口聚集和资本密集的效益,对人们生活质量和生活条件的影响尤为深刻,城市为居民提供了更多的就业机会、高水平的文化教育、高品质的娱乐享受、高质量的医疗条件等,这为人的全面发展创造了条件,同时也促使人口高度集中。城市资本的高度集中也满足了企业最大化的需求,降低了企业的生产费用,提高了企业的生产效率。马克思说,这种节约之所以发生,是由于劳动者的密集、不同劳动过程的紧密和生产资料的集中。人口、企业的高度集中使得城市的科技、教育、文化能为更多的群体所使用,容易产生更大的经济效益和社会效益。城市功能的综合性,在于城市能充分利用特有的人流、物流、信息流和价值流等内在优势,把人口、物质、资金往城市里高度集中,然后向城市外扩散。城市作为政治活动的中心,长期以来形成的自上而下的行政管理系统,具有政治和文化职能,为居民提供了安定的社会环境,并对居民的文化传统、生活方式和价值观念进行着渗透和影响。城市运行的高效性,在于城市的基础设施、交通等条件,与乡村相比,在运行效率上具有无可比拟的优势。随着现代产业的逐步升级,人们的生产方式、管理方式都发生了根本性变化,使得人们的交往方式、休闲娱乐方式以及居住和消费方式都达到了新的高度。城市管理的系统性,在于城市是一个大的系统,在这个大的复合系统中,有内部的和外部的、时间的和空间的、物质的和精神的多种组成要素。城市的运行通过不断分化、系统有序的方式来进行。在城市与农村之间,通过物资、人员、文化、资金、技术的交流,城市管理被注入了动态性和开放性的特征。城市具有辐射性,城市利用聚集效益产生了创新元素,如商品、技术、生活方式等,从中心区扩散到周边区域,引起了周边区域的经济活动、社会文化结构、权力组织的转换,从而实现了城市空间的发展。

(二)在发展过程上,城市发展具有极大不平衡性

城市发展具有不平衡性,在不同的历史时期城市呈现的发展速度和发展水平也不尽相同。城市的发展水平往往与经济发展程度、工业化水平和市场发育程度密切相关。城市化发展呈现出起步、加速和缓慢三个发展阶段。在这个过程中,城市的形态特征和内在机制存在较明显的关系。美国地理学家诺瑟姆(Ray M. Northam)研究发现,世界城市化呈现S形曲线的规律。[1]从这个城市发展规律我们可以看到,当人口城市化率低于30%时,是城市化发展的初步阶段,城市人口增长缓慢,发展时期漫长。比如从5000年前世界四大古代文明到18世纪工业革命的兴起,在长达5250多年的历史发展过程中,人类城市化的水平仅增长了3%。当人口城市化率达到30%~70%时,城市化进程开始加快,人口和经济活动迅速向城市聚集,城市化水平迅速提高。随着城市数量的增加,后期甚至还出现了大城市圈。当人口城市化率达到70%后,城市化进入成熟时期,城市增长缓慢或相对稳定。从中可以看出,城市发展具有一定的规律性,从世界各国城市化的进程来看,工业化是城市化的基本动力,城市化的每一步都离不开工业化的推动。在世界上,作为城市化最早的英国,也是在工业革命的推动下,城市化进

---

〔1〕 谢文蕙、邓卫:《城市经济学》,清华大学出版社1999年版,第44~47页。

程十分迅速，曼彻斯特、伯明翰等一批工业城市迅速崛起。德国的鲁尔地区、法国的北部地区、美国的大西洋沿岸也在工业革命中随着资本、工厂和人口向城市的集中形成了城市密集地区。

　　科技革命的变革带来了城市发展水平的差异。18世纪40年代，蒸汽机的广泛应用使机械大工业取代了工场手工业、集中化的大规模生产成了生产的主流方式，人口的集中，大批工业城镇的诞生，使得城市化规模不断扩大。英国经济史学家约翰·哈罗德克拉潘[1]认为，英国的城市化大约发生在1775年左右，经过几十年的发展，英国的人口比重于1850年首次超过50%，成为世界上首个基本实现城市化的国家，与此同时，随着产业革命的兴起，城市化也逐渐在欧洲大陆和北美地区扩散。法国在19世纪30年代开始了城市化进程，到了19世纪中期，城市扩张开始增强，但大多数城市的人口数量都比较小。到了第二次工业革命时，石化、钢铁化使得重工业取代轻工业成为主导产业，这个时期人口的空间布局的改变促进了人口大规模向城镇集中，在这个阶段，城市化在西方发达国家全面展开，发展速度加快，最终基本实现了城市化。到了21世纪，发达国家的城市人口比重整体上超过了城市化起步阶段的临界水平。这个时候城市的内在活力被激发，百万人口的城市迅速增加。城市人口的急剧增加带来了一系列的社会问题，如就业困难、环境恶化、生活质量下降等问题。在这种情况下，人们开始重新审视城市发展的问题。现代交通工具和信息技术的发展为人们的

---

　　[1]　约翰·哈罗德·克拉潘（John Harold Clapham，1873~1946年），是现代英国著名的资产阶级经济家、历史学家。主要著作为《现代英国经济史》，主要叙述了英国经济发展的三个时期："铁路时代前夕"和"早期铁路时代"（1820~1850年）、"自由贸易和钢时期"（1850~1886年）、"机器和国家的竞争时期"（1887~1914年），结论部分讲到了1914~1929年的情况。

出行和相互联系提供了便捷，于是，人们开始重视环境优美、地价便宜的郊区城市，进而也就出现了城市人口的郊区化、大城市外围卫星城市的分散化的趋势，也就是所谓的"逆城市化"。20世纪50年代，"逆城市化"现象开始出现在城市化水平比较高的发达国家。当前，发展中国家将是世界城市化的主角，这是世界城市化发展最明显的趋势。

（三）在价值取向上，城市发展具有能聚共识的作用

城市具有强大的吸引力和凝聚力，这来源于城市使人们的生活更美好。人类对城市的创造，往往与追求更安全、健康、适宜的生活联系在一起。城市具有较高的文化势能，代表着社会进步，它摆脱和改变了传统农业社会中形成的农村愚昧和孤立分散的状态，走向城市化是城乡关系变革的路径选择，城市起到了引领和示范作用。[1]城市创造与城市对人的影响是一个双向互动的过程。一方面，人类创造了城市，赋予了城市特有的属性；另一方面，人们在城市里居住和工作，对城市环境施加影响，尽自己所能改造城市以满足人类的需求和反映人类的价值取向。同时，他们也逐渐适应着周围环境和周围人群，这样就形成了改造城市空间并被物质环境所左右的双向作用过程。这种双向作用使社区和邻里关系得以形成、维持或改变，这往往又会影响居民的价值观念、态度和行为。早期城市从宗教层面给人们的生活带来了意义。原始城市已经包括了基本要素，如圣祠、泉水、村落、堡垒等，这些因素成了城市发展的重要组成部分。城市不是从具体形式方面体现着宗教精神，而是从超乎寻常的形式方面发展着人类生活的各个方面。社会学家罗

---

[1] 王亚鹏："马克思恩格斯城乡融合思想探析"，载《经济研究导刊》2010年第7期。

中国新型城镇化发展理论与实践问题研究

伯特·以斯拉·帕克[1]认为"城市是一种心灵的状态,是一个独特的风俗习惯、自由思想和情感丰富的实体"。城市就代表着宇宙,成了一种实现人间天堂的途径,更是成了一切可能事物的集中代表。

工业时代的城市让人们感受到了健康卫生、美观漂亮的重要性。随着工业的发展,城市排放了大量的污水和有毒的气体,带来了各种噪音,污染了周围的生活环境,影响了人们的身体健康。这个时期的卫生条件也非常糟糕,大多数地区都缺乏新鲜的空气,缺乏多样的食物,大多数人都处在慢性饥饿的状态中。工业城市交通阻塞、环境污染、就业压力增大、生活质量下降,引起了人们对城市发展模式的反思。埃比尼泽·霍华德在《明天的花园城市》一书中提出了一种新的城市发展形式,以医治城市中心区的"脑溢血病"和城市边远地区的"瘫痪病"。他认为,缓解城市的拥挤情况,不是仅靠大城市的郊外居住区就能解决的,而是应该把城市的功能区疏散开。这种"有机城市"思想的实质在于:实现城市和乡村在范围更大的生物环境中的平衡、城市内部各种各样功能的平衡,尤其是通过限制城市面积、人口数目、居住密度等积极控制发展而取得平衡。这种历史意义在于规划建设的环境更加优美、舒适、方便,更

---

[1] 罗伯特·E. 帕克(Robert Ezra Park 1864~1944年),美国社会学家,芝加哥学派的主要代表人物之一,他在社会学研究上有两大兴趣,即种族和城市。在种族研究中,其提出了表示个人间、团体间的密切程度的"社会距离"概念,并探讨了"种族偏见"与"种族冲突"的关系。在城市研究中,他认为城市绝不是一种与人类无关的外在物,也不只是住宅区的组合。相反"它是一种心理状态,是各种礼俗和传统构成的整体,……城市已同其居民们的各种重要活动密切地联系在一起,它是自然的产物,而尤其是人类属性的产物"。其主要著作有:《社会学导论》(与 E. W. 伯吉斯合著,1921年)、《城市——对都市环境研究的提议》(与伯吉斯和 R. D. 麦肯齐合著)(1925年)、《人种与文化》(1950年)、《人类社区,城市和人类生态学》(1952年)。

适合于人们的身心健康。一个伟大的城市所依靠的是城市居民对他们的城市所产生的那份特殊的深深眷恋,一份让这个地方有别于其他地方的独特感情。[1]这种花园城市能真正为人们的生活提供良好和舒适的环境,会像"磁石"一样吸引周围的人们。通过不断发展和完善的城市形态指引和塑造着人类不断变化的生活状态。

### 三、世界典型国家城市化道路一般规律

城市化是人类经济和社会发展的必然趋势,也是社会进步和文明发展的重要标志。在人类城市发展的历史长河中,尽管呈现出不同的历史风貌和个性特征,但是从总体上来看,城市化的发展具有一定的历史规律。

#### (一)生产力发展是城市化发展的根本动力

城市化的发展程度与发展形式总是与一定的社会生产力发展水平相适应的。城市演进与生产力的发展有很大的关系。从旧石器时代进入新石器时代,标志着生产力有了很大的提高,畜牧业和手工业也从农业中分离出来,这时候产品有了少量剩余,部落之间、家族之间的原始交换日益发展,开始出现了小城邑。到了奴隶社会,社会生产力有了一定程度的发展,农业、畜牧业和手工业的分工日益扩大,商品交换有了较大的发展,奴隶主为了保护自己的财产,开始修筑城郭。到了封建社会,地主阶级为了维护自己统治的需要,开始出现大规模城镇。这个时期城市的性质、规模和布局都有了显著的变化。进入工业革命后,随着科学技术的迅猛进步,工业得到了很快的发展,手工业生产变成了机器大生产,制造业的生产效率得到了很大

---

[1] Jane Jacobs, *The Economy of Cities*, New York: Randon House, 1969, p.141.

的提高，农村剩余劳动力开始向城镇转移。这样，农业人口开始逐步减少，非农业人口开始增加，城镇人口在整个社会人口的比重越来越大，工业化进程促进了非农业人口的增加，工业化促进了城镇化的实现。非农业人口规模的增加，带动了商业、金融、保险等部门的需求，从而创造了相关的就业岗位。工业化通过拉动就业的方式促进了城镇化的进程。它为国民经济各部门提供生产工具、技术装备和原材料，为人们提供日用工业品，也是推动城镇化进程的直接动力。[1]工业化也带动了新型城镇化的基础设施建设，一些劳动密集型、材料相关性的行业加入其中。这些行业需要大量的劳动力，所以为城镇居民提供了充足的就业机会，带动了餐饮、娱乐等相关行业的发展，工业化起到了较强的关联效应。在工业化的推动下，城镇劳动者就业规模也日趋膨胀，劳动就业结构开始不断转换。在土地利用方面，城镇改变了土地的利用形态，提升了土地的利用效率，从而使土地具有了多种用途。土地的利用方式发生改变，这样，工业土地的利用效率就提高了。工业的发展改变了以种植为主要特征的农业土地利用形态，促使土地利用向立体化、节约化的方向发展。随着工业化进程的加快，工业土地的利用边界也在扩张，这加速了农业用地向非农业用地的转化，原有农业地区的土地功能、空间形态和城镇生活结合在一起，导致了城镇范围越来越大。工业化发展也带动了产业结构的变迁，市区也在让位于第三产业、金融保险等高级服务业，从而引起了土地租金的变化，这是影响工业化和城镇化进程的关键因素。处于工业化进程中的企业聚集和人口聚集引起了城镇土地的紧张，工业化进程的土地通过合理的区域规划，提高了城镇土地的利

---

〔1〕 国务院发展研究中心课题组：《中国城镇化：前景、战略与政策》，中国发展出版社 2010 年版，第 40 页。

用率，优化了城市的空间布局，改变了早期城镇土地利用效率低的状况。在空间布局方面，工业化加快了基础设施建设的步伐，制造业、服务业等劳动密集型的产业趋于集中，企业的生产成本开始大幅度下降，城镇形成了生产功能区域。随着生产规模的扩大，不同产业内部出现了细化分工，促进了专业化程度的提高，规模经济效益逐步明显。非农业人口选择一定的区域和环境，充分利用城镇公用设施和公共服务，形成了居住功能区。这些功能区的划分有效地利用了城镇的资源条件、区位状况等特殊优势，对充分发挥城镇的整体功能具有重要的作用。

现代科技革命对加快城市化进程起到了重要的推动作用。特别是以机器大生产为标志的规模经济，逐步代替了手工劳动，打破了农业生产自我雇佣式的生产方式，扩大了市场规模，劳动生产效率得到了快速的提高。随着城市经济的快速发展，人口逐渐向中心区聚集，产业活动也在逐步集聚，从而形成了区域性的中心城市。产业革命也带动了进一步的社会分工。企业与产业间的协作性的加强为城镇发展奠定了坚实的基础。城镇又为企业与产业建立了紧密的合作纽带，加强了他们之间的紧密联系，使他们获得了明显的经济效益。从经济主体来讲，企业在社会公共设施建设、劳动力培训、社会服务及技术培训等方面得到了便利，使得企业外部的各种交易成本降低。从企业与产业的关系上来看，二者的良性互动带动了相关产业的发展，加强了上下游产业与同类产品生产企业间的沟通与合作，使得生产要素的流动更为便利，从而为下一步的城镇化注入了新的动力。从生活条件和生活环境方面来看，产业革命的出现带来了科学技术的进步，这对人类的生活条件产生了决定性的作用，特别是医疗条件和医疗水平的改善，提高了人们的生活质量，增强了抵御各种疾病的能力,延长了人们的寿命,这样带来的结果就是人口的迅猛增长,为社会储备了充足的劳动力,为推进城镇化提供了丰富的人力资源。以一系列新兴工业和新能源为特征的第二次科技革命,再加上以现代信息技术为标志的第三次产业革命,把生产力提高到了新的高度,特别是电力的使用、钢铁工业的发展、铁路运输业的兴起,使得工业在整个城镇化过程中起到了举足轻重的作用。从交通运输方面来讲,以蒸汽机为标志的产业革命的到来,提高了现代交通工具运载的能力,缩短了城乡之间的空间距离,方便了人们的出行,加强了城乡之间的相互交往。交通工具的改进也促进了对基础设施的大量投资,现代交通事业得到了快速的发展。

(二)一定区域生产力发展与社会组织形式之间的矛盾构成了城市化发展的基本动力

马克思认为,一定的生产方式或一定的工业阶段始终是与一定的共同活动方式或一定的社会阶段联系着的。[1]进而认为,"人类历史"应同工业和交换的历史联系起来研究和探讨。[2]城市作为人类社会发展到一定程度的重要社会组织形式,在每个发展阶段的变化都与同期工业和交换有密切的关系。探讨城市化的发展规律,应该联系一定区域特定阶段与生产发展能力相关的因素,以及充分考虑相应的社会组织形式对生产带来的影响,二者相互作用、相互影响。简言之,城市化就是在区域生产和承载能力与所在区域的社会组织形式之间的矛盾运动中不断发展的。一定区域的生产和承载能力在不同时期表现为不同的形式,不仅包括生产工具的改进、获取生活和生产资料的能力的提高,而且还包括产业发展的变化。区域组织形式主要包

---

〔1〕《马克思恩格斯选集》(第1卷),人民出版社1995年版,第81页。
〔2〕《马克思恩格斯选集》(第1卷),人民出版社1995年版,第81页。

括人们的居住空间形态、人口数量结构变化、地理位置优劣、社会文化思想改变等。一般来讲，城镇化的过程是一定区域经济发展与区域组织结构和组织形式不断变化适应的过程。由于不同的地区在不同的发展阶段经济发展的程度是不一样的，当一定区域的生产力提高了，相应的商业也会得到较大的发展，这就会对周围的建筑空间布局、人口居住分布有相应的要求，特别是在私有制不断巩固的基础上，为适应生产力的发展，资本力量会促使所在区域社会组织形式相应地发生变化。

分工是社会生产力发展到一定阶段的必然产物，而城市的出现是社会分工的结果。第一次社会大分工是游牧部落从野蛮人群中分离出来，那些长期从事采集、狩猎和捕鱼的人群，逐步掌握了某些植物的生长规律，并在居住地周围加以培植，这样就出现了原始农业。随着狩猎技术和经验的提高，人类捕捉的动物不断增多，甚至被饲养起来，这样就出现了畜牧业。随着农业和畜牧业的发展，一些部落逐步舍弃了农业。这样就出现了人类历史上的第一次社会大分工，它加快了农业和畜牧业的发展，使得社会产品有了更多的剩余，出现了经常性的交换。由于社会分工的出现、劳动生产效率的提高，人类能够生产出超过维持劳动所必需的产品，剥削也成为可能，进而导致了私有制的产生。第二次社会大分工，是手工业和农业的分工，特别是铁器被广泛应用于农业生产，提高了农业生产效率，生产了更多的农产品，为人类提供了经常的可靠食物。农业发展为手工业兴盛奠定了坚实的基础，出现了直接以交换为目的的生产，即商品生产。其也使得劳动产品中的一部分是为了交换而进行生产的，使得单个的社会交换提升为社会的生活必需。[1]

---

[1]《马克思恩格斯选集》（第4卷），人民出版社1995年版，第165页。

第三次社会大分工使得专门从事商品交换的商人得以出现。商人的出现促进了商品经济的发展，尽管这时候人类仍然处在自然经济阶段，人作为商品生产者处在从属地位。但是商业发展促进了奴隶社会中城市的出现，开始了城市和乡村的对立，大量财富集中在城市，奴隶主在城市中修筑宫殿、庙宇、祭坛，甚至从事科学、艺术的研究，从此，脑力劳动和体力劳动的对立便出现了。尽管人类社会出现过多次分工，对城市化产生过不同程度的影响，但是，物质劳动和精神劳动的最大一次分工，就是城市和乡村的分离。[1]城乡的分离意味着的城市地位的真正确立。伴随着城市的出现，必然需要行政机关、警察、赋税等公共政治机构，需要人口、生产工具、资本、享受和需要的集中，与此对应的乡村，出现的则是隔绝和分散。如果以分工和生产工具为基础进行划分，居民可以被划分为两个不同的阶级：一部分人变为受局限的城市动物；另一部分人变为受局限的乡村动物，并且每天都重新产生二者之间的利益对立。[2]在早期城市形成时期，城市聚落也是与当时的社会状态相适应的，男子作战打猎、女子管家制备衣食的分工合作要求具有固定的居住地，在这种情况下，人口较为稠密的部落聚居地适应了这样的变化。到了商业资本主义时期，人们以区域专业化和贸易模式重构了新的生产形式，通过联系紧密的商业网络，成立了一个巨大而复杂的贸易体系，这时期的新城规划出于复兴长途贸易的商业目的而多选址在路边或河边，[3]以适应商业发展的需要。工业革命带动了大规模制造业的发展，工业革命给商品

---

〔1〕《马克思恩格斯选集》（第1卷），人民出版社1995年版，第104页。

〔2〕《马克思恩格斯选集》（第1卷），人民出版社1995年版，第104页。

〔3〕［美］保罗·诺斯克、琳达·迈克卡西：《城市化》，顾朝林等译，科学出版社2011年版，第41页。

的制造方式、制造地点带来了巨大的变化，不仅促进了地方车站、交通等基础设施的发展，而且还对人们的居住地点、居住结构、生活方式提出了要求。工业集中居住地出现了中央商务区，为新的公司和企业总部提供了理想的场所。进入后城市化时期后，城市的无限扩展加剧了生态环境的破坏、资源的大量浪费、人与自然关系的紧张，经济发展遇到了困境和危机，特别是有限的城市空间已经不能承载过多居民的生活。为远离交通拥挤、空气污染等"城市病"，需求适度的生活节奏和舒适的生活居住环境，人们往往会离开城市回到乡村。

### （三）追求美好生活是城市化发展的基本价值取向

人类对美好生活的追求既是城市化的动因，也是城市化发展的最终目的。在城市形成中起决定作用的因素并不仅仅看有限的地域内集中了多少人口，更重要的是看有多少人口在统一控制下组成一个高度分化的社区，去追求超乎饮食、生存的更高的目的。[1]亚里士多德也看到了城市化的本质，他说，人民聚集到城市里居住。他们之所以留居在城市，是因为城市中可以生活得更好。不同时期城市对人的影响是不一样的。为了满足基本生存的需要，必须寻求稳定、适宜生活定居的区域，在选址上要考虑环境条件、气候变化、水资源的供应、自然资源以及土壤条件等。早期的城市化与农业社区有紧密的联系。在古代，城市的选址都与优越的地理位置和自然环境有关，这有利于提高农业生产产量，保证充足的食物来源，改进农业产品的品种，提高农业生产技术，适应人们生产生活的需要。只有日益增加的人口以及产品与产品的交换，才能保证城市社会的

---

[1] [美]刘易斯·芒福德：《城市发展史——起源、演变和前景》，宋俊岭、倪文彦译，中国建筑工业出版社2011年版，第67页。

正常运转。美索不达米亚位于底格里斯河和幼发拉底河之间的土地上，在公元前3500年就出现了城市化的遗迹，被称为新月形沃地。肥沃的土壤为农业生产提供了充足的养分和适宜的环境，吸引了大量农业村庄的人口，形成了众多的城邦。这些城邦包括了数以万计的居民和不同的社会阶层，通过政治、宗教和军事力量维系社会秩序，通过建立大型灌溉项目、技术改进来促进农业发展，利用广泛的商品贸易来沟通城邦内外的联系。作为城镇发源地的埃及也是坐落在尼罗河谷中，也是通过大型灌溉项目来控制尼罗河，为农业发展提供充足的水源。

在古代城市形成的过程中，基于安全和相互合作的需要，人类社会生活中许多分散的机构都被集中到一起，并圈围在城墙内，促进他们的相互联系和不断融合。之后，一些文明古城，如美索不达米亚、埃及和印度等地区的一些城市居民被组织起来，被训练为有纪律的工人队伍，服从统一指挥，负责控制洪水，修复暴风雨造成的灾害。同时，城市统治者创造了一套严格的内部秩序，使城市居民努力遵守，从而使居民中间有稳定的道德和相互合作的气氛，进而达到城市的和谐和稳定。经过上千年的发展变化，文化艺术和神圣思想对居民的影响更为深刻。城市最早作为一个神祇的家园，是一个代表着永恒的价值和显示神力的地方。随着城市的发展，城市的象征物虽然改变了，但是实际内容却并没有改变。城市内在尚未被揭示的潜力远远超过了现代科学的辉煌成就，对人的影响和改造也会更加深远。在过去的一段时期中，人们往往更多地憧憬现代科学的辉煌成就，甚至崇拜科学主义的神话，但是如果没有城市培育起来的憧憬来世的宗教，人类的生活和学习的能力能否有这么大的发展是值得怀疑的。

城市的最终任务就是促使人们参与到城市生活中，追求更为美好的生活。通过城市内部复杂和持久的社会结构，扩大人们解释和参与这些进程的能力，以便让其在城市这个舞台上上演一台台生动的喜剧。通过感情的交流、理性的传递和技术的运用，从而扩大人们各方面的生活范围，实现人们更有意义、更具有价值的生活，这就是城市最高的职责。"城市将成为改造人类的主要场所，人格在这里得到充分的发挥。进入城市的是一连串的神灵；经过一段间隔后，从城市出来的，是面目一新的男男女女，他们超越神灵的禁限。"[1]城市对人的改造是通过人们在城市生活中扮演起各种各样的角色，随着城市居民的相互交往，文化艺术生活的熏陶，使人们的情感更加丰富。在此过程中人们自身行动的参与和内心的深刻反省，社会的法律规范、人们的举止风度、道德标准等方面带来了具有城市特质的内在变化，使自己的生活具备了共同的思想方法和精神面貌。所以，美国文化学者罗伯特·雷德菲尔德[2]认为："城市的作用在于改造人。"

## 第二节 中国城镇化道路的实践脉络

中国新型城镇化道路是历史发展和现实社会的必然要求。寻求新型中国城镇化发展道路，离不开对中国城镇化发展历史

---

[1] [美] 刘易斯·芒福德：《城市发展史——起源、演变和前景》，宋俊岭、倪文彦译，中国建筑工业出版社2011年版，第115页。

[2] 罗伯特·雷德菲尔德（Robert Redfield, 1897~1958年），美国人类学家、社会学家。他致力于农村社区的研究。20世纪30年代，在对农村文化向城市文化转变的研究中，其区分了民俗社会与都市社会，将两者看作是文明连续的统一体。其还提出了大传统与小社会的概念，大传统指社会精英们建构的观念体系——科学、哲学、伦理学、艺术等，小传统是指平民大众流行的宗教、道德、传说、民间艺术等。其主要作品有《尤卡坦的民间文化》《小社区》《农民社会和文化》等。

的总结和梳理。中国的城镇化发展经历了漫长的历史：中国从古代时期就出现了城镇萌芽；到了近现代，城镇得到了局部的提升；进入当代后，中国城镇化迎来了新的发展机遇。本章将通过历史与现实、理论与实践的分析方法，梳理中国城镇发展的历史脉络，总结中国城镇发展的一般经验，概括中国新型城镇化道路的主要特征，为中国新型城镇化发展道路指明方向。

## 一、中国古代城镇化的溯源探析

中国古代城镇发展经历了漫长的过程，从起初作为长久居住区的大型聚落，发展到具有较大规模的城镇。城镇从语义上也发生了相应的改变，在行政体制中也有了较大的革新，在历史事实中也发生了明显的变化。尽管在不同历史阶段人们对城镇的理解和认识有差异，但是通过从词源意义、行政体制和历史事实等角度来梳理古代城镇发展的脉络，我们可以看到城镇化发展的一般特征。

### （一）词源意义上的"城镇"

对城镇化的界定离不开对城镇的语义分析这一前提。语义分析是从词源学的角度对城镇进行解析，并从知识系谱学的角度来进行考察。"城镇"作为一个概念，从单个字面上理解，"城"作为城堡，"镇"理解为边镇、镇压，合成词具有防卫、安定的意思，但这只是表面的理解。因此，对城镇的正确理解离不开对"城镇"的科学认识。也就是说，对"城镇"的理解决定了我们对城镇的界定。

根据《辞海》的解释，城镇主要有两个义项：①城市和集镇，集镇是介于乡村与城市之间的过渡型居民点；②以非农业人口为主，具有一定规模工商业的居民点。一般规定县及县以上机关所在地，或常住人口在 2000 人以上，10 万人以下，其中非农业人口占50%以上的居民点,都是城镇。[1]而《汉语大词典》对城镇的解释却是:①城,都邑四周的墙垣,一般分为两重,里面的叫城,外面的叫郭、"城"字单用时,多包含着城与郭;②城市,城镇解释为城市和集镇。[2]《中国城市手册》的解释是:城市与乡村是相对立的概念,城市与镇属于同一范畴,城市从总体上可被称为城镇,城市与镇的区别主要是人口的集中规模和发展程度,随着镇的规模继续扩大,人口继续增长自然地发展为城市。[3]《字词辨析词典——同义词》的解释是:城镇是表示人口集中、工业发达、居民以非农业人口为主的地区,通常是周围地区的政治、经济、文化中心;城镇规模较小,也可以概括为城市和集镇。[4]从以上几种对城镇的解释上可以看出,城镇的内涵有共同的内容,也有发展演变的轨迹。大体可以归结为以下几个方面:从中国古籍来考察,从城镇的功能演变来看,其起初是起防卫的功能。《管子·度地》谈道:"内之为城,城外为之廓。"《墨子·七患》也写道:"城者,所以自守也。"他们一致认为城的主要功能就是防卫。后来,城的发展又演变为"城邦",概念和内涵发生了变化,这里不再单指城墙,而且还具有了一定的区域概念。后来,集镇成了具有市场交易功能的地方。城镇的概念到了一个新的发展时期,城镇也有了新的内涵,从以前只具有单纯的防御功能的地区演变为以商品交换为目的的中心人口聚集区。市,最初的含义就是商品交易的场所。《说文解字》说,市"买卖所之也";《孟子·公孙丑》也说:"古之市也,以其所有,有司者治之耳。"这都是指市

---

[1]《辞海》编辑委员会编:《辞海》,上海辞书出版社1989年版,第1128页。
[2] 罗竹风主编:《汉语大词典》,汉语大辞典出版社1988年版,第688页。
[3] 朱铁臻:《中国城市手册》,经济科学出版社1987年版,第2页。
[4] 苏新春:《字词辨析词典——同义词》,上海辞书出版社2002年版,第577页。

是商品交易的场所。古代所说的市，往往指商业区和居住区结合在一起形成的早期城镇。从城镇的共同特征来看，城镇基本上都包含着集市的内容，这说明城镇不仅仅具有政治功能，而且还是商品交易、人口集中的集聚地。从英语语义来看，城镇与城市在英语中都是一个单词"urban"，包含着城（city）和镇（town）。在世界上的很多国家，镇的人口规模都较小，甚至没有镇的建制，所以，人口往往向"city"转移，故称为"城市化"。而中国有设镇的建制，人口规模与国外的小城市相当，所以人口转移不仅向"city"集聚，而且还向"town"转移，即中国特色城镇化。

有学者对"城镇化"与"城市化"的区别作了深入的研究。1991年，辜胜阻在《非农化与城镇化研究》中广泛使用了"城镇化"的概念并着力推广中国城镇化概念，取得了很多颇有见解、影响较广的研究成果。周一星指出："城镇化"比"城市化"更准确、严密。他认为这二者都出自"urbanization"一词，"urbanization"是人口由农村向各种类型的城镇居民点转移的过程，这些居民点可以包括镇（town）和城市（city）。其中，城市还可细分为一般的城市、大都市和特大城市。因此应使用城镇化而不是城市化。事实上，很多文献在研究过程中并未对"城镇化"与"城市化"进行严格的区分，但就目前中国的具体情况而言，译作"城镇化"更能反映中国的实际。在当前中国社会的发展阶段，"城镇化"的提法比较符合我国当前的发展实际。因为我国农村人口转移的数量和规模巨大，仅仅依靠大中城市来容纳这么多人口是有难度的，所以，中国必须走一条大中城市和小城镇协调发展的新型城镇化发展道路。[1]有关"城镇化"的使用者，武汉大学以辜胜阻、刘传江、徐进、郑凌云等

---

〔1〕 杨新房、任丽君："正确把握农村小城镇建设的发展方向"，载《调研世界》2003年第1期。

为代表的学者认为"城镇化"可以作为一个广泛的概念使用，并一以贯之地使用这一名词。[1]汪光焘、曹荣林、陈美球、张超等学者也赞同使用并推广"城镇化"这一称谓。温铁军、曹景椿等学者在学术著作中有时也会用到"城镇化"，可是更多地指向小城镇建设。

城镇化是伴随着我国的现代化进程出现的。随着研究的深入，名词术语不统一的问题越来越明显，有学者用"城镇化"，还有的学者用"城市化"，甚至还有的学者把二者等同。党国英认为"城市化"与"城镇化"是没有什么意义上的差别的。[2]有学者认为"城市化"与"城镇化"是两个不同的概念，"城镇化"强调农业人口进入城镇，单凭着城镇人口衡量城市化水平是不完整的。城市不仅是地域概念，其基本功能是市场。所以学者们认为城市化是城镇化的高级阶段。[3]要真正了解"城镇化"的内涵，必须对二者进行分析。"城镇化"与"城市化"是既有联系又有区别的概念。二者的共同点包括：在空间上，表现为人口从分散到集中的过程；在时间上，表现为农业生产方式转变为非农业生产方式的过程；在观念形态上，表现为农村传统价值观念向现代文明价值观念的变迁过程。关于二者的差异，周毅认为中国的城市化与城镇化是两个不同的概念，分别代表了不同的发展阶段：农村城镇化和城镇化城市（城市自身发展素质的提高）。在他看来，农村城镇化的过程是以乡镇企业和小城镇为依托，实现农村人口的工作领域由第一产业向第二、三产业的职业转换，居住地由农村区域向城镇区域迁移的

---

[1] 辜胜阻："中国二元城镇化战略构想"，载《中国软科学》1995年第6期。

[2] 中国改革发展研究院主编：《人的城镇化》，中国经济出版社2013年版，第105页。

[3] 洪银兴、陈雯："城市化模式的新发展"，载《经济研究》2000年第12期。

聚集过程，表现为农民生活水平的提高、生活质量的改善和整体文化素质的增强，使农民达到城镇居民的生活水平。[1]

冯兰瑞将"城镇化"和"城市化"的差别看作是"城镇化道路"与"城市化道路"的差别。在他看来，二者之间的分歧不仅是词义的差异，更重要的是两条不同的城镇化发展道路的差异，不能仅看作是一个过程的两个发展阶段。在他看来，所谓"城市化"是把乡村农民变为城市市民的过程，"城镇化"是在全国范围内推广小城镇建设，其目的是吸纳更多的农村剩余劳动力，避免更多的农民进入大中城镇。[2]"城镇化"是"让农民从乡村转移到小城镇。结果，转来转去农民还是农民，其成分（社会阶层属性）没有变"。[3]从这里来看，"城镇化"和"城市化"目的不同，"城镇化"的目的主要还是为了解决农村剩余劳动力的转移问题。但是城市化的目的是实现中小城市和谐发展、社会稳定。顾朝林、曹广中、周一星认为"城镇化"和"城市化"是两个不同的过程。"城镇化"的过程，更多地强调农村人口向小城镇转移和积聚的"镇化"过程，而"城市化"则侧重于农村人口向大、中城市转移的"市化"过程，即现有城市人口吸纳农村人口，农村人口向现有大中城市转移积聚、现有城市不断扩大的过程。[4][5]

笔者认为，当前中国的农村发展阶段被称为"城镇化"比

---

〔1〕　周毅："城市化释义"，载《锦州师范学院学报》2003年第9期。

〔2〕　冯兰瑞："城镇化何如城市化"，载《经济社会体制比较》2001年第4期。

〔3〕　冯兰瑞："21世纪加快城市化的明智选择"，载《战略与管理》2004年第1期。

〔4〕　顾朝林："论中国建制镇发展、地域差异及空间演化：兼与'中国反城市化论'者商榷"，载《地理科学》1995年第3期。

〔5〕　曹广中、周一星："中国城市经济增长因素分析"，载《经济地理》1999年第2期。

较贴切。一方面，在当前中国经济社会发生巨变的情况下，农村的经济社会结构，农民的生产方式、生活方式和价值观念也在发生改变，这种城镇文明驱动力在农村社会产生了巨大的影响，在这种环境的影响下，农民为了追求更好的生活，会逐步从农村向城镇或城市转移，但是主要还是转移到周围的城镇或集镇，如果用"城市化"的概念还是不能完全概括这层含义。另一方面，当前中国的农村从总体来说分布得比较分散，村与村之间的叠加效应不是很明显，大城市对农村的整合能力不足，完全由大城市来带动农村发展的后劲不足，在这种情况下，中国的农村发展的出路不是让农民涌进城市，而是依靠地方相对优势，充分发挥地方特色，建立小规模的农村，实现小规模的城镇化建设。这样也有利于城镇文明的逐步实现，让农民真正享受现代文明的成果。

（二）行政体制上的城镇

作为行政制度上的城镇，最早可以追溯到秦朝。秦朝建立了第一个中央集权的封建国家，在全国实行郡县制，为封建时代的城市体系建立了行政法律体制，集中了全国的人力、财力、物力建立了首都，而郡城和县城只是确立了其行政地位和作用。郡县在秦代主要体现为行政中心的政治职能，设立官吏和驻扎守兵，设立司法机构，为秦朝经济社会的发展提供了坚实的行政基础。到了唐朝，区域性市场逐步繁荣，而且有了较大的发展，这是唐代城镇逐步形成的重要标志。唐太宗贞观四年（公元631年），朝廷置盐官县市，在临济县、禹县都有县市，到了唐代后期，在水路交通要道都有行政设置的市。唐朝县市行政制度的设置，不仅加强了对地方商业的管理，维护地方的社会秩序，而且更重要的是加强了对地方政治的控制。宋朝统治者为了加强中央集权，由"军镇"改为"监镇"，在这个阶段镇的军事防御功能开始下降,商业功能开始凸显,不仅这些镇市有固定的街道和商店,而且政府对集市的人口不是作为农村人口看待,而是另行管理。政府管理方式的变化,也表明镇的地位和职能都发生了变化,市镇独立的商业职能开始发挥作用。明清时期,城镇开始执行经济管理、社会管理和军事管理等方面的综合职能。明代的"九边",又被称为"九镇",在商品经济发展的条件下,成了边关贸易的重要场所。在"九边"镇上,有塞内丝绸、茶叶、粮米等诸多日用生活必需品与塞外的牲畜、毛皮、土特产的边关互市,其数量和规模相当可观。从中国古代城镇发展的变迁,我们可以清楚地看到中国城镇发展的历史轨迹。从发展过程上来看,中国古代城镇发展往往是城发展在前,市发展在后;从城镇功能上来看,中国古代城市功能的变化都是为了适应统治阶级的政治、经济需要,早期为了维护安全、加强防御功能而设立了城,后期为勒经济发展、增加收入而设立了市,因此,可以说市随城起,城因市兴。

马克斯·韦伯认为中国城镇最重要的特点就是执行行政管理职能,这也是中国城市区别于西方城市的显著特征。自秦朝帝国以来,"中国城市的兴起,主要并不是靠城市居民在经济与政治上的冒险精神,而是有赖于皇室统辖的功能,特别是治河的行政管理"。[1]中国从一开始设立城镇就具有中央加强政治统治的作用,利用自上而下的政治架构来加强对地方的控制,城镇的行政职能。其一方面表现为中央政权的统一任命,另一方面又表现为对地方民众和事务的直接领导,这有力地保证了中央的政令畅通。"中国的城市缺乏西方城市所特有的政治力量:领事、参议会、按照拥有军事独立权的商人行会的方式组织起

---

〔1〕[德]马克斯·韦伯:《儒教与道教》,洪天富译,江苏人民出版社1997年版,第23页。

来的商人与工匠的政治组织。"[1]中国的城市并不是独立的代理机构,只是代表中央行使权力,并没有独立的武装组织。所以,城镇作为中国市、县、乡镇的政府坐落地,聚集了相当一部分的人口,具备了综合管理的条件和环境。为加强地方对经济事务、社会治安和公共秩序等方面管理,保卫居民的生命和财产安全,政府需要组织自己的权力机关,通过各种行政机构来加强对社会事务的管理,城镇在这其中发挥了重要的作用。

(三)历史事实中的城镇

中国作为人类文明的发祥地之一,也是世界上城镇起源最早的国家之一。从5000年的史前文明,到夏、商、周城镇的兴起,一直延续到今。中国城镇发展的重心,从西向东,从北向南转移,在从南向北,从东向西扩展的过程中,形成了丰富多彩的城镇经济、文化和民族建筑风格、居住形式,形成了具有地方特色意蕴的城镇。镇,最初的概念是指"一方之首山",指一定区域内的最大的山。后来引申为镇压、镇守的意思。市起源于原始社会氏族部落之间的货物交换。市与镇相连,形成了市镇,中国古代的城镇,一般指的是小城镇,小城镇的初级形式是集市、集镇,其发展有很长的历史。

城镇的萌芽大约在中国龙山文化时期,被称为中国原始社会萌芽状态的城市,简称为原始城市。[2]这些居住地一般来说规模都不是很大,但是作为具有古代城镇象征意义的城墙已经存在了,还出现了道路、房屋、陶窑,甚至还具备了排水设施。在神农氏时代,"城"主要用来防御野兽侵袭;到了黄帝时代,部落之

---

[1] [德]马克斯·韦伯:《儒教与道教》,洪天富译,江苏人民出版社1997年版,第20页。

[2] 傅崇兰、白晨曦、曹文明:《中国城市发展史》,社会科学文献出版社2009年版,第35页。

中国新型城镇化发展理论与实践问题研究

间有了相互的侵犯,"城"的作用也便转变为防御外族的入侵。

到了夏商时期,在黄河中下游地区,人们从事渔业、狩猎,发明了种植业,开发了华夏农业、畜牧业,有庄稼的地方成了较早的居住村落。在生产能力低下的条件下,种植业和打猎成为基本的生产活动。为了维护村落安全和稳定的居住场所,人类开始寻求比较理想的地区筑城,特别是一些地势高而平坦的地区,有山有水,特别适合打猎、畜牧和种植业。建筑包括一些较大的窖穴和房屋,[1]满足居民的居住需要,这也充分体现了这个时期城镇聚落的基本功能。

春秋战国时期,城镇的发展变化集中反映了当时经济社会的巨大变革。城镇数量增加,《左传》记载春秋时期的新筑城池有63座,反映了城镇规模的扩展。城镇功能逐步扩展,具备了政治功能、军事功能、商业和社会文化功能。这个时期城镇的快速发展主要缘于生产力的改进,以铁器为主的生产工具被广泛地应用到农业、工业和日常生活中,推进了社会生产方式和生活方式的变迁。

汉朝时期,在城镇周围的地区,大量商品流入到庶民之中,交通运输业也得到了很快的发展,汉族与少数民族之间贸易也得到了较大的发展。随着地区之间贸易的不断增加,城镇的商业职能得到了进一步的增强,一些商业城市演变为较大的商业都市。《三辅黄图》说道:"长安市有九,各方二百六十五步。六市在道西,三市在道东。凡四里为一市。致九州之人在富门。夹横桥大道,市楼皆重屋。"该文字生动地描述了西汉时期城镇发展的规模和程度。

---

[1] 稍柴村遗址(今河南巩义市东南)经过考古发现:位置处于伊洛河和坞罗河交汇的三角地带,地势较高而且平坦,在附近发现了较大的窖穴和房屋。出土的文物比较丰富,有小白缸、豆(古代食器)、盆、甑(古代蒸食炊器)、爵(古代酒器)等物。

南北朝时期，北魏在边境上设置了军镇，军镇被废除后，成了一些集市交易的场所，镇市是市镇的初级形态。而在南朝，农村中剩余产品的交换多了起来，"草市"开始出现。

隋唐时期，城镇进入了比较发达的阶段。城镇数量多，分布广，反映了唐朝时期天下太平、经济繁荣、社会安定的局面。唐朝时期区域城镇得到了较大的发展，到了唐朝后期，城乡集市普遍发展。唐朝城镇的繁荣在很大程度上源于隋唐大运河的开通，沟通了南北的广大地区，经过洛阳沟通西京长安，推动了全国物资、文化交流和各地城市的繁荣。

宋代是中国农业文明时代经济社会发展的转折点，其主要标志是经济社会变革和城镇空间结构的变化。随着全国经济发展重心南移，岭南、沿海地区的经济迅速发展。城镇的结构和功能发生了重要的变化，特别是开封的城市规划，已突破了只重视城镇政治中心功能的局限，开始全面重视城市交通、设施、居民生活、商业活动的需要。[1]在宋代之前，市场都是建立在特定的围墙内的，称为"坊市"，在空间受到限制。同时"坊市"的门朝开晚闭，在时间上也受到限制。到了宋代，城镇的"坊里""坊市"的空间布局形态结构从全局上开始崩溃瓦解。还形成了相对集中的商业区和居住区，如米市、菜市、肉市等，在临安府还有一条著名的巷子是行业商店居住区，叫扇子巷，这都表明宋代的城镇化程度达到了一个新的阶段。城镇内各种文化娱乐活动也开始繁荣，在城镇里进行文化娱乐演出的场所被称为"瓦子勾栏"。这种"瓦子勾栏"在全国都很盛行，深得统治者和广大市民的喜爱。如时人写的"山外青山楼外楼，西湖歌舞几时休？暖风熏得游人醉，直把杭州作汴州"，就反映

---

[1] 傅崇兰、白晨曦、曹文明：《中国城市发展史》，社会科学文献出版社2009年版，第131页。

了当时城镇繁华热闹的情景。

明清时期，城镇进入了新的发展期。由于出现了区域性社会分工，手工业和传统农业开始分离，手工业中出现了两极分化、雇佣关系等资本主义萌芽，城镇的商业开始繁荣，市民社会初步形成。这意味着中国城镇进入了区域性的发展阶段，商品经济在城镇经济发展中占有非常重要的地位。从城镇本身的特征而言，由于商业的发展，以手工业和商业为主导的工商业城市得以出现。在工商业发展的初期，资本主义萌芽促进了人口的相对集中，带来了初期的经济聚集效益。到了清代，商品经济有了更大的发展，商品化的经济作物带动了农贸市场的出现。手工业生产工具的不断改进，已成为中国历史上手工业进步的一个新标志，家庭副业和小商品生产在全国城市、矿业和农村集市上普遍出现，城镇的发展进入了一个新的阶段。

## 二、中国近现代城镇化一般进程

近现代的城镇化主要发生在鸦片战争以后到新中国成立期间。近现代城市的发展不是资本主义经济自然增长的产物，而是在殖民者侵略和掠夺的背景下出现的。所以，中国近代的城镇化不可避免地被烙上了半殖民地的特征，其最直接的后果就是大城市畸形发展，同时也带来了中小城市的不协调、不平衡发展。中国近代的城市是在西方国家工业化的影响下进行的，所以，分析和研究中国的城市化不能忽视西方工业革命的影响。近代的工业革命推动了西方城市的发展，也改变了西方城市的发展方向。工业化使得西方城市第一次成为区域经济的中心，并成为掠夺殖民地和半殖民的世界经济中心城市。在这个时期，西方资本主义国家工业革命兴起，城镇化化的程度也在加快，特别是工业新技术和机器大生产对我国的城市产生了重大的影响,然而我国当时还处在半殖民半封建社会,城市化的发展速度远远落后于世界水平。据美国学者斯金纳研究,从1843年到1949年,我国的城镇化率由5.1%增长到10.6%,而当时世界人口的城镇化率已超过28%。[1]

鸦片战争后,西方资本主义国家通过武力加快了对中国城市的侵略和掠夺,对中国的城镇发展造成了一定的负面影响。其一,西方的殖民侵略导致了我国城镇化的畸形发展。外国殖民者通过种种不平等条约占据了中国的商埠,取得了协定关税、海关贸易、内地航运、原料掠夺、垄断金融、控制交通、修筑铁路和兴办企业等特权,这不仅冲击了中国的自然经济,也摧残了中国正在出现的资本主义萌芽。所以,中国的城市化呈现出了工业化的特征,如修铁路、办工厂等机器生产代替传统的手工业生产,同时又隐含着资本主义殖民者侵略和垄断中国工业的目的。其带来的直接后果一方面是开埠城市的畸形发展,另一方面是城市发展建立在农村破产的基础上,表现为半殖民地半封建社会下中国经济发展的严重不平衡。其二,近代殖民主义侵略致使中国城镇化处在杂乱无章的状态。随着侵略者对中国城市的占领,所占据的城市也出现了分化。首先出现了西方侵略者占领型的城市类型。如日本、德国长期侵占青岛,1900年德国编制了青岛规划,将青岛变为供其使用的军事基地和港口。1905年胶济铁路通车,青岛又成了德国掠夺中国内地资源的港口城市;1914年,青岛又被日本侵占,日本在青岛发展工业,建设工厂,掠夺中国的资源和材料。其次,表现为帝国主义以租界控制型的城市,《南京条约》签订以后,西方侵略者在上海开辟租界,各个租界都有自己的水电、公交、租界建筑,

---

[1] 杨风、陶斯文:"中国城镇化发展的历程、特点与趋势",载《兰州学刊》2010年第6期。

而且每个租界都有自己本国的建筑风格和文化风貌。不同国家对上海的分割呈现出无序、盲目、畸形的发展状态。最后，在民族危机加深的情况下，中国的民族资本家为开办工矿企业而创建了一些城市，其中一些城市的发展规模不断扩大，成为较大的城市。

西方列强对租界地区的长期占领，客观上促使了西方的城市规划理念和科学民主思想直接或间接地对中国产生影响。其一，其促使中国人向西方学习民主和科学思想。在1850年到1950年的近一百多年的时间里，中国政府无力抵抗西方的政治模式和价值观念，导致在政治和经济上处于软弱态势。从1900年开始，在一些城镇出现了现代式的学校，它们将外国科技、政治、哲学、历史等学科知识译成中文，促进了先进科学思想在中国的传播。同时，中国派出多批留学生到欧洲和美洲学习西方的新知识、新思想，特别是工程、策略和科学等应用型的知识。[1]近代城市的市政、公用事业建设，城市的经济作用发生变革，科学技术传播并开始应用，城市成为近代西方变革思想传播的中心。[2]其二，近代西方殖民者对所占领的城镇进行城市规划，客观上带来了西方的城镇规划理念。西方侵略者对所占领的城市进行规划带有不同的西方设计理念。如19世纪末期哈尔滨的规划和1910年德国人对青岛的规划和设计，是照搬欧洲国家的规划形式和建筑风貌，城市中的圆形广场、放射状道路，反映出了西方的设计形式和设计理念。同时，第二次世界大战后，西方的设计规划理论也被介绍到中国，如1933年的《雅典宪章》主张城市规划要解决城市中的居住、工作、交通、

---

〔1〕 薛凤旋：《中国城市及其文明的演变》，世界图书出版公司2012年版，第268页。

〔2〕 傅崇兰、白晨曦、曹文明：《中国城市发展史》，社会科学文献出版社2009年版，第181页。

憩息等四大功能的思想，以及保护城市传统风貌的规划思想一并被传到中国。这些城镇规划思想和理论对中国的城镇建设和城镇建筑产生了深远的影响。

### 三、中国当代城镇化的发展历程

新中国成立以来，中国的城镇化主要经历了从缓慢发展到迅速提升的一系列发展过程。城镇化的发展道路不仅成了推动中国经济发展的重要动力，而且还反映了中国经济社会的巨大变迁。从城镇化发展的程度上来看，其大体可以被分为城镇化的曲折发展期、城镇化的快速发展期和城镇化的科学发展时期。

（一）中国城镇化的曲折发展期

这个时期主要指1949年到1978年，分为中国城镇化的恢复发展、徘徊发展。

城镇化的恢复发展期，主要指新中国成立以后到1957年中国城镇化稳步增长的时期，这与战后国民经济的恢复和社会主义经济建设的顺利推进是相适应的。新中国成立以后，国民经济处于恢复时期。经过三年的调整，经济发展条件和发展环境有了很大改观，随后又实施了第一个五年计划，做出了优先发展重工业的决策，以九百多个大中型项目为重点的工业建设得到了迅速发展，城市化和工业化互动加快了老城市的发展，催生了一批新型的工业城市，城市成了人口和资本的重要集聚地。随着人口的急剧增加，城市的基础设施已经不能承受如此沉重的负荷，致使一些工业逐步分散到中小城市中。城镇化的快速发展出现了新的特点：城镇人口快速增加，从1949年到1957年，共增长城镇人口4184万人，增长率为72.6%；城镇化水平快速提高，中国的城镇化率从1949年的10.6%增长到1957年的15.4%；城市数量和规模增加较快，在这期间新增城镇27座，一批新兴城市快速发展,规模不断壮大。

徘徊发展时期,发生在1961年到1978年期间。到了1958年到1960年的"大跃进"时期,城市化进程也进入到跨越式发展时期,工业过快发展,基础设施规模过大,进城人口增长过猛,远远地超过了城市承受能力,再加上三年的经济困难,粮食供给不足,出现了城市消费与供给的严重矛盾。所以,到了1961年,中央提出了"调整、巩固、充实、提高"的方针,调整工业发展项目,压缩城市人口,撤销一批不够条件的市镇,以此来限制农村人口向城市的转移。这个时期出现了中国近代史上大规模的从城到乡的人口流动浪潮,出现了罕见的逆城市化现象。从1966到1976年,这个时期城乡一体化思想成为主要的指导思想。这个时候国家用行政力量和思想动员使得知识青年下乡,2000多万城镇无业人员被下放到农村,造成城镇迁出人口大于城镇迁入人口,大大地制约了城镇化的发展。这期间,中国的城镇化率不断下降,从1961年到1965年下降了2.8个百分点;城镇数量减少,1957年,全国有建镇3596个,1963年下降到2877个,下降了约20%。[1]在1966年到1978年期间,由于十年的动乱,国民经济受到了严重的破坏,经济发展速度逐步下降。农产品已经不能充足地供应城市发展的需要,甚至难以保障城市人口自然增长的需要,大批知识分子和知识青年上山下乡,共有4000多万人从城市迁到农村。当时,中国工业发展的布局是以国防建设为中心,产业布局分散,城市化处于一种负增长状态。1976年与1966年相比,工业总产值增加了94%,城镇人口增加了13.8%。1966年,中国城镇人口占总人口的比重为17.86%,1978年;这一比重只有17.92%。十年的时间,

---

[1] 中国社会科学院人口所:《中国人口年鉴(1987年)》,经济管理出版社1988年版,第626页。

中国的人口城镇化率仅仅增长了 0.06 个百分点，并且长期维持在 17.5% 左右。这是新中国历史上出现的第二次逆城市化现象。

从 1949 年到 1978 年城镇发展的过程来看，我国的城镇化发展经历了一个曲折的过程，尽管这个时期的经济发展策略和指导思想出现了失误，但是城镇化发展的基本方向是小城镇。从城镇化的主导力量来看，城镇化主要依靠政府的行政力量自上而下来推动，并没有市场力量来调节，以政府严格控制为主的城镇化发展道路影响了城镇化的健康发展。

（二）城镇化的快速发展时期

城镇化的快速发展期发生在 1979 年到 2002 年期间。1978 年改革开放以来，中国加快了经济体制改革的步伐，市场经济逐步从城市到农村开始全面展开，政府与市场共同作用的多元城市化道路逐步深入。农村家庭联产承包责任制调动了农民生产的积极性，解放了农业劳动生产力，推动了农村剩余劳动力向城镇转移和城乡资源的相互交流，再加上知识青年和干部返城等政策的实施，大城市人口增长比较快，城镇化的整体水平得到了提高。与此同时，国家的城市经济体制改革也在进行，市场经济体制扩大了企业和政府的生产经营自主权，各类市场逐步开放，以乡镇企业为代表的民营企业发展迅速，多元化投资格局也逐步形成，单纯依靠政府的主导性投资减弱，城市发展的多元趋势逐步明显。从改革开放到 20 世纪 90 年代，政府管制开始放松，市场机制开始发挥作用，以政府主导的城镇化道路向市场主导、政府导向型的城市化道路转型，政府投资的"自上而下型"和民间力量推动的"自下而上型"相结合的新型城镇化道路逐步形成。1993 年《中共中央关于建立社会主义市场经济体制若干问题的决定》强调要加强规划，引导乡镇企业适当集中，充分利用和改造现有的小城镇，建设新的小城镇。

这项政策使得小城市和小城镇得到了迅速的发展。随着市场经济的发展,中国的城镇化道路中市场机制的主导作用得到了进一步的强化。2002年党的十六大报告提出,坚持大中小城市和小城镇协调发展,走中国特色的城市化道路。[1]这标志着中国的城镇化道路进入了新的历史发展阶段。这个时期城镇化发展的主要表现为:城镇化率明显提高,城镇化率从1979年的18.96%增长到了2002年的39.09%,城镇化率远远高于新中国第一个发展时期;城镇数量急剧增加,2002年全国共有建制市660个,比1978年增加了467个,增加了2.4倍;城镇化的规模和结构扩大,2002年在全国所有建制市中,人口在400万以上的城市占1.5%,人口在200万至400万的城市占3.5%,人口在100万到200万的城市占20.9%,人口在50万到100万的城市占42.3%,人口在20万到50万的城市占25.9%,人口在20万以下的城市占5.9%。我国基本上形成了大中小城市配套发展的城镇发展体系和发展格局。非农产业发展迅速,农业在国民经济中的比重下降,1978年农业占国民经济比重的27.94%,到了2002年则下降到13.49%,第二、三产业所占比重达到86.5%,这标志着中国进入了工业化发展的中期阶段。

(三)城镇化的科学发展时期

2003年以来,我国的城镇化建设进入了科学发展时期。2003年,中共十六届三中全会提出了科学发展观,提出要坚持"以人为本,树立全面、协调、可持续的发展观"。2007年,党的十七大报告进一步指出,走中国特色城镇化道路,按照统筹城乡、布局合理、节约土地、功能完善、以大带小的原则,促

---

[1] 江泽民:"全面建设小康社会 开创中国特色社会主义事业新局面",载《中国共产党第十六次全国代表大会报告》,2002年。

进大中小城市和小镇协调发展。[1]中国的城镇化建设进入了良性发展的时期,中国城镇化的投资主体从政府一元推动变为民间、外资、政府等多元投资推动,城镇化道路的多元化也形成了工业型、旅游型、交通型、商贸型等多种类型的城镇。随着市场机制的逐步完善,中国的多元化城镇发展格局也逐步成型。城镇化发展的主要特点是:城镇化发展速度趋于合理,2008年城镇化率达到了45.68%,比2002年提高了6.59个百分点,城镇化率平均每年提高约1.1个百分点,城镇化率的增长幅度达到了比较合理的区间;城镇化发展由数量扩张向品质转变,在总体城镇数量减少的同时,单个城镇的规模扩大,2007年,GDP超过3000亿元的城市数量有11个,到2008年则翻了一番,达到了22个;城镇之间的关系更加密切,城市间的相互作用,使得规模效应、聚集效应、辐射效应和联动效应达到了最大化,相互合作以达到共赢的目的;城乡一体化的格局开始逐步形成,特别是城乡之间、区域之间、行业之间的统筹协调取得了很大的进展。

  城镇化建设成为当前社会主义现代化建设面临的重要而又紧迫的一项任务。中共中央从2005年就提出了建设中国特色城镇化发展道路,要遵照循序渐进、节约土地、集约发展、合理布局的原则,形成资源节约、环境友好、经济高效、社会和谐的城镇化发展格局。2010年,中央又提出要以科学发展观为指导,稳妥地推进城镇化建设。直到2012年,时任中共中央政治局常委、国务院副总理的李克强提出要加快资源型城市的可持续发展,在破解城市内部二元结构的过程中,走上可持续的新型城镇化道路。2013年10月,十八届三中全会提出要坚持中国特色新型城镇化道路,推进以人为核心的城镇化,推动大中小城市和小

---

[1] 胡锦涛:"高举中国特色社会主义伟大旗帜 为争取全面建设小康社会新胜利而奋斗",载《中国共产党第十七次全国代表大会报告》,2007年。

城镇的协调发展、产业和城镇的高度融合，实现城镇化和新农村建设的协调推进。这对中国新型城镇化发展道路提出了更高的要求，也为未来城镇化的发展指明了方向。同年12月，中央专门召开了全国城镇化工作会议，明确了新型城镇化发展的指导思想、主要目标、重点任务，为推进新型城镇化建设做出了具体的部署。

中国城镇化的实践加快了关于城镇化的理论研究。近年来，学界加强了对城镇化问题的关注，通过一系列的学术期刊、会议论文、学术专著、国家课题等载体加强了对城镇化问题的研究，利用数据实证分析、国内外模式比较分析等分析方法，探究中国城镇化发展的过程中存在的问题，深刻剖析中国城镇化发展的内在规律。图1-1反映了城镇化问题研究的趋势。

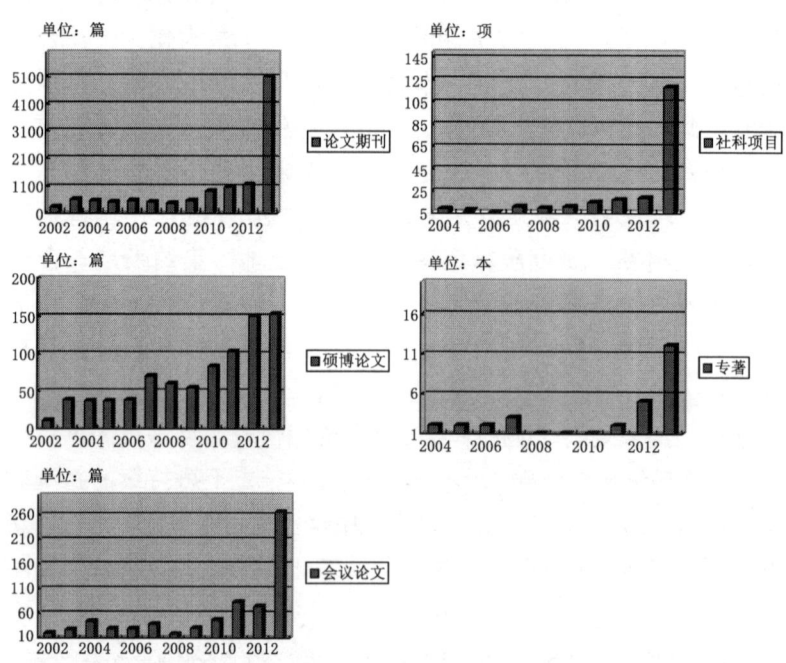

图1-1　城镇化问题研究文献数量变化

从图 1-1 我们可以看出以下规律：

（1）学术界对城镇化问题的研究升温。从近年来学术论文发表的数量、国家课题立项的数量以及各种场合会议论文的数量我们可以看出：自从 2002 年学术界开始对城镇化问题进行探索，尽管出现了一些文章和著作，但整体上关于城镇化问题的研究还没有引起足够的重视。虽然取得了一定程度的学术研究成果，但是还没有形成大的学术研究规模。到 2010 年，学术界对城镇化问题的研究出现了急剧升温。

（2）国家对城镇化问题研究的支持加大。2008 年，国家对城镇化问题课题立项方面开始给予重视；2010 年，立项的数量和层次比以前都有了较大的提高；2013 年，在中央提出加快城镇化建设的战略后，国家更加重视关于城镇化问题的基础性研究，从政策上和资金上给予大力支持，这进一步促进了学术界对城镇化问题的理论研究。

（3）城镇化综合性的理论研究有待提升。尽管城镇化问题成了比较热的研究课题，但大多数研究者基于对城镇化个别问题的思考，提出了有关城镇化发展的建议和思路，特别是近年来的期刊论文、硕博论文数量的急剧增加，体现了对城镇化问题的过多关注。但是从这些文章和著作的数量可以发现，学术期刊发表的文章多，系统论述的专著少；从研究内容上看，具体的城镇经验总结多，理论思想探讨少，空洞无物的文章多，思想深刻的著作少。城镇化问题研究的视角的缺失带来了研究过程的偏差，特别是关于城镇化问题的综合性研究还处在探索阶段。

## 第三节 中国新型城镇化道路的概念阐释

要研究中国的新型城镇化道路，必须要对其概念有一个清晰的把握，从其历史背景、主要特征和主要内涵等角度出发进行深刻先要阐释，才能为探讨中国的新型城镇化发展规律提供一个逻辑起点。通过对中国新型城镇化的概念阐释，我们可以看到，中国的新型城镇化道路的出现具有历史必然性，它不同于传统城镇化的发展思路，也不同于西方发达国家城镇化的发展模式，具有明显的中国风格和中国气派，是历史性和现实性的统一，可以引领中国未来城镇化发展的方向。

### 一、中国新型城镇化道路提出的背景

（一）基于国外传统城镇化过程中城乡分化、资源浪费、道德沦丧等方面的经验教训

18世纪工业革命的兴起使得城镇化建设速度加快，但是由于历史条件的限制，西方国家所走的是传统的城镇化发展道路。其主要特征为：

在城乡之间的关系上，西方的城市化道路大都是以牺牲农业、农村和农民的利益换取城市的发展的，这不可避免地造成了农村利益的损失。西方发达国家的圈地运动的实质是迫使农民失去土地进入城市，为城市发展提供充足的劳动力供给，农村的大量土地都集中成为资本家的牧场，结果带来了农业的衰败、农村的落后、农民的贫穷。城乡差距的扩大也影响了资本在城乡之间的不均衡投入，在城市，由于密集的人口、巨大的消费需求，城市的资金投入不断加大，城市经济的发展速度加快。相比之下，在广大农村，由于缺乏必要的资金和物质投入，农业基础设施和农业科学技术难以支撑农业的可持续发展，农业生产效率的发展受到限制，农村逐步被边缘化，城乡之间的差距不断扩大。

在城镇规划方面，美日作为高度城市化的发达国家，走过

了曲折的发展道路，经历了深刻的经验教训。美国国土辽阔，人均耕地面积是中国的四倍多，丰腴的土地资源导致美国长期以来一直缺乏有效的规划，采取自由"蔓延式"的城市发展模式。在这种模式下，服务和就业核心区以外是低密度的空间，使得人们的居住、购物、娱乐等活动分离，只能通过小汽车等交通工具来完成。这是一种严重浪费、不可持续的发展模式，会破坏农地和空地，过多地增加城市的发展成本，给城市发展带来了巨大的压力。从1982年到1992年，美国全国每小时平均会失去农地45.7英亩，每年失去农地约40万亩。所以说，尽管美国城市的人口不多，但是城市面积却很大，城市化占土地的增幅大大高于人口的增长速度。

在资源环境影响方面，城市化的过快扩展，带来了城市病。城市病是在城市发展的过程中，伴随着人口和生产集聚程度的提高而出现的基础设施、自然资源、生态环境等与城市发展不协调的问题。英国是第一个受到城市病影响的国家。从1801年到1851年，伦敦城市的人口增长了1倍，达到了200多万，但是城市半径却仅扩展了1.6公里，人口居住密度极高，人口快速增加带来了城市住房短缺、居住条件恶化等问题，形成了贫民窟。环境污染、生态恶化也给城市居民的生活带来了巨大的影响，1952年伦敦发生了震惊世界的烟雾事件，这是一次严重的空气污染事件，造成了12 000人因空气污染而死亡。交通拥挤、出行困难，英国从1920年到1939年，私人汽车增长了180多万辆，到1960年增加到550万辆，到1973年达到了1350万辆，汽车数量的迅速增加，使得城市交通不堪重负。

在社会治安方面，城市社会的道德沦丧、犯罪率比较高。据统计，1819年苏格兰的刑事犯罪被捕案件为89件，到1837年则达到了3176件。城市内犯罪率的提高，加大了城市管理的难度。所以1835年，托克维克[1]在谈到曼彻斯特市时就说，从污秽的阴沟里流出了人类文明最伟大的工业溪流，肥沃了整个世界，人性在这里得到最充分的发展，但是也达到了最为野蛮的状态，文明在这里创造了奇迹，而文明人在这里却变成了野蛮人。

西方发达国家城市化所走过的老路，给我们提供了非常深刻的经验教训，如何解决城市化过程中出现的问题，避免重复发达国家城市化的老路，是摆在我们面前的一项十分重要的、紧迫的任务。

（二）基于中国传统城镇化过程中高增长、高污染、高排放等方面的考虑

经过五十多年的发展，中国的城镇化进程取得了重要进展。但是我国在相对长的一段时间里仍然走着传统的城镇化道路。随着的时代发展，这种城镇化发展道路越来越不适应当前社会经济发展的需要。中国传统城镇化道路的主要特点：

在指导理念方面，中国传统的城镇化是以物为本的发展理念，即扩大城镇发展规模，提高城镇化率，促进经济的快速增长，把城镇化建设等同于城镇建设，用城镇化建设囊括城镇化的全部内容，对人的发展和利益的重视不够。这是见物不见人的发展理念，给城镇化建设带来了不良的影响，如城市的交通

---

[1] 托克维尔（1805~1859年），法国历史学家、社会学家。主要代表作有《论美国的民主》（第1卷）（1835年）、《论美国的民主》（第2卷）（1840年）、《旧制度与大革命》。在这两本书里他探讨了西方社会中民主、平等与自由之间的关系，并检视平等观念的崛起在于个人与社会之间产生的摩擦。在《论美国的民主》一书里，托克维尔以他游历美国的经验，从古典自由主义的思想传统出发，探索美国的民主制度及其根源，这本书成了社会学的早期重要著作之一。托克维尔提出了以私人慈善而非政府来协助贫穷人口的主张，对于日后的保守主义和自由意志主义有着深远影响。

第一章　城镇化道路概念的历史探源

不畅、住房难、上学难、就业难等问题，进而极大地影响了百姓的安居就业。[1]传统的城镇化发展道路，对城镇规划的科学性不足，对城镇规划的重视不够，简单地认为小城市是大城市的早期阶段，忽视了中小城镇与大城市协调发展的统一性和协调性，从而使得城镇发展的指导理念出现失误。所以在发展的过程中出现了"先污染后治理"的现象。

在城乡关系方面，在传统的城镇化道路上，在相当长的一段时期里一直牺牲农民的利益。先是以工农产品价格"剪刀差"的形式，支持城市和工业的发展，然后又以城市征地价格扭曲的形式，扩大国家财富的经济积累。改革开放以来，我国从农业转向工业的价值达到万亿，还不包括农村土地非农化的增值收益。这样，城镇的急剧发展促使越来越多的人口和经济活动大规模地向城镇集中，并逐步成为社会经济文化活动的中心，城镇之外的乡村地区的重要性日益下降。[2]

在可持续发展方面，中国传统的城镇化发展道路采取的是分散化、低密度、粗放型的形式。思想上对经济增长的急躁心理、淡薄的环境意识、落后的技术等因素综合作用，使我国城镇化过程出现了耕地面积减少、环境污染严重等问题，出现了人与自然不和谐的现象。[3]在城镇化发展的过程中，工业化水平的提高和可利用资源的相对减少，使得城镇发展和生态环境容量的矛盾变得尖锐。在过去的半个世纪里，中国城镇化使用的资源环境和消耗行为发生了巨大的变化，在全国因城镇化使

---

[1]　《〈中共中央关于制定国民经济和社会发展第十一个五年规划的建议〉辅导读本》编写组编：《〈中共中央关于制定国民经济和社会发展第十一个五年规划的建议〉辅导读本》，人民出版社2005年版，第244页。

[2]　蒙世军：《城镇化与民族经济繁荣》，中央民族大学出版社1998年版，第51页。

[3]　马力宏：《农村城镇化问题研究》，杭州大学出版社1997年版，第127页。

用的土地资源占用比例达到了20%，淡水资源占用比例达到了30%，能源和矿产消费的80%都是在城镇系统范围之内的。

在发展布局方面，我们试图通过加快小城镇建设部分地解决农村剩余劳动力的问题，采取了"限制发展大城市、重点发展小城镇、积极发展中小城市"的政策，小城镇的建设步伐加快，土地城镇化的速度远远大于人口城镇化的速度。这不仅造成了资源环境的破坏，加深了经济发展与资源保护间的矛盾，更重要的是造成了城镇规模结构的不合理，一些地方和地区甚至出现了"鬼城"现象。

所以说，中国传统的城镇化发展道路正面临严峻的挑战，包括土地的浪费、资源的过多开采、生态环境的破坏等问题。然而，虽然资源在减少，但人口仍在增加，这加剧了人口、资源与环境之间的矛盾。中国的新型城镇化道路就是总结传统城镇化发展的经验教训，实现人口、资源与环境的协调发展，走集约、可持续的新型城镇化发展道路。

**二、中国新型城镇化道路的主要特征**

中国的新型城镇化是在总结传统城镇化的经验教训的基础上，根据时代的发展要求，为了满足人民的美好期待，提出的一种新的城镇化发展蓝图，具有明显的时代特征。其主要特征在于以人为本的城镇化，是有品质的城镇化，是协调发展的城镇化。

（一）主要定位——以人为本的城镇化

中国新型城镇化道路坚持以人为本的城镇化发展理念，这与传统城镇化发展道路有本质的区别。传统城镇化是以物为本的城镇化，更多地关注经济的发展，强调经济规模的扩大，重视城镇的承载吸收能力，而忽视城镇的消化转换能力，造成城镇空间结构的不合理，结果出现了城镇贫民区、"城市病"等现象。根据时代发展的要求，迫切需要改变"见物不见人"的发展理念，由偏重城市物质形态的扩张向着满足人的需求、促进人的全面发展的方向转变，由偏重数量规模增加向更加重视质量内涵提高的方向转变，由偏重经济发展向更加注重经济社会协调发展的方向转变，由偏重城市发展向更加注重城乡一体化发展的方向转变。[1]

以人为本的新型城镇化发展理念，首先要关注人与自然的和谐共生、和谐相处，把人与自然看成一个"天人合一"的整体，让绿水青山、蓝天白云与城镇的其他要素成为不可分割的整体。城镇的规划设计也要考虑到周围的生态环境和自然风貌，实现自然环境与城市整体背景的协调共进。在和谐共生发展理念的指导下，在城镇工作和生活的人们都能够感受到现代社会文明，都能享受到基本的住房、便利的交通、快乐的工作，能够在城市社会中找到自己的定位和尊严，能够体会到作为城镇一分子的荣耀。城镇没有把人口的增加看成负担，也不会将大规模建筑看作城镇的嘈杂，因为人口集聚和公共建筑的建立构成了城镇持续发展的活力，从而增加了城镇化的吸引力和凝聚力。新型城镇化实质上就是让更多居民享受幸福生活的过程，不仅市民更幸福，而且农村的转移人口也能获得同样的幸福感受。[2]和谐共生促进了城镇的健康发展，城镇化的科学发展又进一步促进了人与自然的和谐相处，新型城镇化是在城镇居民生活与自然生态的良性互动中实现新的发展。中国的新型城镇

---

[1] 黎石秋："新型城镇化应是人本城镇化"，载《中国乡村发现》2013年第2期。

[2] 金碚："以人为本是新型城镇化的实质"，载《人民日报》2013年1月3日。

化就是以集约型的生产方式、友好型的生活方式、生态绿色的文化氛围实现人与自然的和谐相处。从生产方式上来看,中国的新型城镇化倡导节约型的发展模式,最大限度地实现低物耗、低能耗、低污染,争取获得高效率、高效益,通过发展低碳技术、创新生态技术,从生产、消费等领域加强对不可再生资源能源的循环利用,以争取最大限度地减少环境污染,维护自然生态的平衡。从生活方式上来看,中国的新型城镇化倡导有利于环境保护的生活方式、消费方式,开发无污染或低污染的技术和产品,减少对不利于环境和身体健康的开发活动,按照符合生态要求的发展布局,真正实现人与自然环境的良性互动。从生态文化宣传上来看,中国的新型城镇化动员社会力量广泛参与环境保护,建立绿色社区、绿色学校、绿色家庭等活动,调动广大人民群众参与环境保护的积极性,营造崇尚环境文化和生态文明的社会氛围,使得环境保护和生态文明成为公民自觉遵守的道德规范。

以人为本的新型城镇化道路重视人的发展,人的全面发展是新型城镇化发展的根本目标,人的全面发展与新型城镇化发展是相互促进、相互影响的。新型城镇化建设为人的全面发展提供了良好的机会和平台,让城镇的人们能够有充分的生存权、发展权,具有在城镇永续发展的能力,使得进城的农民能够真正地融入城镇生活,形成现代市民的文明意识,养成科学、健康的生活方式,实现梦寐以求的创业梦、市民梦和幸福梦,以人的全面发展促进新型城镇化的全面提升。中国的新型城镇化的发展也依靠、关注人的发展,挖掘人的潜能,培养人的创新能力,调动和凝聚社会各种积极力量积累社会的正能量。实现以人为本的城镇化发展目标,要求城镇化建设的各项工作满足人们不断增长的物质、文化和政治生活的各种需要。通过产业发展促进经济的发展，保障和尊重城镇居民的各种权利，包括政治、经济、文化等权利，提高居民的思想道德素质、科学文化素质和身体素质，为充分发挥居民的聪明才智提供良好的环境。新型城镇化过程是把人的全面发展与城镇化的发展规律结合在一起，追求价值性和规律性的统一，不仅肯定了人的主体地位，而且还把人的自由和全面发展作为新型城镇化的重要任务，是一种"见物又见人"的发展理念。

(二) 主要内容——注重品质的城镇化

中国的新型城镇化是有品质的城镇化，注重强调提高进城农民的生活质量，增加整个社会的福利。以往的城镇化注重城镇的规模扩张，土地城镇化快于人口的城镇化，使得城镇缺少品味，缺少产业支撑和社会保障，导致低水平重复建设现象比较严重，这种粗放的城镇化发展模式难以为继，所以迫切需要一种有质量的城镇发展模式。有品质的城镇化，围绕着以人为本的发展理念，走集约高效、绿色低碳的城镇化发展道路。集约、智能、绿色、低碳是新型城镇化发展的明显特征，它反映了中国城镇化发展的时代特点，也为中国城镇化的发展注入了新的动力。

集约型发展是新型城镇化的重要特征。集约型发展使得城镇居住、交通、生活、城市管理等方面的运行效率和能源利用效率得到明显提高。集约型发展体现在新型城镇化发展规划、空间布局、产业支撑、能源利用等方面。空间集约规划充分考虑到城镇发展的总体布局，特别是城镇发展规模、城镇发展路线图，合理引导城市发展的规模、节奏和速度，促使大中小城市与城镇协调发展。集约型规划重视综合规划与专项规划的有效衔接，实现产业发展、土地利用、生态建设和交通发展等方面的相互衔接，从而使人们的生产空间、生活空间和生态空间的实现有机统一。集约型的城镇规划可以增强城镇的个性和特色，提高城镇的建设品位，增强城镇发展的整体性、协调性。产业集聚是增强新型城镇化的内在支撑。产业集群是产业集约化的有效形式，是中国新型工业化和城镇化互动发展的必然结构。产业集群发展能有效地防止"空心化"城镇的出现，增强城镇化的承载能力。产业集群可以实现"以产带城，以产促城"，以城镇功能吸引产业集聚，进而促进人口集中，实现产业和城市的协同发展，共同推动经济发展从依靠单一的生产园区向集生产、服务、消费等多个支撑点于一体的复合型功能区转变。现代服务业的发展可以促进城镇化的集聚，城镇化与服务业的相互结合、竞相发展，加快中国新型城镇化发展的进程。资源集约化是中国新型城镇化发展的重要原则，关键是有效地利用土地，合理地确定土地的规模和使用年限，严格确定城镇开发使用的边界，提高城镇人口密度，大力推广节能、节水的城镇建筑模式和节约用地的产业发展模式。合理制定城镇地下空间的开发规划，在城市中心区、商贸区住宅区等重点区域，积极发展地下交通、地下仓储等设施，增强城市利用的空间面积。

　　智能化是中国新型城镇化的发展趋势。以智能化为特征的信息技术对城镇的发展产生了深刻的影响，从城镇居民的生产方式、生活方式到交往方式都发生了巨大的变革。智能化已经成了提高城镇效率和质量的重要手段，并代表了未来城镇管理方式的发展方向。智能化发展往往与信息网络相互联系着，智能网络的广泛应用使得人们能够很方便地享受社会资源、自然资源，大大地方便了城镇居民的日常生活。智能化的发展提高了基础设施网络的建设，完善了城镇发展的相关功能，提高了城镇对人口的吸纳能力和承载能力。智能化发展带动了智慧城市的发展，互联网、物联网、云计算等现代信息技术加快了智能化的广泛应用，加快了智慧学校、智慧家庭等领域的建设。智慧城市是城市智能化发展的高级阶段，智慧城市对城市的生产生活、流通方式和公共服务产生了深远的影响，甚至对政府决策、市政管理、公共服务等方面也产生了革命性的影响，它将全面提升城市的创新能力和竞争水平，全面提升城市的管理水平，全面提升社会民生的幸福水平。[1]

绿色发展是中国新型城镇化发展的重要理念。绿色，具有人文表征的特定意义，一般象征着生命和活力，蕴含着丰富的人文精神。绿色城镇往往是把生态环境保护与人文精神有机统一起来，融入城镇的经济、社会、文化、历史、自然等因素，形成以人为中心的经济发展、社会进步、生态保护相互联系的有机整体。绿色城镇是把人类社会的发展与自然界保持相对的动态平衡，实现人类与自然的和谐共生。新型城镇化建设充分考虑到人与自然和谐共处的密切关系，特别关注城镇化的发展对生态环境可能带来的破坏，从制度和措施上控制城镇化对环境带来的负面影响。其可以通过维护自然界良好的生态环境，来创造良好的人类发展环境和居住环境，严格控制，把生态文明的理念融入城镇规划和城镇建设的各个方面，实施生态新城建设工程，开发资源节约和环境友好的技术产品、服务设施，提升生态城镇的环境质量，促进绿色发展、循环发展。中国的新型城镇化建设可以构建良好的生态系统，实现城镇绿地、山林、风景区、农田相结合的多样化的生态系统，为城镇的生产生活提供生态服务系统。

低碳发展是中国新型城镇化发展的必然要求。低碳城镇坚

---

[1] 牛文元："智慧城市是新型城镇化发展的动力"，载《高科技与产业化》2013年总第205期。

持以"低排放、高效能、高效率"为特征的发展理念,通过调整产业结构、提高能源的利用效能,促进城镇可持续发展。由于我国环境与资源禀赋不足以支撑常规的高碳排放的城镇化发展模式,往往会出现城镇建设规模大、发展速度快,导致可利用土地紧张、资源浪费严重和环境恶化等诸多问题。所以,走低碳城镇化道路是我国新型城镇化发展的重大战略。低碳城镇就是通过打造城镇的低碳生活方式,开发利用可再生能源,创新低碳产业。特别是通过利用太阳能、风能、地热能、生物能等发电和供热,促使城镇化发展减低消耗,实现持续发展。在低碳产业方面,通过调整能源结构,以可再生能源为基础的新型能源体系来取代以化石能源为基础的传统能源体系,这是推进低碳城镇发展的核心。当前低碳技术和低碳发展能力已成为一个国家核心竞争力的体现,世界各国都在研究和开发可再生能源,中国的也在加快对低碳技术的研发,并使其尽快产业化。我国广阔市场空间有利于低碳技术的发展,所以说,中国的新型城镇化建设要充分利用低碳技术快速发展这个契机,推进低碳城镇化建设的步伐,使低碳发展的理念深深地融入经济社会发展中,融入城镇居民的生产生活中。

(三)主要方法——协调发展的城镇化

协调发展是中国新型城镇化发展的明显特征。协调发展不仅是指经济、社会和生态环境协调,而且还指城镇产业、城镇布局和规模等方面的有序发展。协调发展是以人的城镇化为核心,以市场为主导,以创新生产要素为驱动,主要以内涵增长为重点,适度聚集为原则,实现低成本、高收益的可持续城镇发展模式。其区别于传统的城镇发展理念。传统城镇化是以经济发展为中心目标,以工业化为中心主线,以政府为主导力量,以土地为主要内容,以外延扩张为主要特点,以消耗大量资源能源作为驱动力,是高成本、低收益的城镇化发展模式,会不可避免地带来生产要素、产业结构、空间结构的失衡。

中国的新型城镇化是动态的、多维的发展过程,也是人口、产业、空间资源配置效率相互联动、全面协调发展的过程。所以,中国的新型城镇化建设必须协调人口增长、产业发展与空间集聚的关系,使得三者能够在动态中达到相对的平衡。首先,保持一定的农业人口转化为非农业人口,使得广大转移人口融入城市社会,分享现代城镇的文明成果,要求农村人口从经济、社会、价值观念等方面进行转化,使得转移人口的思维方式和行为模式逐渐贴近现代城市的规范。这是中国新型城镇化发展的必要前提。其次,新型城镇化的发展必须有一定的产业支撑。产业发展是人口转移的物质基础,随着人口城镇化发展速度的加快,必须相应地调整产业发展布局。根据世界城镇化发展的一般规律,随着生产要素在城镇加速集聚,城镇化进入了真正意义上的快速发展阶段。大多数国家的城镇化都经历了一个从以第一产业为主向以第二、三产业为主转换的过程,以及经济活动从以农业为主向以工业和服务业为主的转型过程。产业结构和布局的改变,增强了产业持续发展的能力,最终目的是实现产业结构和人口结构的协调和匹配。最后,空间集聚要适应转移人口、产业发展的要求进行整合,使得经济活动主体能够因空间相互接近性而形成成本的节约和规模经济,反之,会引起经济活动的逐步扩散或区域集聚效应减弱。空间集约活动的有效利用在于充分发挥经济生产要素和经济活动的合理集聚,提高城镇空间资源的利用效率和承载能力,实现集聚与承载的统一。人口转移、产业发展和空间集聚三者协调发展是中国新型城镇化发展的必然要求,只有实现他们之间的均衡发展,才能实现中国新型城镇的可持续发展。

中国的新型城镇化是以大城市辐射带动、中小城市与城镇协调发展的城镇化。以往的城镇发展过多地重视大城市的发展,在空间布局上以"摊大饼式"扩展,使得城市的触角延伸到乡村。这样一来,随着大城市的兴起,一些地方为吸引外商投资,发展地域经济,开始大面积地圈地建园,甚至成立若干个开发区。随着城市人口的大量聚集,城市可利用的各种基础设施和社会保障能力明显不足,特别是道路交通、通信设施、能源动力、社会保障等系统承受着越来越大的压力,也制约着农民市民化的进程。中国的新型城镇化就是要改变以往单靠向城市转移农村剩余人口的思路,根据地方经济发展现状和区域特点,发展小城镇,从而走上大、中、小城市和小城镇协调发展的道路。中国的新型城镇化要充分发挥大城市的辐射带动作用,协调中小城市与小城镇共同发展,发挥各类城镇在承载经济和人类活动中的比较优势,形成各类城镇功能上相互补充、相互发展、相互促进的格局。大城市利用人才、资金、技术和信息等要素聚集地,辐射带动小城镇的经济发展。中小城镇是地区经济的中心,通过生产要素的流动、技术和信息的传播,发挥区域组织的协调、带动和促进作用,在创造社会财富的同时,吸纳农业转移人口、带动城镇经济的发展。小城镇是大城市和中小城市技术辐射的对象,也是城乡之间联系的纽带和桥梁,创造了更多的就业机会,方便了城乡人民的生活。所以,只有发挥大中小城镇各自的作用,才能实现中国新型城镇化的健康发展。

### 三、中国新型城镇化道路的主要内涵

随着国内学者对传统城镇化发展模式经济性和可持续性的深入研究,"新型城镇化"的提法应运而生。中国的新型城镇化

区别于传统城镇化的典型特征，它是根据时代特征和现实国情探索的一种新的城镇发展模式。其主要表现内容为：坚持以人的城镇化为发展目标，以新型工业化作为新型城镇化的发展动力，以统筹各种关系作为新型城镇化的重要发展路径。

（一）新的发展目标——坚持人的城镇化

中国的新型城镇化是"人的城镇化"，把"增加人的福祉"作为城镇化发展的前提。"人的城镇化"区别于"物的城镇化"，二者是不同的发展理念和发展思路。"人的城镇化"是实现地域转移、职业转换和身份转变，实现就业方式、人居环境、社会保障等系列由乡到城的转变，这个过程不仅包括生产方式、生活方式的变化，而且还包括人们的价值观念、思想观念、生活观念的转变。"物的城镇化"主要是指城市规模的扩张，建设用地的不断增加，资源要素不断向城市集中，其核心是土地的城镇化。"物的城镇化"是"人的城镇化"的物质基础和基本前提，"人的城镇化"是"物的城镇化"的基本动力和发展目标。如果只追求"物的城镇化"，即便经济发展速度再快，生活居住空间再宽敞，但是没有健康的工作环境、舒适的居住环境，缺少人文关怀的发展理念，忽视对人的基本价值的关注，这种城镇化也会失去了真正的价值和意义。"人的城镇化"和"物的城镇化"的协调发展才构成了中国新型城镇化道路的根本内容。

中国的新型城镇化要求从过去重视"量"的扩张转变为重视"质"的提升，是一种从"外延式"到"内涵式"的转变。新型城镇化不是简单的"造城运动"，而是重视城镇化的质量，实现"人的城镇化"，让广大农民工能享受到和市民一样的公共服务，过上像市民一样的生活，这才是中国新型城镇化的根本意义所在。换言之，中国新型城镇化发展的好坏，在很大程度上取决于能不能很好地实现"人的城镇化",[1]但是在相当长的一段时间里,我们更多地关注"物的城镇化",人的城镇化相对滞后。这种模式过多地增加城市的基础设施建设,增加城镇人口的规模,然而,并没有因新型产业变化给人们带来生产方式、生活方式的根本转变,一旦社会公共服务跟不上,就会变成形式上的城镇化。一些地方为了追求经济指标的快速增长,不考虑本地区的环境承载能力,提出了超过经济发展阶段的人口、经济、环境、地区面积等指标。由于缺乏支柱产业的支撑,加上社会公共服务缺乏,其使得社会矛盾凸显,人们的就业、文化生活很难满足地区居民的需要,最终影响了整个城镇化的发展进程。近年来,一些地方政府花费巨资,征用农民土地、拉大城镇框架,建了不少楼房,但是因缺少产业支撑,人气明显不足,演绎出了有城无市,城市人口增加速度大大滞后于城镇面积增加速度的现象。[2]

所以,中国的新型城镇化更为重视"人的城镇化",力图实现"物的城镇化"和"人的城镇"协调发展。推进农村城镇化是"人的城镇化"的必然要求,"人的城镇化"要创造优质的生活居住环境。人们的生活环境和生活条件如何,直接关系到人们的生活质量,关系到人们的身心健康。由于现代工业发展给城市环境带来了很大的压力,人口的过分集中、机动车辆增多带来各种废气污染等问题比较严重,农村城镇化为解决"城市病"提供了比较好的方向。在农村中心区,地域比较宽阔、资源比较丰富、空气新鲜、环境优美。如果从生活质量和健康长

---

〔1〕 胡宝荣:"新型城镇化:从'物的城镇化'到'人的城镇化'",载《学术评论》2013年第4期。

〔2〕 苗光新:"城镇化进程中出现的问题与对策",载人民网:http://people.com.cn,2011年4月15日访问。

第一章　城镇化道路概念的历史探源

寿的角度来说，城镇化建设为人们的生活提供了非常理想的理性选择。新型城镇化道路实际上是要让人们自身生活得"轻松舒服，健康长寿"。这是因为城镇化建设不仅通了公路、电源、通信，而且还提供了生态、安全、优质的人类生活食品，也为人们追求现代文明成果提供了很好的平台。所以，新型城镇化建设是满足居民需求、增进人类福祉的平台。

中国的新型城镇化建设为实现人的城镇化，就要创造各种优越的发展条件以满足城镇居民生产生活的需要。例如，要加快城市基础设施建设的步伐，增强工业对农业的反哺能力，促使资金、技术、劳动力等生产要素向城镇优势产业集聚，促使农村人口向城镇有效转移，让城镇定居人口有稳定的工作、维持基本的生活收入和最基本的社会保障，建立普惠型的社会福利制度。要实现中国的新型城镇化建设，就要使城镇规划和城市建设朝着绿色生态和宜居幸福的方向发展，使人们的生活得到明显的改善和有效的保障，从而使人们的幸福指数不断提高。在新型城镇化道路建设的过程中，要以经济运行效率更高、自然环境更好、社会氛围更加和谐的新型城镇化发展道路为目标，切实提高人民群众的生活舒适度和幸福指数，让更多人过上幸福、美好的生活。

(二) 新的发展动力——实施新型工业化

中国的新型城镇化是以新型工业化为主要发展动力的，新型工业化开启了中国新型城镇化发展的动力源泉，把中国城镇化建设推到了一个新的发展阶段。从世界各国城镇化发展的规律来看，城镇的诞生和发展与工业化发展的程度有密切的关系，城镇化水平有随着工业化水平提高而提高的趋势。钱纳里对1950年到1970年约一百个国家的城镇化与工业化发展水平之间的关系做了调查，结果发现人均收入水平与工业化水平有密切的关系，人均收入水平越高的国家，城镇化水平也越高。

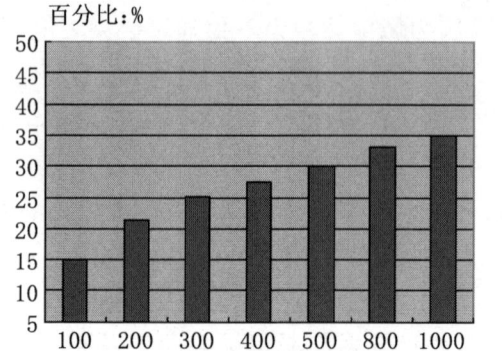

（资料来源：[美]霍利斯·钱纳里、莫伊思·赛尔昆：《发展的形式1950~1970》，李新华、徐公理、迟建平译，经济科学出版社 1980 年版。）

图 1-2　工业化与城市化关系图

新型工业化适应信息技术快速发展的时代要求，具有科技含量高、经济效益好、资源消耗低、环境污染少、人力资源得以充分发展等特征。以信息化为基础的新型工业化，大大提高了现代工业的生产效率，加强了对现代生产过程的控制，促进了高新科技产业的发展、改造和提升了传统产业，为新型城镇化发展提供了崭新的发展平台。新型工业化是区别于以往传统工业化的发展模式，"新"强调要不同于传统工业所遵循的高投入、高消耗、高污染的增长模式，它是以信息化带动工业化，促进高新技术产业和战略产业的深度融合，用高新技术改造提升传统产业，构建现代社会的产业体系。新型工业化并不局限于发展工业，而是推进国民经济三次产业的全面发展，使产业之间的结构更为合理。新型工业化的核心在于改变单靠增加投入、消耗资源、污染环境为代价的粗放型经济增长方式，是一种可持续发展的战略。

第一章　城镇化道路概念的历史探源

新型工业化推动了新型城镇化的发展。工业创造供给，城镇化创造需求。[1]工业经济是一种聚集带动型经济，城镇是工业集中布局的产物。所以，新型工业化、城镇化是一对孪生姐妹，工业化推进城镇化，城镇化又促进了工业化。新型工业化如同一个车的两个轮子，只有坚持新型工业化、城镇化双轮驱动才能实现协调发展、共同推进。新型工业聚集效应带动了新型城镇的聚集发展，新型工业过程有利于集约土地利用资源，提高土地的利用效率，实现社会化的协作生产，促进规模经济格局的形成。新型工业化增强了城镇可持续发展的能力，为避免重蹈以高消耗、粗放经营为特征的传统工业发展道路，新型工业化重视可持续发展的技术支撑，特别是环保、节能技术的广泛应用，促进了社会物质生产方式的更新，推动了资源再生型的转移，改善了经济增长的质量与效益，优化了经济发展结构，促进了城镇经济的可持续发展。新型工业化充分发挥了人力资源的优势，科技进步和劳动者素质的提高对工业化的发展起到了重要的作用。随着新型工业化的发展，多层次的人才结构、多元化的人才发展机制逐步形成，不同地域的高素质劳动者和专业人才，在产业结构调整中得到自由流动，实现了各类人才的最佳配置，从而提高了新型城镇化发展的质量和水平。

新型产业结构布局的调整促进了新型城镇的健康发展。随着新型工业的发展，各产业之间的布局发生了重大变化，人们的生产活动从第一产业逐渐向第二产业、第三产业转移。随着城镇化水平的提高，经济产业结构也在调整，国民经济的三个产业相应地发生变化，从农业到第二产业、再到第三产业逐步推进，由此带来了就业结构的转变，从事农业的人数趋于下降。

---

[1]　叶连松、靳新彬：《转变经济发展方式与调整优化产业结构》，中国经济出版社 2009 年版，第 201 页。

第三产业发展对城镇有集聚和带动效应,聚集效应引起了现代产业分工的深化、专业化程度的提高。在产业结构调整的过程中,农业人口比例相对下降,农业规模化、现代化生产逐步形成,带来了农业生产效率的提高。农业工业化引发了大农业取代小农经济的农业革命,它是"提高劳动生产效率,缩小生产商品必要劳动时间的强有力手段"。机器化大工业在占据城市工业部门后也开始占领农业领域,以农业机器化、良种化和化肥化为主要特征的农业工业化进程逐步展开,"最墨守成规和最不合理的经营,被科学在工艺上的自觉应用代替了"。[1]大工业的迅速发展带动了整个产业结构的调整,加深了社会分工程度。分工成为整个社会的普遍生产组织形式,对产前、产后的各种服务提出了全方位的要求。在产业之间的合作方面,为降低生产成本和交易费用,企业的生产日趋集中在城镇区域,通过使用共同的基础设施,降低了厂商的生产成本,紧密了各厂商之间的联系从而形成了规模集聚效应。城镇开始形成不同的功能区,在不同企业的生产系统内部,分工越来越细,专业化程度越来越高。劳动分工引起了专业化程度的提高,增加了经济形式,促使了专业化经济的形成,专业化经济又进一步加深了新型工业的发展。随着产品交易数量和次数的增加,人口与经济活动在空间的聚集降低了产品与要素的运输费用。这样,非农业人口就会选择一定的区域和环境生活,由此便形成了居住功能区,这些功能区结合城镇的资源条件、区位状况,促进了城镇的整体发展。在功能区内,各部门和地区的联系变得更为紧密。从合作形式来看,各行业之间变得相互依赖,生产性企业之间与服务性企业之间存在相互依存、相互促进的复杂关系,

---

〔1〕[德]卡尔·马克思:《资本论》(第1卷),中共中央马克思恩格斯列宁斯大林著作编译局译,人民出版社1975年版,第375~578页。

第一章　城镇化道路概念的历史探源

企业与居民之间的联系突破了以往单一的线性关系，形成了更为复杂、更为高级的联系网络，特别是以信息技术为代表的新型工业化的快速发展，从技术手段和交流方式上把城镇居民的相互联系提升到了一个新的水平。随着人民收入水平的提高，新型工业的发展也刺激了各种生活服务，如教育、医疗、饮食等行业的大发展。这些行业也带动了城镇基础设施，如交通基础设施、公用事业和信息产业设施的发展，这些公共服务和公共设施的不断发展为新型城镇化的健康发展提供了条件。

(三) 新的发展路径——统筹各种关系

统筹兼顾是中国新型城镇化发展的基本原则，也是解决中国新型城镇化建设面临的各种问题的一种科学方法。利益协调是做到统筹兼顾的关键。统筹是建立在充分发挥各方面积极性和创造性的基础上的统筹；兼顾是一种整合和优化。[1]中国的新型城镇化发展道路考虑到平衡各方面的利益，特别是城乡之间、区域之间、社会与经济发展之间、人与自然之间、国内发展与国外开放之间的关系，通过各种利益的优化组合，调动各方面的积极性和主动性，实现集约高效、功能完善、环境友好、社会和谐、大中小城镇协调发展的中国新型城镇化发展道路。

统筹城乡发展是中国新型城镇化发展的基本原则，也是解决中国"三农"问题的重大战略。根据世界城市化的发展过程，城市化在不同发展阶段的重点是不一样的。在城市化初期，城市对人口、产业的吸引力和聚集作用处于主导地位；其后，城市化以城市对农村的扩散和辐射作用为主；在城市化的平稳发展阶段，人口和产业在城市和农村之间的转移则处在一种均衡

---

[1] 奚洁人主编：《科学发展观百科辞典》，上海辞书出版社2007年版，第25页。

状态，这是世界城市化进程所表现的一种客观规律。[1]中国的新型城镇化就是把城镇与农村、农业与工业、农民与市民作为一个整体，纳入到整个国民经济和社会发展的全局中，统筹解决经济社会发展中存在的问题，以实现城镇对农村的辐射和带动作用，建立以城带乡、以工促农的新机制，实现城乡一体化的协调发展。坚持以统筹城乡发展为原则，就要加快户籍制度、劳动就业制度、社会保障制度、城乡规划、产业布局、基础设施建设、公共服务等方面的制度改革，实现公共资源和公共服务的均衡配置，促进生产要素的合理流动。

统筹人与自然之间的关系。中国新型城镇化的发展必须总结世界城镇化发展的经验教训，寻求一条人与自然和谐发展的新型城镇化发展道路。历史表明，西方发达国家的城镇化已经带来了生态环境破坏、资源过度浪费、环境污染严重等问题，这决定了我们不能重蹈西方发达国家城镇化发展的覆辙。坚持可持续发展的理念，其核心是人与自然、经济、社会与环境的和谐发展，以达到经济效益、社会效益和生态效益的最大化。统筹人与自然的关系，要求中国的新型城镇化在坚持节约土地、功能完善的原则下，把可持续发展放在更加突出的位置上，从外延的扩张到内涵的集约、从城镇数量的增加到城镇质量的提升，实现中国新型城镇化的可持续发展，要求完善保护土地的制度，合理利用和节约土地资源，提高资源的利用率，实现人口、经济、资源、环境的协调发展，最大限度地完善城镇的集聚与扩散功能、生产服务功能、就业功能和创新功能。

统筹大中小城市与城镇协调发展。建设区域范围内的城镇"集合体"是中国新型城镇化的基本方向。从世界各国城市化的

---

〔1〕 中国科学院可持续发展战略研究所：《2005年中国可持续发展战略报告》，科学出版社2005年版，第92页。

模式来看，城市群是城市化进程中的主体形态，这是因为城市群具有较强的空间聚集和辐射作用，能较快地带动大中小城市和小城镇的协调发展，从而促进区域经济的协调发展。城镇群是经济社会高度集约发展的产物和标志，也是城镇密集区高层次演变的城市区域空间组织形式。[1]在不同的发展阶段，城市群表现为不同的形式，在早期，城镇化密集区表现为一定范围内城镇的数量和空间分布程度，后来，随着城镇间相互联系和协调关系的不断提升，集中反映了城镇密集区的多种要素的相互作用，城市群协调机制逐步形成。城市群的出现有利于充分利用相近地缘优势，发挥地区之间的分工合作优势和地理自然条件的便利，加强城市之间的合作关系，突破单个城市不具备的向心力和凝聚力，扩大城市的规模，提高城市品牌的知名度，由此使得城市的功能分工更为科学、合理。在经济全球化、一体化的整体趋势下，地区间的经济竞争更多地体现在城市之间，通过城镇"共同体"的建设，带动本区域经济的发展，提高经济竞争力，成为各国经济发展和城市现代化的重要举措。

总之，中国新型城镇化的"新"字体现在关注人、注重人方面。相对于传统的城镇发展模式，"新"是指城镇化建设是有规划的、开放的、集约的，更重视内涵的提升和经济社会的协调发展。所以，从这种意义上来说，中国的新型城镇化既是城镇发展模式的转型，也是一种向以人为本的城镇发展理念的跃迁。

---

[1] 张贡生："城市群内涵、外延辨析与新城市群建设"，载《山东经济》2008年第4期。

# 第二章
# 中国新型城镇化道路与"三农"问题的内在逻辑

中国的新型城镇化道路离不开对中国"三农"问题的关注,要实现中国新型城镇化的稳步发展,必须在以工业化、信息化、农业现代化为主要特征的发展背景下,来剖析中国社会的农村、农业和农民三者之间的内在关联,通过这些关联来分析、把握影响中国新型城镇化发展的机制和体制,以便制定符合中国的历史特点和现实国情的新型特色城镇化发展道路。

## 第一节 农民市民化——新型城镇化道路发展的本质要求

中国的新型城镇化发展道路,以农民分散居住逐步向城镇集中聚集作为外在特征,通过城乡居民交往活动的扩大,使之必须与外界联合、合作、交流、沟通,并形成共同意志,最终使不同的家庭、社会团体创造出一种潜在的共同行为模式、共享的文明结构形态。"三农"问题的根源在于作为行动主体的农民,而农民的出路是无法从农村自身中寻求的,减少农民的数量,实现农民的市民化是解决"三农"问题的主要出路。[1]从

---

[1] 郑杭生:"农民市民化:当代中国社会学的重要研究主题",载《甘肃社会科学》2005年第4期。

农民到市民的根本转变是新型城镇化发展道路的本质要求，是人们的生产生活方式、思想观念、思维方式、价值取向等多方面、全方位的转变过程。

## 一、农民市民化的主要思想

农民市民化是指农民从农村到城镇的迁移和聚集，标志着农民能和市民一样享受均等的社会待遇和平等的权利，意味着农民能享受更多的、更高级的文明的生产方式、生活方式，增加了农民的社会福利。这是中国新型城镇化发展的本质要求，需要实现从农业到非农业的生产方式转变，从农村到城镇的地域空间转移，从农民到市民的身份改变。

（一）非农职业化转变是农民市民化的现实起点

农民的流动是实现农民市民化的现实起点。只有让居住在城镇的人们不再以从事农业生产为主要的谋生职业，他们才有可能褪去农村的乡土气息，才能放弃农村家中的农具，才有可能定下决心彻底转化为市民。脱离了基本的农业生产活动，也就意味着打破了自给自足的经济基础，向着一种以开放、风险、竞争为特征的市场经济发展。马克思和恩格斯曾经说过："物质劳动和精神劳动的最大一次分工，就是城市和乡村的分离。城乡之间的对立是随着野蛮向文明的过渡、部落制度向国家的过渡、地方局限性向民族的过渡而开始的，它贯穿着全部文明的历史并一直延续到现在。"[1]非农职业的转变要建立在农村产业结构升级和农业现代化的基础上，大力发展工业和第三产业，带动农村经济由农业主导转变为非农业主导，逐步催生农民市民化的自觉。以工业为导向的非农业产业导向，要加快农业生

---

[1]《马克思恩格斯选集》（第1卷），人民出版社1995年版，第104页。

产部门与工业生产要素的双向流动，最终使农村呈现出城镇化的普遍特征。在农业社会，农民从事简单的、自主的农业劳动，通过耕种农作物维持基本的生产需要。但是随着城镇化的推进，农村剩余劳动力开始转移，农业的规模化、产业化经营开始扩大。进入城镇的农民改变了原有单一的劳动生产方式，结束了原有的农业耕作方式，转变为以从事第二产业、第三产业为主的非农业生产活动。非农产业人口比重增加，随之城镇人口在整个城市的比重也在增加，所在地的城镇化水平也可得到很大提升。在城镇化的过程中，加快以贸易市场为导向的城镇化建设可以使那些离土又离村的农民，过上几乎与农村生活没有密切联系的生活方式，引导他们以市场为中心，加快以城镇为中心的人口聚集，从而带动农民集中居住的积极性。市场是农村城镇化和农民集中居住的动力，没有市场就没有城镇化。所以市场繁荣的地方一般都适合人口聚集和适宜居住。市场发展不仅可以带动地方经济的快速发展，还可以促进城镇基础设施建设水平的提高。随着居民市民化程度的提高，资本市场、劳动力市场、文化市场、金融市场等各类市场逐步形成，功能各异的市场对加快农民市民化起到了连锁效应、集聚效应和辐射效应。

合理处置农村土地问题是推进农民非农职业化的关键所在。农村土地的合理流转，也为进城农民提供了一种生活保障，解决了农民离开农村生活的后顾之忧。农村土地如何处置的问题，例如农村土地的合理设计、置换进城农民的"土地权益"，都成了影响农民能否真正实现非农职业的重要因素。近年来，"土地换社保""住房换宅基地、社保换承包地"等置换模式，在不改变土地用途和性质的情况下，鼓励更多的农民自愿出让承包地和宅基地换取城市养老等方面的社会保障，赋予了土地更多的资本价值,以此推动了农村土地的流转,加快了农民市民化的步伐。

(二) 地域空间转移是农民市民化的基本标志

如果说非农职业的发展使得农民离土离农,成为农民市民化的前提条件,那么,农民地域空间的转移就是农民认同城市文明、融入城市文明的关键环节。城镇的地理空间格局与人口变化有密切的关系,"胡焕庸线"[1]体现了经济地理分布与人口变化的密切关系,反映了我国国土开发、经济活动和人口集聚的基本格局。在中国长期城乡二元结构的框架中,城乡之间的分裂状态使得城市与农村之间缺少有机的空间联系,致使城乡之间的资源和资本要素不能得到合理的配置和相互的衔接,乡村社会的空间格局出现了相当分散的状态,在此基础上形成的城乡分散状态导致了资源的浪费。

中国新型城镇化的发展要利用已有的空间结构和发展条件,充分发挥城镇的纽带功能、聚集功能和辐射功能,加快农民市民化的进程。城镇具有特殊的空间居住功能,不仅使农村居民摆脱了原有村落集中居住的格局,而且促使农民形成了向城镇集中流动的变化趋势。新型工业化的生产方式逐步代替了以家庭或乡村地域为单位的生产方式,使得大批农业劳动力向城镇转移,促使社会各行业和职业出现了复杂性的特征。城镇化理论表明,城镇化的发展是按照一定规则分布的,城镇之间还按照不同的规模、等级的要求相互联系和相互支持。城乡融合的新型生活方式将率先出现在介于城市和乡村之间的地域社会实

---

[1] "胡焕庸线"是我国地理学家胡焕庸在1935年发现的。根据我国的人口密度分布,从黑龙江黑河至云南腾冲画一条直线,此线东南侧居住着全国96%的人口,西北侧只有4%。在历次人口普查中,我国人口均呈现出比较稳定的地理分布特征。

体——城镇——之中，而这种城镇不是自然形成的，而是在城镇体系日臻完善的基础上发展起来的。[1]

随着越来越多的乡村转化为城镇，城镇的地域空间也在拓展，这种地域空间多功能的特征对农民市民化的转变起到了重要的推进作用。首先是城镇的纽带功能加强了城乡居民之间的相互联系，中国的城镇介于大城市与农村之间，是联系城乡之间的一个纽带。通过农村向城镇居民提供大量的服务和各种产品，然后城镇发挥"蓄水池"的作用，把这种服务和产品传输到大中型城市。另外，大城市的技术、信息、文化还不一定能被乡村农民所接受，也要经过城镇储存、加工后才能传递到乡村。其次，城镇的聚集传递功能提高了农民的文明素质。城镇的成长过程具有强大的聚集能力，在人口、资金、技术、信息等方面的聚集使城镇的质量和规模不断上升。城镇代表比农村更高的文明层次，通过生产要素和各种资源在城镇汇集，不断提高着农民的物质文化和精神文化水平。最后，城镇的辐射带动功能提高了农民的产业发展能力。城镇要根据自己规模比较小、辐射能力比较强的优势，通过农业产业化经营，形成对周围农村的经济辐射。通过各城镇之间横向和纵向的联系，促使中心城镇、小城镇和广大农村构成一个经济综合体，从而构成一个有层次、职能分工的地域体系，即城镇体系。城镇体系是社会生产力发展到一定阶段的产物，是城镇发展的高级地域组合形式。[2]

城镇化要实现地域空间的合理转移，首先要满足两个前提

---

〔1〕 林拓：《城市社会空间形态的转变与农民市民化》，载《华东师范大学学报（哲学社会科学版）》2004年第3期。

〔2〕 袁以星、冯小敏：《上海城乡一体化建设》，上海人民出版社2002年版，第128~134页。

第二章 中国新型城镇化道路与"三农"问题的内在逻辑

条件：一是要满足进城农民基本的生存需要；二是要满足进城农民持续发展的需要。马克思说过，人类生存的第一个前提是要解决衣、食、住以及其他东西，这个前提是一切历史发展的首要前提。[1]作为进城的农民，其生活环境和居住环境都发生了巨大的改变，要保证能在城镇长久地生活下去，必须保证城镇居民基本的生产需要，创造基本的生活条件和居住条件。城镇人口转移的前提是解决城镇居民"住"的问题，其中最关键的就是使进城的农民能够有房住。依据中国社会科学院2010年《经济蓝皮书》中的研究数据，85%以上的城镇家庭无能力购买当前房价高涨的住房。城镇居民的房价收入比已达到8.31，农村居民的房价收入比更是高达29.44。如此悬殊的收入差距，对进城的农民来讲只能是"望房兴叹"。解决当前城镇居民的住房问题，必须改变长期以来制约农民向城镇自由流动的户籍制度和城乡二元化的社会结构，还需要改革不合理的经济利益分配关系，增加农民的收入。城镇化布局不仅仅要让进城的农民有房子住，而且还要保证他们在城里有活干、有饭吃，这样才能保证进城的农民的可持续发展。在推进城镇人口转移的过程中，要逐步放宽中小城市和小城镇的户口限制、解决符合条件的农业转移人口，使他们能在城镇落户，这样的城镇化才能增加农民对城镇住房的需求，但是前提是应解决好进城农民对房子的基本需求问题。农村土地问题的解决关系到进城农民的持续发展问题。随着我国农业生产技术的提高，农业产业对劳动力的需求逐步减少，农业剩余劳动力与农村有限的土地资源形成了尖锐的矛盾。在这种情况下，增加农民收入，减少农村剩余人口成了我国经济发展比较棘手的问题。所以说，新型城镇化道

---

〔1〕 中共中央文献研究室：《十六大以来重要文献选编》（下），中央文献出版社2008年版，第268页。

路就是让剩余劳动力转移到城镇的过程,要加快劳动力转移,减少农民和农村人口,增加农民人均资源的占有量,发展农业适度规模经营,提高农业生产效率。从这方面来说,新型城镇化道路是实现农民富裕的根本措施和有效途径。换言之,城镇人口的规模、组成和增长速度变化对开创新型城镇化道路而言意义非常重大。

(三) 市民角色的转变是农民市民化的最终状态

市民化角色的转变是新型城镇化发展的最终目标。市民化角色的转变涉及生活方式、思想观念、身份认同、待遇均等多方面的因素。

农民生活方式的改变是农民市民化的重要表现。人们从以前散漫的、无序的生活节奏和生活方式,开始转变为有严格的工作时间、紧凑的生活习惯;从以地缘、血缘关系为主要纽带的人际交往转变为以业缘关系为主的人际交往。人们的生活水平也得到了很大的改善,居民的文化素质和文化水平得到了很大的提高。在充满活力的市场经济面前,人们不仅关注经济生活方式,而且也关注着政治生活和文化生活,从以前对政治生活的漠视转变为以利益驱动的有序的政治参与。

思想观念的转变是农民市民化的必然要求。中国的新型城镇化道路带来了人们思想观念的深刻变革。长期以来,农民形成了坚固的传统生活特征,即"群体性质的血缘性、居住方式的聚居性、组织结构的等级性、经济形式的农耕性、资源渠道的自给性、生活方式的封闭性"。[1]中国的新型城镇化对农民的传统思维和生活方式加以革新,要求农民改变传统社会的角色,

---

〔1〕 王沪宁:《当代中国村落家庭文化》,上海人民出版社1991年版,第27页。

## 第二章 中国新型城镇化道路与"三农"问题的内在逻辑

让农村人口真正过上现代化的文明生活,这不仅需要具备相应的经济基础,而且还要有相应的素质修养和文化水平。市民化是指作为一种职业的"农民"(Farmer 或 Cultivator)和作为一种社会身份的"农民"(Peasant)在向市民(Citizen)转变的进程中,发展出了相应的能力。[1]从传统农民的角度来看,农民市民化的进程其实是一个农民超越传统、获得现代潜质的过程。[2]在传统自然经济的影响下,农民的文化水平不高,综合素质相对比较低,现代文明意识、城镇化的观念比较淡薄。中国的新型城镇化道路要求从过去落后、保守的传统观念转变到具有现代城镇文明的价值观和新风俗,从而提高农民参与城镇化建设的积极性和创造性,增强新型农民的社会适应能力。广大农民也要根据时代的要求,从旧的、传统的农耕社会思想观念中走出来,逐步融入现代城镇文明,接受现代的文化礼俗和思想观念。主体的自我意识增强,广大农民对自身的主体地位、主体能力和主体价值开始觉醒,主体意识的作用日益凸显。中国农民从过去自卑、封闭、依赖的消极观念转变为具有独立的人格,主体的创造性、积极性得到发挥。农民的开拓意识增强,新时代的农民不再满足过去那种小富即安的保守观念,而是在市场经济的压力下,从过去那种足不出户、安于现状的生活中摆脱出来,树立开拓进取、公平竞争的现代意识,用自己勤劳的双手改变贫穷落后的生活状态。市场竞争意识也逐渐凸显,在以前高度的计划经济体制下,在自给自足的经济环境下,农产品基本上都是统购统销的,市场观念和市场意识缺乏,但是随着改

---

[1] 郑杭生:"农民市民化:当代中国社会学的重要研究主题",载《甘肃社会科学》2005 年第 4 期。

[2] 郑杭生:"农民市民化:当代中国社会学的重要研究主题",载《甘肃社会科学》2005 年第 4 期。

革开放的深入，农民的市场意识和把握市场的能力增强，开始根据市场行情组织生产。政治民主意识增强，经济条件和社会地位的变化使得农民的维权意识逐步增强，农民的眼界也变得更加开阔，从关心国内大事到关心国内的政治民主生活，政治参与性、主动性、独立性和能动性增强。虽然中国的新型城镇化道路带来了农民思想观念的深刻变革，但是农民从传统思想观念到现代思想观念的转变是一个长期的过程。在几千年传统农耕社会的影响下形成的乡土观念，在短时间内很难从根本上得到改变。毛泽东所说："从旧社会、旧轨道过来的人，总是留恋过去那种旧生活、旧习惯。所以，对人的改造，时间就要更长些。"[1]长期以来依赖土地生存的农民，在城镇化的推动下，失去土地成为城市市民，从农村流入城市，即便是居住环境发生了改变，但是农民对故土的怀念和眷恋仍然存在，在这种以地缘关系为纽带的社会交往方式的影响下，农民很难适应陌生的城镇生活。从满足于自给自足、清贫稳定的农耕生活转变为充满竞争、风险的城镇生活，农民在这个过程中会感到迷茫和困惑。

农民到市民的角色转变要满足公共服务均等化要求。中国新型城镇化的本质是实现人的城镇化，农民市民化的实质就是公共服务的均等化。[2]农民市民化的真正目的是要提高农民的生活水平，提高农民的社会福利水平。[3]这要求进城的农民要享受与城镇居民一样的公平待遇和社会服务。但是，在中国特殊的条件和历史背景下，农村剩余劳动力和城镇居民成了中国

---

〔1〕《毛泽东选集》（第5卷），人民出版社1977年版，第165页。

〔2〕韩俊："农民工市民化实质是公共服务均等化"，载《经济参考》2013年2月4日。

〔3〕李强："城镇化的关键是农民市民化"，载《人民日报》2013年8月11日。

城镇化过程的主体。新型城镇化的过程就是农村剩余人口和城镇居民合理聚集的过程，在这个人口聚集的过程中，尊重城镇主体的各种权利和平等享受城镇的公共服务显得更为重要。从某种意义上来说，市民化的过程可以理解为一个特殊性质的人口迁移过程，既是广大农村人口向城镇集中的过程，也是他们从从事农业向非农业转化的过程，是人口空间"量变"过程与"质变"过程的统一。城镇化的空间过程与一般人口迁移的差别表现为迁移的方向特征，一般迁移过程的起源地和目的地是随机的，而城镇化的人口迁移是朝向既定中心的、轴合型的迁移，即人口向某个点集中，并且在该点上膨胀。[1]但是，实现从农村人口到城镇人口的迁移必须坚持公共服务均等原则，只有实现了城镇公共服务的均等，才有可能实现从农民到市民身份的真正转变。

## 二、农民市民化的实践模式——以张家港农民市民化为例

江苏省张家港市是长江和沿海两大经济带交汇处的一座港口工业城市，全市总面积999平方公里，下辖8个镇和一个现代农业示范园，175个行政村，共有户籍人口90.5万。近年来，张家港市加快了新型城镇化建设的步伐，各种文明形态高度协调，精神文明、生态文明等方面成为全国典型，是唯一实现全国文明城市"三连冠"的县级市，成为首批国家环境保护模范城市和国家生态市。张家港市在推进农民城镇化方面积累了宝贵的经验。

改变农民的居住条件，实现人口集聚的城镇化。张家港市把改变农民生活条件、完善社会服务体系、优化居住生活环境

---

〔1〕 曲晓杰、王理平："我国城镇化进程的模型分析"，载《安徽农业科学》2005年第33期。

作为加快新型城镇化的重要内容。通过优化农村布局，引导居民适当集中。在行政区域的规划中，实施了新村建设与旧村改造并举的方针，加快新城镇居民住宅区的建设，对于不承包责任田，从事二、三产业的村民和在集城镇规划区的村民，引导他们在新城镇公寓中居住。在社区的基础建设方面，不断完善社会服务体系，在农村推广城市社区建设的成功经验，实现公共服务和社会资源的共享。每个城镇和每个行政村都设有相应的社区，形成了市、镇、村、企业四级社区联动的"社区服务网"。为了完善社会化服务体系，鼓励农民发展服务性行业，开设医疗保健、种植养殖等项目培训，完善城镇居民的生活环境，在生活环境治理方面，加强了公共基础设施的建设，全市每年投入10亿用于环境设施建设，城镇生活污水的处理率分别达到了80%、60%以上。通过农村饮用水改造、改水改厕等工程，建立了比较完善的农村服务体系。农村公共设施的改善和公共服务水平的提高，提高了城乡居民的生活质量，也带动了周围村民向城镇区域的集聚。

改变农民传统的生产方式，推动其向现代化生产方式转变。传统的农业生产方式已经不再适应时代发展的要求，成了扩大生产规模、提高生产效率的体制性障碍。张家港市从改变生产方式着手，调整了产业结构，转变了生产方式，实现了农村劳动力向城镇的转移，加快了新型城镇化的进程。张家港市实施"以工代农"的发展导向，调整了经济产业结构，提高了农业规模化、产业化的程度，鼓励农民进行规模化经营，让耕地逐步向种田大户集中。在提高农业科技水平的基础上，实施品牌发展战略、市场营销战略和资本运营战略，实现农业产品向工业产品的转变、农民向产业工人的过渡，加快传统农业向现代农业、规模农业向质量农业的转变速度。经过几十年的发展，张家港市形成了高效、优质的农业产业链。农业的规模化经营提高了生产效益,培育和壮大了一批特色龙头企业,形成了一批具有"知名品牌的龙头企业"。龙头企业的发展壮大又进一步拉长了农业产业链,带动了相关农产品种植、畜牧养殖等产业的发展,有效地促进了农民的增产增收。

　　提高农民的文明意识,实现思想观念的城镇化。为适应现代文明发展的需要,张家港市重视精神文明建设,改变农民传统的生活习惯和生活方式。首先,从改变过去的陈规陋习着手,规范居民日常的举止行为,提高居民的文明意识。其次,在全市范围内开展精神文明建设活动,将加大农村生活用水、垃圾处理、厕所卫生等问题的综合整治力度作为创建文明城市、文明社区、文明家庭等活动的重要举措。在创建精神文明的活动中,张家港市加大了文化基础设施建设的力度,改造了市博物馆、图书馆、大戏院、电影广场等文化体育设施,健全了文化服务中心,丰富了广大农民群众的精神文化生活,改变了农民落后的陈规陋习,提高了农民追求科学生活方式的意识,实现了"人造环境、环境育人"的良性互动。精神文明活动的创建和公共文化体育设施的建设,大大提高了农民的文明意识,改变了农民以往传统的生活习惯,改善了农民懒散、保守的社会风气,促使农民从传统生活方式向现代生活方式转变。

### 三、张家港市农民市民化给我们的启示

　　张家港市新型城镇化道路最明显的特征就是,以人的全面发展为指导理念,以就地城镇化为主要的发展模式,围绕着居民生活质量的提升,改变农民传统的生活方式,创建美好的生活环境,增强居民参与城镇建设的能力,从而真正实现居民的城镇化。张家港市的新型城镇化道路对当前中国的新型城镇化

道路具有重要的启示作用。

坚持以人为本的城镇化发展理念,是新型城镇化发展的必然要求,也是当今社会发展的必然趋势。在过去相当长的一段时间里,中国的城镇化过分重视速度和规模,而忽视城镇化发展的质量和效益,结果出现了城镇化的过度膨胀,基础设施不断扩大,与此相适应的居民的公共服务和社会福利并没有提升,居民的生活方式和生产方式并没有相应改变,数以万计的知识型"北漂""南漂"并没有完全融入城市生活,也没有享受到城市居民应有的福利和政策。在这种情况下,"半城镇化"现象出现了。所以,要解决当前城镇化发展的出路问题,就要依靠转变发展理念。树立以人为本的城镇化发展理念,其核心是把"人"而不是"物"作为工作的出发点和落脚点,不是把城镇化发展作为目的,而是把人的发展和人民利益作为城镇化的最终目的。在这种情况下,新型城镇化道路的理念应运而生,新型城镇化道路不是机械的、盲目的造城运动,而是通过居住和空间环境的改善,人文环境的培育和生态环境的改良,最大限度地为广大居民提供舒适、美好、幸福的生活环境和生态环境。张家港市的新型城镇化道路作为新时期城镇化发展的典范,以人的城镇化为发展理念为实现人的全面发展提供条件,实现了人口的聚集与生活环境的改善、工作方式的改变、公共服务的改进,让进城的居民都能够过上"住有所居""老有所养""劳有所得""学有所教""娱有所乐""病有所医"的生活,充分享受到城镇现代化带来的公共基础设施和公共服务。

重视居民思想观念和生活习惯的城镇化。中国的新型城镇化道路不仅要重视外在的"形",更要重视内在的"神"。这个"神"指的就是城镇文明,它包括居民的思想道德素质、科学文化素质和健康素质等主要内容。城镇的文明建设离不开强有力的产业支撑。所以，新型城镇化建设要根据地方的资源优势、环境状况、基础条件等方面，大力发展优势项目和主导产业，扶持一批有潜力、有活力的龙头企业，通过发展密集型产业，带动地方就业，为城镇文明的普及提供强有力的物质支持。居民的思想道德素质是建设新型城镇化的思想保障。思想道德建设是整个城镇文明的主线，要以理想信念教育为核心，把党的基本理论、基本路线、基本纲领入脑、入心，引导广大群众树立正确的世界观、人生观、价值观，增强对中国新型城镇化道路的信心。落实新型公民的道德规范，完善适合新型城镇化发展的镇规民约，引导居民遵纪守法、文明礼貌、诚实守信、爱岗敬业、爱护公物。根据时代发展的要求，引导居民掌握现代文化知识，增强自立意识、竞争意识、效率意识、民主法治意识，为中国新型城镇化建设和社会进步提供强大的精神动力和智力支持。城镇文明的推进，还要重视城镇居民的文化生活建设，充分挖掘具有民族特色、时代特征、地方特点的文化内涵，建设文化馆、宣传栏、体育场馆和公共园林等文化设施，使之成为宣传科学理论、传播先进文化、净化美好心灵的文化阵地。城镇文明得以贯彻落实，离不开文明、规范、安全的社会秩序。广泛地开展社会普法教育，增强居民的法律意识，提高守法的自觉性。同时，还要加强社会专项整治执法活动，加强对城镇社会的重点管理，维护城镇规划的严肃性，保障城镇规划的落实。

重视对城镇居民身份的认同。城镇居民的身份不仅仅是证明个体存在的一个符号，而且还包含着个体在同类中所应该享有的地位和尊严，它关系个体能否具有以独立身份和公平待遇参与到共同体的机会和资格。在某种意义上，居民身份的差异导致了中国传统社会的"差序格局"，也带来了周围"生活圈的人"与"陌生人"之间低信任的怀疑态度。实现对居民身份的认同,要有公平的发展机会和公平规则。张家港市根据机会均等、公共服务共享的原则,充分利用已有的公共服务和社会公共资源,对所有进城人员一视同仁,为他们提供公平的发展机会。但是,由于各地资源禀赋和发展条件的差异,对城镇居民身份认同的过程需要与城镇的产业基础、土地承载能力和居住环境相适应。适当的人口规模、合理的人口结构,可以促进城镇经济的健康发展。一方面,城镇也为居民创造了好的生活福利和居住条件,为城镇居民的相处提供了很好的外部条件,也为实现对城镇的认同感提供了支撑。另一方面,居民对城镇的认同和对经济机会的期望可以保持城镇相对的竞争优势,促进城镇的持续发展。所以说,合理的人口规模是保证城镇居民身份认同的重要条件,如果城镇的人口规模超过城镇的承载负荷,往往会带来周围环境的破坏,最终会影响到城镇居民的生活质量和生活水平。

## 第二节 农业智慧化——新型城镇化道路发展的内在要求

中国新型城镇化道路发展的根本目标是让进城居民过上更美好的生活,享受到现代城镇文明的发展成果,其最基本的条件是让城里的人有体面的工作干、有健康放心的食品吃。但是单纯依靠传统经验的农业和现代科技农业不能满足中国新型城镇化发展的要求,寻求新型农业发展模式成为时代发展的要求。这种模式不仅具有现代科学技术的文明特征,还包含深厚的人文关怀。根据这些要求,我们把这种农业的发展模式称为"智慧农业"。"智慧农业"建立在信息智能化技术的基础上,既要

## 第二章　中国新型城镇化道路与"三农"问题的内在逻辑

充分利用现代科技革命发展的最新成果,又要考虑到这种科技成果不能危害人们的身心健康,实质是智能化的技术革命与关注人类身体健康相结合的农业发展思路。[1]"智慧农业"契合了中国新型城镇化发展道路的理念,把科技成果和价值理念、产业发展与环境美化、产品优化与身心健康紧密地融合在一起,成为中国新型城镇化发展的强力支撑。

### 一、农业智慧化的主要思想

智慧农业在中国是一个比较新鲜的提法。但是在国外却有几十年的历史了。20世纪80年代,美国就开始关注智慧农业了。利用智能化技术,对农作物的生长过程、栽培管理、农作物种植、测土施肥等方面进行全程检测管理,成为早期的智慧农业。但是,美国的智慧农业带动了整个农业产业的发展,对世界农业的发展思路产生了深远的影响,成了一场崭新的农业革命。到了20世纪90年代,全球定位系统、地理信息系统的快速发展,为智慧农业的发展注入了新的动力。到21世纪,智慧农业的发展更是颇具规模,极大地促进了农业的发展,使农业成了持续高效发展的产业。

智慧农业符合中国新型城镇化道路发展的时代要求。一方面,面对中国人多地少的现实国情,随着城镇化的推进,建设用地的逐步扩大,农业可耕地面积呈现减少的趋势。另一方面,农村青壮年劳动力流向城镇,从事农业的人口相对减少,这就不可避免地对农业发展提出了新的要求。传统的农业生产模式很难适应中国新型城镇化发展提出的要求。智慧农业是在信息时代快速发展的基础上,充分考虑到人们的身心健康,通过智

---

[1] 邓文钱、阮青:"从新视角看中国农业发展的三个阶段",载《哈尔滨市委党校学报》2012年第2期。

能化和信息化技术提高农业生产效率的农业发展模式。智慧农业利用现在的信息技术,使得农业更加有效、更有智慧、更加聪明,使得农业产品竞争力更强、农业可持续发展、农村和谐、更有效地利用农村能源和环境保护的目标。[1]在这里把对智慧农业的认识引向深入。智慧农业的理念不局限于农业本身发展,而是强调对农业本身的深入感知,力求实现农业发展与农村和谐的统一,农业生产与环境保护的统一,农业技术进步与人类智慧的统一。这种农业发展理念与过往相比有了巨大的升华。智慧农业主要有以下几个方面的特征:

农业思想认识的智慧化。智慧农业坚持用辩证的、全面的、发展的认识角度来指导农业,这种农业指导理念的转变对中国新型城镇化的发展具有指导意义。中国的新型城镇化发展道路的复杂性和艰巨性决定了必须要从哲学思维的角度出发来把握它,换言之,就是用辩证唯物主义方法论来重新审视城镇化的发展过程。智慧农业与以往传统农业最大的不同在于思维方式,它充分考虑到了人们的身心健康,为了人们能够更好地生活和发展,它不是单纯地以"物本思维"思考问题,而是以一种"人本思维"来指导现实,它充分考虑人的需要,不仅包括身体健康,而且还包括生活环境的愉悦,是一种农业持续增收与人们身心健康协调发展的思维方式。中国的新型城镇化的发展也必须坚持自然法则与人类的价值诉求相结合,抛弃那种片面追求眼前的物质利益而忽视人类基本的伦理关怀的价值倾向,从更长远、更全面的观点出发来处理城镇的长远规划问题,是规律性和目的性、科学性和人文性、物质性和价值性的统一。

农业生产过程的精细化。城镇化发展到一定阶段,每个农

---

[1] 周国民:"浅议智慧农业",载《农业网络信息》2009年第10期。

## 第二章 中国新型城镇化道路与"三农"问题的内在逻辑

业人口负担的非农业人口都会增加,这就要求农业生产效率必须相应地提高,否则便可能会出现两种后果:一是城镇化及经济发展受阻;二是城镇化超前发展。[1]随着中国城镇化的发展,农业耕地面积逐步减少、从事农业的劳动力数量不断下降,中国的新型城镇化要求农业发展的高效化,农业的高效化是指通过提高农业生产技术增加农业产量。农业的精细化旨在提高农业管理技术和管理手段来提高农业生产效率,最终通过提高农业信息化技术和智能化技术来实现。农业信息化技术和智能化技术是对农业生产的产前、产中、产后的各种数据进行搜集和汇总,并经过智能技术的有效处理。其处理结果是农业生产主体进行农业决策和农业生产管理的重要依据。农业生产过程的精细化是随着农业生产的现代化发展起来的,它加快了农业生产的规模化经营,提高了农业生产效率,为中国的新型城镇化建设提供了坚实的物质保障。

农业发展环境的审美化。中国新型城镇化的重要目标就是创造舒适惬意的生活居住环境,让人们享受到幸福美好的生活。智慧农业不仅是创造农产品的基础产业,而且还可以创造愉悦的农业环境。创造愉悦审美的农业环境是智慧农业发展的重要特征,智慧农业区别于传统农业、现代农业最重要的特征在于重视人文理念,传统农业的发展更多地依赖经验来指导农业生产活动,虽然保持了大地原有的自然风貌,但是并没有过多地增加人类的物质财富;现代农业利用现代科学技术提高了农业的生产效率,增加了社会的物质财富,但是物质生活条件的改善却破坏了大自然的生态环境,伤害了自然之美、乡村之美。智慧农业是在保留自然生态平衡、人与自然内在和谐关系的基

---

〔1〕 尚娟:《中国特色城镇化道路》,科学出版社2013年版,第130页。

础上发展而来的，通过创新农业生态技术和减少大量农药化肥的应用，从而保持土地元素的相对平衡，实现人类农业生产活动与土地资源的相对和谐。智慧农业的根本理念在于让人类生活得更为舒心，让自然环境更为美观，通过农业自然赏心悦目的美感，燃起我们奋发向上的热情，激发我们对生活和自然界的敬畏。

农业生产运行的系统化。智慧农业把农民、农业和农村看成一个相互联系、相互作用的系统，农业发展与农民有密切的关系，特别是在我国人多地少的情况下，农村的小规模经营成为普遍现象，如果没有大量农民从土地上解放出来，实现土地的规模化经营，农业现代化就几乎是不可能的。所以说，农业生产规模的扩大和农业生产技术的提高在农村剩余劳动力转移的基础上才能实现。农业是农村得以存在和发展的基础产业，农业发展必须有一定的土地，土地规模和面积的大小直接决定了农村的承载能力和发展潜力。农业的快速发展有助于农民增加收入，实现农村社会的和谐稳定。所以，农村、农业、农民是一个相互联系的整体。智慧农业把农作物、土地和人类活动作为一个系统，通过农业生产系统的各要素之间的关系实现整个系统的相对平衡。从整个农业生产系统来看，农业生产活动是自然再生产与经济再生产的统一，作为自然再生产，农业生产活动所依赖的自然环境是不断变化的，而且农业生产不能超出自然环境所能承受的限度。经济再生产必须以自然再生产为限度，不能超出自然资源和生态环境提供的条件和限度。从农业本身来看，农业生产是由许多系统组成的相互联系、相互作用的生态系统，当每个系统被孤立看待时，整个农业生态系统就会发生失衡和破坏。所以说，我们对保持人类生活与其中的健全的生命圈关怀备至，是因为这样一个世界远比一块熔化的

## 第二章 中国新型城镇化道路与"三农"问题的内在逻辑

岩石更有价值。[1]智慧农业从系统的观点来看到各方面的关系，从维持自然生态环境的平衡来

农业产品质量的优质化。中国新型城镇化发展的根基还在于高产、高效、优质的农业。不论是农村人口向城镇人口生产的转移，还是农业生产向非农业的转变，没有优质农业的强力支持，为城乡居民提供优质的农产品，中国的新型城镇化就很难推进。生产健康、绿色的农产品是智慧农业发展的重要目标，智慧农业不仅维护土地本身的健康，而且更重视依赖土地的产品对人类身体健康的影响。自然环境的福祉与人类本身的命运有密切的关系，如果没有自然环境的健康运行，人类的福祉就会受到影响。因为人类的一切活动都与自然界紧密相连，要实现人类自身的幸福，必须把人与自然界的命运紧紧联系在一起。保护自然界的相对平衡，实现自然界内部的循环是智慧农业坚持的重要原则。但是智慧农业关注人类的身心健康，农业优质化是在保护土地养料的基础上，通过对农业生产过程的控制，保证农产品生产过程的安全和农产品的安全，不仅在农业生产的源头上对产品进行监控，而且还在生产过程中对健康环境、健康技术和健康食品等方面进行监控，全过程、全方位地对农业生产进行控制，从而保证农业生产的优质、健康。

农业发展资源的可持续化。实现可持续发展是中国新型城镇化面临的重大课题。对于城镇化发展来讲，最大的挑战在于自然资源和生态环境，这个问题解决好了，城镇社会就能做到可持续发展，否则，城镇化就会面临生存问题。[2]智慧农业为中国新型城镇化道路开辟了广阔的发展前景。这是因为智慧农

---

[1] 孔令宏：" 建设性的后现代主义与庄子思想"，载《求是学刊》1998 年第 3 期。

[2] 尚娟：《中国特色城镇化道路》，科学出版社 2013 年版，第 110 页。

业是一种可持续发展农业，把当前需要和长远需要、局部利益与整体利益紧密结合，在保护自然生态资源的基础上保障社会资源持续健康发展。农业生态资源必须依靠物种的多样性和丰富性，通过自然生态物种的多样性来增加农业本身的自我生产能力。为保证农作物的多样性，重视农业生产耕作方式的多样性，从农耕到种植，更多地吸取传统有机农业的发展经验，例如轮作复种、间作套装的耕作经验，充分利用家畜和微生物丰富的养料作为土地必需的营养成分，为农业资源的持续发展注入新的活力。

**二、农业智慧化的实践模式——以广西智慧农业发展为例**

广西，作为传统的农业大省，由于人多田少的现实条件，农业发展步履维艰。在新世纪来临之际，人们在南疆八桂这片热土上，果断转变农业发展观念，大胆创新农业发展模式，积极探索智慧农业发展的新思路，取得了举世瞩目的辉煌成就。

第一，坚持智慧化理念，探索农业发展新思路。广西农民充分认识到，发展智慧农业，必须坚持以科学发展观为指导，遵循"三大规律"即市场规律、自然规律和经济规律，这是农业兴旺发达的关键。所谓遵循市场规律，就是根据市场需求组织生产；遵循自然规律，就是立足资源特色发展农业；遵循经济规律，就是发挥潜在优势发展农业。近几年来，广西农业厅坚持以农民增收为核心，以提升农业竞争力为突破口，立足本地优势发展特色农业，跳出种养发展多元农业，瞄准市场发展对口农业，使广西农业特色更特、优势更优、强项更强、亮点更亮。

广西农业厅在2002年提出并有效推进"三大农业"建设，提出了加强生态农业、信息农业和品牌农业，形成特色鲜明、效应明显、技术科学的农业发展模式。在生态农业发展的过程中，培育生态农业产业链条，建立生态农业产业群，如"生态水果长廊""庭院生态长廊"。同时，他们还不断探索农村清洁工程建设新路子，建设农村清洁工程示范村二十多个，农村面貌发生了巨大变化。他们还重视农业生态监管，特别是着力加强农产品产地环境安全监控，为生态农业建设提供了强有力的支撑。在信息农业建设方面，广西从2000年开始就重视信息农业的基础设施建设，实现信息化与农业产业化的高度融合，先是建立农业信息网站，沟通农产品的产销信息，建立了近700个乡村信息网站，成立了6000多个拥有多名成员的农村信息员队伍，为农产品信息平台提供了强大的技术支持。随着农村"三农热线"的开通，信息服务在广大农村也发挥着越来越重要的作用。在品牌农业方面，广西充分利用特有的区位优势和自然优势，挖掘地方经济发展潜力，打造品牌农业，大力发展优质粮、糖料蔗、蚕桑、水果、蔬菜、食用菌、茶叶、烟叶、中药材等优势特色产业，培育规模经济，完善农业标准化的生产技术，提高农业综合生产效益，提高农业产业的知名度和影响力。

第二，坚持系统化方法，构建合理农业结构。广西农业厅提出了"接二连三"的产业发展思路。即创新发展第一产业农业，拓展思维与第二产业对接促进农产品的加工流通，开发传统农业的多功能连接第三产业，使之成为最有潜力的休闲农业，形成一、二、三产业统筹协调科学推进的发展格局。"接二连三"思路的实践，拓宽了广西"跳出农业抓农业"的工作视野，使广西不断突破传统的束缚，实现了创新递进发展的良好态势。同时，广西农业厅还提出并大力推进了"南北农业大合作"等思路，自2004年首届中国-东盟博览会举办以来多次设办农业展区（馆），把加强农业对外开放合作作为发展智慧农业的重要举措，初步形成了农业大合作大发展的新格局。

第三，坚持优质化原则，确保产品优良品质。随着社会对食品安全的要求越来越高，广西扎实开展"无公害农产品行动计划""农产品质量安全整治活动"，大力推进农业标准化体系、"三品"质量认证体系、农产品检验检测体系和监管队伍体系的建设，农产品的质量安全和监管工作取得了显著的成效。广西农业厅充分利用当地优良的自然条件，即北回归线横穿境内，热带、亚热带气候，大部分地区全年无霜期在340天以上，生物资源丰富，农业发展得天独厚，把做大做强广西蔬菜产业作为转变发展方式、促进钱粮双增的战略举措，力图打造全国最大的特色冬菜生产基地。近些年来，广西的蔬菜总产量以每年5%左右的速度增长，形成了周年生产、品种丰富、均衡应市的新格局。每年北运秋冬菜800万吨左右，约占秋冬蔬菜总产量的70%，为华北、长三角、珠三角和港澳市场提供了充足的货源，成了这些地区品质优良、安全放心的"后菜园"。优质水果工程"点石成金"。广西是全国有名的水果大省。广西以品种改良为前提，以标准化生产为基础，以商品化处理、产业化经营为手段，在产前、产中、产后全程优化果品质量，提高水果业的竞争力和效益，顺利完成了"三实现"的任务。一是实现了产量的大增长。1995年以来，广西用三年时间将水果产量从250万吨增加到了350万吨，后又用五年时间增加到了450万吨，到2011年已达943.8万吨。二是实现了品质的大提升。水果由大路货变成精品货，由地摊水果变成超市精品，由箩筐装改换成纸箱装，由进口品变成出口品。三是实现了产业的大增效。2011年，广西水果的总产值突破200亿元，成为"十二五"广西要重头打造的三个年产值500亿的农业优势产业之一。[1]

---

[1] 谢彩文、陆小平：《广西水果总产量居全国第五 总产值达114.87亿元》，载广西新闻网：http://www.gxnews.com.cn，2008年10月12日访问。

第四,坚持人本化精神,让农民富裕农村美观。智慧农业的根本是在让农业强起来的基础上,让农民富起来,让农村美起来。2011 年,广西区党委、政府出台了实施农户"万元增收工程"的意见,即从 2011 年到 2015 年,通过实施农户"万元增收工程",使全区农村具有完全劳动能力的家庭平均户纯收入增加 1 万元以上,其中 45% 以上的农户增收 2 万元以上;全区农民人均纯收入 7650 元,力争达到 8000 元以上,排在西部省区前列,为 2020 年赶超全国农民人均纯收入平均水平夯实基础。[1]"万元增收工程"明确提出,要以推动农业农村经济发展方式转变为主线,以持续较快增加农民收入为核心,充分挖掘农民在种养、加工、流通、储运、就业、服务等重要生产环节中的增收潜力。重点抓好三大工作:一是以增加农民家庭经营性收入为突破,千方百计地巩固提升特色种养业;二是以提高农民非农收入为突破,千方百计地加快农村劳动力转移就业创业;三是以多方拓宽农民增收渠道为突破,千方百计地发展农村二、三产业。广西农村随处可见,富裕起来的农民多么快乐,富裕起来的农村多么漂亮。休闲观光农业多姿多彩。广西充分发挥资源优势和生态优势,多方拓展农业功能,大力发展休闲农业,让农业示范园成为农业良种良法的展示平台,农民当起农业观光导游,农产品生产基础成为城里人的"自选超市",实现了市民高高兴兴游乐、农民轻轻松松增收的目的。其主要做法是:坚持以农促农,打造精品线路;突出绿色生态,树立旅游形象;创新主题活动,营造热烈氛围。现在,广西农业休闲游已经初步建立起了绿色、生态、健康的旅游形象,各类节庆及主题活动的举办,使农业生态游好戏连台,精彩不断,亮点纷呈。农

---

[1] 中共广西壮族自治区委员会、广西壮族自治区人民政府:《关于实施农户"万元增收工程"的意见》2011 年 7 月 3 日。

家田间设课堂,提升农民素质。智慧农业的发展一定要依靠智慧农民,智慧农民的成长一定要依靠教育和培养。"十一五"以来,广西农业厅创新提出要实施"千万农民大培训"活动,以此作为促进农业产业发展、农民增收、社会主义新农村建设项目的重要手段。通过农业科技入户工程、新型农民科技培训工程、农村劳动力转移培训阳光工程、百万农民党员实用技术大培训、农民科技书屋建设、百万农民科技口袋丛书赠书行动等项目活动,组织工作队员深入农村多形式、多渠道、多层次地开展农民培训活动。通过这些培训活动,培养了大批新型农民,农业先进技术的适用得到了全面的推广;农民科技水平不断提高,促进了智慧农业的发展;农民职业技能显著提升,促进了农村劳动力的有序流动;大批智慧农民的培养,为智慧农业的发展奠定了坚实的基础。

总之,经过广西农业人的艰苦探索和不懈努力,农业这个古老而永恒的产业,被赋予了丰富的智慧内涵,经历传统农业和现代农业阶段,发展到智慧农业的阶段。智慧农业使农村经济获得了快速发展,使农民收入增幅大大提高,使农村面貌发生了翻天覆地的变化。智慧农业的发展为广西新型城镇化建设提供了强有力的产业基础。

### 三、广西发展智慧农业给我们的启示

广西智慧农业是一种新的农业发展模式和发展理念。通过更加智慧的发展思路,更加智慧的技术手段,挖掘农业这个古老产业的内在潜力,提高农业发展产量,提升农产品品质,开创了农业发展的美好前景。智慧农业的发展为新型城镇化建设提供了坚实的产业支撑,高产、高效、优质的智慧农业发展模式是中国新型城镇化有序、健康推进的物质保障,也为新型城

镇化建设注入了新的内涵。

探索智慧农业发展模式，适应新型城镇化道路。传统农业重视生产经验对农业生产的指导，农业种植比较单一，对整个农业产业链的协作重视不足，对地方特色农业潜力的挖掘还不够，投资主体比较单一、规模不大，使得农业生产的规模效应并没有真正得以体现。现代农业虽然重视科学技术的投入，新技术、新设备的广泛应用，使得农产品的规模和效益获得了极大的提高，但是对农产品的质量重视不足，特别是化肥农业的广泛应用，导致农产品的农药残留给人们的身体健康带来了很大的危害。中国新型城镇化的根本目的就是让居民过上健康、舒适、美好的生活，对农业发展提出了更高的要求，它不仅重视农业发展的规模高效，更重视农产品的质量和环保，单靠以往的农业发展模式很难实现，所以要适应时代的发展要求，农业的发展模式和发展理念必须创新，以智慧农业的发展理念来提升农业的发展水平。

智慧农业不仅重视农业的产量和规模，更重视农产品的品质和环保。在提升农业规模和效益方面，积极发展新型工业，提高农业工业化水平，延伸农产品加工业，强化农产品深加工、精加工，延伸产业链条，促进农产品的增值增效。立足县域特色产业，放大特色优势，培植支撑经济发展的支柱产业，促进产业的优化升级。在产品质量控制方面，倡导绿色、环保的无公害产品，通过生态技术来控制农产品种植，降低农产品的病虫害，提升农产品的品质。发展循环农业，通过农业资源的高效往复利用，以此实现节能减排和农业增收的目的，实现农业的可持续发展。

中国的新型城镇化道路与农业产业化紧密相连、不可分割。没有现代农业规模化的经营，没有农业产业化水平的提高，就不可能实现中国新型城镇化道路。同样,离开城镇化的外在推动,实现农业生产方式的变革也不现实。所以,在处理二者的关系时,要坚持将农业产业化作为城镇化的支撑,将城镇化作为农业发展的依托,只有让二者建立合理有序、良性互动的关系,才能实现新型城镇化的健康、协调发展。所以,发展现代新型农业,要结合农业的发展实际,依托当地的农业资源,因地制宜地开放农业产品加工、物流、休闲、餐饮等产业,保障相关产业持续发展的能力。着眼于城镇二、三产业的发展,利用相关产业的发展延长农业的产业链,带动农村经济的发展,促进农民充分就业,增加农民收入,从而加快农业的现代化步伐。除此之外,政府还要重视农业政策的引导、支持,从法律法规方面加强对农产品的质量控制。由于农业本身是投资大、周期长、见效慢的基础产业,农业本身承担自然风险和市场风险的能力比较弱,所以农业的发展必须要有政府的扶持。政府可以从财政、信贷等方面支持农业科学研究,推进农业技术教育和农产品推广,通过科教兴农为农民提供新技术、新品种、新方法。利用政策性倾向、专项资金支持鼓励建立高产优质高效的粮食示范区、特色农业示范区、高科技农业示范区等基地,扩大农业产业的规模化、专业化、标准化种植规模。

智慧农业应当顺应智能化、信息化技术快速发展的趋势,利用更加智慧、聪明的方法,以维护广大居民的身体健康为目的,通过创新农业生态技术最大限度地提高农业生产效率,促进农业的优质高效发展。在中国新型城镇化发展的过程中,智慧农业不仅是中国新型城镇化发展的基础,而且为中国经济社会的长久发展奠定了坚实的基础。

## 第三节　农村特色化——新型城镇化道路发展的必然趋势

新型城镇化离不开农村特色化，是在农村特色化的基础上来实现的。中国的新型城镇化道路不能用城市、工业的办法消灭农业、农村和农民，而应在农村与城镇之间实现协调发展，保存和发掘农村的文化特色，利用其特有的区域条件、经济发展资源，形成差别化协调发展道路。对农村特色的开发利用水平往往影响着新型城镇化发展的成熟程度，也成了新型城镇化未来发展道路的必然趋势。在新型城镇化发展的过程中，能否形成符合自身条件、特色鲜明的城镇经济、城镇文化和城镇精神，将从根本上决定一个城镇在竞争中的比较优势、综合优势、未来命运，[1]而城镇经济的壮大在很大程度上也在于能否充分利用好农村的特色文化、特色资源和特殊优势。所以，中国的新型城镇化道路，要考虑到不同农村地区的自然条件、产业基础、习俗文化等多方面的特点，分析这些因素对城镇化发展的影响和作用，为构建新型城镇化道路打好基础。

### 一、农村特色化的主要思想

中国的新型城镇化首先要依靠农村特色化。特色增强了农村的竞争力和活力，是新型城镇持续发展的动力之源。农村特色化的思想是多方面的，其主要思想应该是有科学规划的，不是杂乱无章的；是特色产业支撑的，不是搞得形象工程；是适度规模的，不是无限扩展的；是具有特色文化内涵的，不是完

---

[1]　陈忠："特色化是我国城镇化的根本方向"，载《农村工作通讯》2009年第21期。

全雷同的。

(一) 特色的发展规划

中国新型城镇化背景下的农村特色化,不是自然形成的特色化,也不是脱离城镇发展支撑的特色化,而是在新型城镇发展的总体布局和规划下的特色化,换言之,农村特色化离不开新型城镇化,农村特色化也是需要规划布局要,需要配合新型城镇发展的总体蓝图和思路。美国城市规划思想家刘易斯·芒福德认为真正的城市规划必须是区域规划。无规划不称其为城市。[1]在《明天的花园城市》一书中,霍华德提出了"有机城市"的概念,即这种城镇对人口、居住密度、城市面积等有限制,一切组织得很好,能执行一个城市社会一切重要的功能如商业、工业、行政管理、教育等,同时也配置了足够数量的公园和私人园地保证居民的健康,使环境变得相当美丽。[2]霍华德对城市规划的贡献在于,把动态平衡和有机平衡引入到城市中来,城市和乡村在范围更大的生物环境中取得平衡,城市内部各种功能获得平衡,尤其是通过限制城市面积、人口数目、居住密度来积极控制发展而取得平衡。霍华德的"有机城市"概念开启了城市规划的先河。但是,霍华德更多的是从城镇统一的标准出发来进行城市设计,对中国的新型城镇化来说,不仅需要掌握城镇规划的一般规律,还要充分考虑城乡之间的协调发展,特别是充分发挥农村特色化,而不是实行一种城乡之间同质化的发展模式,通过缩减城市规模,诱导人们到郊区去,往往会导致城市低密度低蔓延,演变为"车轮上的城镇化",这

---

〔1〕 [美] 刘易斯·芒福德:《城市文化》,宋俊岭等译,中国建筑工业出版社2009年版,第213页。

〔2〕 [美] 刘易斯·芒福德:《城市发展史——起源、演变和前景》,宋俊岭、倪文彦译,中国建筑工业出版社2005年版,第528页。

## 第二章 中国新型城镇化道路与"三农"问题的内在逻辑

是一种发展规划缺失的城镇化,特别是缺少农村规划的城镇化。所以,吴良镛先生认为,城镇规划必须充分发挥地区的社会经济资源优势,追求区域整体的可持续发展,城镇发展规划要考虑到如何保留农村特色,实现城乡之间有差别、有特色的协调发展。

农村的发展离不开科学合理的发展规划,这是由我国的地域特点、文化传统和资源特点决定的。我国幅员辽阔,各地区的经济发展水平、自然环境和历史文化存在差别,城乡发展的自然条件和经济发展水平也有很大的差异,所以,农村规划也必须因地制宜,结合各地的历史传统、文化背景制定符合发展实际的城镇的规划。一般来说,农村的发展程度多少都与一定的地区历史、文化背景、区域特色有密切的联系,农村规划要重视挖掘和利用现有的资源优势,打造特色农村。实现农村发展和个性特色的有机结合,可以通过利用本地的地域生态、历史文化和环境优势,打造农村发展的特色品牌。同时,还要重视挖掘农村发展的历史、区域特色文化、自然遗产,保护好富有个性特色的生态环境和地理风貌,使街道和建筑融合传统的历史、科学、文化价值,让农村建设落下传统文化的烙印,留住区域文化独特的那份记忆。

农村的发展规划要考虑到地区之间的相互协调发展、城乡之间的相互补充、人工环境与自然环境的和谐共生。这是因为农村发展规划不是孤立的,而是要在整个区域经济的发展格局中,寻求自己经济发展的角色定位。所以,农村的发展规划必须坚持科学合理的原则。首先,要实现区域整体的协调发展,必须从区域角度考虑城乡之间的相互关系,从纵向的角度来看,保持交通系统的发展空间及相互之间的衔接,依托城镇的区域交通网络,实现乡村与城镇之间的适当的相互补充。农村特色化的程度在区域经济发展的过程中起到的作用越来越明显，在区域经济联系非常紧密的情况下，要从更广阔的视角来进行城镇发展规划，从而保证区域之间的协调发展。其次，科学合理的农村规划必须坚持城乡一体化的原则。城乡之间的相互合作表现在产业结构的布局上，就是要避免生产布局上的雷同化、重复化。城乡一体化的根本出发点，就是把城镇和乡村看成不可分割的整体，城镇对乡村具有带动和辐射效应，乡村是城镇发展的补充，通过体制变革达到城乡之间的生产要素和人才能够自由顺畅地流动的目的，最终通过地域之间要素的优化组合，实现经济效益、社会效益和生态效益的最大化。实现城乡一体化最为关键的是充分利用现代技术的优势，利用信息网络平台加快向农村地区逐步扩展，加强城乡之间的信息沟通，特别是在人才培训、技术指导、市场信息等方面加强对农村的支持，使农村的劳动力资源优势转变为人力资源优势，最终通过观念更新、技术提高、资源的合理分配实现城乡之间的协调发展。最后，科学合理的农村规划要坚持可持续发展理念。科学合理的农村规划是减少环境污染和加强环境保护的基础性条件。没有科学的农村规划，污染防治、环境保护、生态平衡等都无从谈起，特色农村建设的规划就难以落实。说到底，农村规划的本质就是以人类的理性安排克服市场的失败，也就是说，用有限的资源满足人类无限的需求，面对当前环境污染、生态资源受到破坏的状况，农村规划必须要考虑城乡居民生活区域的合理布局和发展定位。所以，农村规划从本质上来说就是最合理的、最基础的环保工作，我们不仅要追求人与自然的和谐发展，还要追求人与其他生物在特定的环境下的和谐相处。

## （二）特色的产业支撑

特色产业是中国新型城镇化发展的有力支撑，特色产业是

## 第二章 中国新型城镇化道路与"三农"问题的内在逻辑

农村特色化的重要内容。没有特色产业的发展农村就缺少物质支撑,也就不能保障城镇的持续健康发展。所以,新型城镇化道路要充分利用农村地区的资源条件,依靠城镇的技术、人才等方面的优势,以市场为导向,以特色产品为龙头,以骨干企业为依托,形成庞大的生产经营群体,形成具有规模优势,具有较好的产业链,较好的知名度和较好的发展前途。[1]特色产业要以特色资源为基础,离开了特色资源、特色产品,特色产业就成了"无源之水、无本之木"。特色产业的发展必须要立足本地实际,抓住特有资源做足文章,这里的特有资源包括自然资源、人力资源、生态资源、文化资源、历史景观等多方面的资源。由于各地的地理环境和自然资源分布的不平衡,对各地区的经济发展产生了不同的影响,所以在某些地域比较强的自然资源就容易形成区位优势,进而形成以该自然资源为内容的产业优势。特色产业必须以特色产品为前提。特色产品在物质形态上应突出产品的优质、新颖、品牌,并且能够根据市场变化不断更新,最终实现从产品优势转变为品牌优势。在欧美一些国家,城乡之间的界限往往非常模糊,他们把历史的积淀和带有地理标志的优质特色农产品的生产结合在一起形成独具特色的产业。例如,法国的香槟地区所有生产发泡果酒的人都可以共享香槟酒这个品牌,香槟地区的农村也成了古色古香、非常迷人的旅游胜地,优质的农产品加上特色旅游成了经济发展的支柱。另外,特色产品必定是能够满足市场需求的、不可替代的,是特色产业发展的主要载体。特色产业的培育和发展具有极强的关联性,特色产业的发展往往与区域相关的经济、社会、文化、自然等多种要素有着密切的关系,所以,特色产业

---

[1] 路富裕:"把特色产业做大做强",载《探索与求是》2001年第11期。

的发展需要各部门、各机构、各单位之间的合理分工、有效合作,形成独具特色的产业发展格局。

实现农村特色产业持续发展的关键在于不断创新。由于各地自然资源分布不平衡,资源的富裕程度也存在差异。在一些农村地区,资源的利用潜能也是有限的,对资源的挖掘和利用也不是永无止境的。在这种情况下,实现资源的可持续性,不能仅仅依靠传统的思想观念,而是要利用创新思维,注入新的科技、知识等要素,显现新的功能和价值。在技术方面,要深度开发已有资源,发挥和提高传统产业的特色和水平,实现已有资源的优化升级,把地方资源优势转化为经济优势;在物质要素组合方面,要充分利用不同的资源要素,发挥不同资源要素的功能和价值,既要看到显性单质资源要素的价值,也要重视潜在单质资源要素的功效,通过组合资源要素,创造特色产业的组合效应。特色产业的发展要充分挖掘地方的人文资源,如利用科技、文化、知识、经验等去创造特色。依托本地的人文资源,引进原材料,附加上具有传统经验的文化元素,提高产品的附加值。所以,对欠发达的农村地区而言,要对传统文化进行弘扬;对发达的农村地区而言,要通过现代的科技手段,利用发明创造,培植具有核心竞争优势的产业,引导市场消费。选择特色产业不仅要考虑自然资源的优势,还要考虑整个区位优势;不仅要看到影响经济发展的有形的物质资源,还要看到无形中存在的发展机遇,即经济发展过程中隐藏着的潜在价值。利用好这些潜在的资源,创造出特色经济产业,使之成为农村经济发展的新增长点。

(三)特色的乡土文化

城乡之差别不仅仅体现在建筑结构、发展规模上,更体现在他们内在的文化特质上。乡土文化是农村特色化的重要内容,

## 第二章　中国新型城镇化道路与"三农"问题的内在逻辑

也是中国新型城镇化发展的重要组成部分。如果一个地区缺乏独具魅力、个性化的文化精神，这种城镇也只能成为钢筋水泥的"填充物"，缺少持续发展的内在动力，这样的城镇化模式也不能长久维持。新型城镇化发展的内在精神支柱在于农村地区的乡土文化，这是保持城镇持久魅力的关键所在。乡土文化是农村地区发展的软实力，乡土文化与城镇化建设是神与形的关系。良好的城镇形象除了先进的基础设施、完备的功能、优美的环境外，更重要的应该是城镇精彩独特的、内外兼具的文化特质。说到底，现代区域经济发展综合实力的竞争，既是资源、能源、资本、技术的激烈竞争，更是文化"软实力"的竞争，而乡土文化无疑是城镇发展最具有核心竞争力要素之一。加强农村乡土文化建设，最重要的是提升城镇文化品位，树立良好的城镇形象，增强城镇发展的综合实力。

建筑色彩是城镇名片的重要元素之一，它反映了一个地区的历史传统、地理风貌和民族特征，是城镇文化重要的外在表征。建筑色彩与一个地域的文化传统关系密切，不同的地域环境、民族性格对建筑色彩产生了直接的影响。例如，西安的建筑色彩定位在黄土、灰色和赭石色上，具有很强的地域特点。灰色作为一种浓郁厚重的色调，反映了西安作为古城厚重的历史文化底蕴。历史上有13个王朝都在此建都，城市建筑中灰色的比例比较大，因为灰色符合西安古都的颜色，所以，在历史地段以灰色为主。土黄色反映了西北黄土自然地理的风貌，给人以平和、稳重的景观印象。赭石色则反映了建筑风格的古朴典雅、庄重大方，彰显了古城的浓厚神韵，流露出了古朴的历史文化气息。建筑色彩可以反映一个地区的历史背景及文脉，是表征地域文化内涵的重要形式。随着城镇化进程的加快，如何处理建筑色彩与特色文化之间的关系，直接影响到城镇的发展方向。通过建筑色彩来把握城镇的风格,可以明确城镇色彩的感官识别符号,传承城镇的历史文脉,凸显城镇的个性,维护城镇发展的特色文化。

**二、农村特色化的实践模式——以威海崮山农村特色化为例**

崮山镇在农村特色实现城镇特色方面是山东省新型城镇化建设的一个典范。崮山镇通过利用特有的地理区位优势、挖掘地方潜力,打造特色产业,在不到三十年的时间里,开创了新型特色城镇化发展道路,先后被评为国家级示范镇,全国乡镇企业示范区,首批全国环境优美镇,还获得了山东小康乡镇、环境优美镇、文明镇和山东最有投资价值的地方等荣誉称号。[1]崮山镇的新型城镇化模式具有明显的发展特色,实现了经济社会的可持续和谐发展。

特色的农村发展规划是城镇健康发展的先导和前提。崮山在城镇化建设的过程中逐步认识到,以往城镇的自由扩张带来了资源浪费和环境破坏,新型城镇化建设必须考虑到城镇的外部环境和自身的条件,坚持"高起点规划,高标准建设,高效能管理"的城镇规划要求,首先对农村的总体发展进行深入的论证和分析,然后确定农村特色产业的发展格局。从20世纪90年代起,崮山镇就聘请规划专家和学者来实地调研,对城镇环境、资源和区位等方面进行分析论证,确立了城镇近期近7平方公里的规划面积,远程规划面积占地20平方公里,这为崮山镇进行长远的城镇规划提供了依据。根据时代发展的需要,崮山镇又进一步细化措施,制定了近10年的总体规划、环境规划和详细规划,使得整个面积扩展到了10万平方公里。到了2008

---

[1] http://www.manshan.gov.cn/html/msgk/2013/1204/64.html.

年，崮山镇形成了良好的城镇发展格局，纳入了国家级的工业开发区，使得规划面积达到了39平方公里，为下一步的城镇扩展提供了广阔的发展前景。崮山镇顺应时代发展的需要，以特色城镇为基本理念，坚持完善城镇的基本功能，提升城镇的特有品味，构建和谐城镇的发展目标，使得新型城镇化建设得到了稳步快速的发展，为新型城镇化向更高层次的迈进提供了条件。

特色产业是新型城镇经济发展的重要基础，也是发挥本地资源、区位、环境等优势的有效手段。崮山镇地理位置优越，与朝鲜半岛、日本列岛隔海相望，是中国与韩国距离最近的城市，区位优势非常明显，是威海市对日韩产业转移的"桥头堡"。根据本地有利的区位优势和所处的经济发展阶段，崮山镇制定了外向型经济发展战略。20世纪80年代，在全国乡镇企业异军突起的大好形势下，崮山镇提出了"工业立镇、工业兴镇"的发展思路，鼓励全镇进行大规模的招商引资，以优惠的政策吸引了大批的中小企业，这为城镇化的发展奠定了基础。到了20世纪90年代，面对东亚产业结构的转移，崮山镇充分利用这个机遇，主动出击，在一些位置比较好的农村地区成立韩国工业园和日本工业园，把大批的韩资企业、日资企业吸引过来，在威海率先建立了中韩一条街和全国第一个仿真韩国工业园，引进了大批的韩资企业，为崮山镇的经济发展注入了新的活力。亚洲金融危机之后，经过几年的经济结构的升级和调整，崮山镇借助国际资本市场培育、引进了一批高精尖的行业龙头，形成了电子、机械、轻工、通信、医疗等12大行业、1000多个花色品种的规模，这为崮山镇经济的持续发展奠定了良好的基础。2010年全镇共有318家企业，外资企业有108家，其中韩国777金属、韩国基因司电子等5家企业在同行业中排名第一。在

2007年到2010年期间，企业销售收入从52亿增加到87亿，年均增长18.7%。[1]在第一产业的带动下，第三产业得到了快速的发展，产业结构的布局日趋合理，苘山镇完善的工业建设配套服务，鼓励生产的服务性行业，吸引了大量的外来人员，建立起了比较完善的信息流、资金流和商务服务流，从而带动了相关产业的发展。

优美、舒适的居住环境是新型城镇发展的内在要求。城镇化建设不仅要保证居民基本的生活条件，而且还需要保证健康、宜居的生活环境，这是城镇化最终取得成功的关键所在。苘山的镇城镇化建设是以工业起家的，在保持工业快速发展的同时，也非常重视对农村生态环境的保护。通过对生态技术的革新来加强对工业废气、废水和固体废弃物的综合环境治理，使垃圾无害化处理达到了100%。为了提高城镇品位、优化人居环境，苘山镇党委、政府积极实施了"绿化、亮化、净化、美化"工程。投入巨资进行农村环境治理和生态环境保护，使城区成为立体型的景观，为当地居民提供了优美、舒适的生活居住环境。农村环境综合整治也成了苘山镇城镇建设的重要内容，其先后投资3400万元对28个村进行了环境综合整治，基本上消除了城镇的环境污染源的问题，通过周边的"四化"工程，整个城镇的生活环境和发展面貌焕然一新，全镇的环境保护基本上形成了"城在绿中，人在画中"的建设目标。人居环境的品质和质量得到了极大的提升，城镇品位也有了很大的改观。

苘山农村特色化的成功实践，是中国新型城镇化发展的典

---

[1] 国务院发展研究中心宏观经济研究部"中国新农村建设进程中的城镇化发展战略研究"课题组："以改善民生为核心 稳步推进我国城镇化进程—威海工业新区苘山镇民生型城镇化模式的经验与启示"，载中国改革论坛网：http://www.chinareform.org.cn/Economy/Agriculture/Forward/201203/t20120307_136065.htm，2012年3月7日访问。

范。随着社会经济的快速发展，城镇化的步伐也在加快，特色发展越来越成为新型城镇化发展的内在动力。特色城镇建设必须要考虑到特色的农村发展规划、特色的产业支撑、特色的人居环境等因素，因为能否有效利用好这些因素，直接关系到中国新型城镇化建设的成败。

### 三、威海崮山农村特色化给我们的启示

山东威海崮山通过特色农村建设，根据地方资源、环境优势、区位优势、产业基础等因素，在科学规划的指导下，探索出了特色的新型城镇化道路。中国特色城镇化道路与中国新型城镇化道路并非是矛盾的。中国特色城镇化道路必须具有中国特色新型城镇化道路，而中国新型城镇化道路必须具有中国特色。因为过去的传统的城镇化模式，也可能具有中国特色，但并非符合时代潮流，因此，中国的城镇化道路，必须把"走中国特色的城镇化道路"与"走新型城镇化道路"结合起来，走中国特色新型城镇化道路。

科学规划是新型城镇化发展的先导。中国的新型城镇化道路必须进行科学规划，科学的城镇规划也必须是特色规划，这是因为在城镇化的过程中首先要实现农村居民点向城镇居住点转移的过程，只有实现这个转变，才能为农村的剩余劳动力提供舒适、优美的生活和良好的工作环境，这是城镇化的基础性条件。科学规划是城镇建设的先导，只有科学合理的城镇规划才能保证城镇健康发展，促使区域经济协调、健康地发展；盲目的城镇建设只会带来资源的浪费，环境的破坏，最终影响居民的生活质量和生活环境。所以，城镇规划必须要考虑到特殊的地理位置、经济基础、交通环境、资源条件等因素，培养一些重点城镇，争取对区域发展起到带领作用，实现城镇的统一

集中，这样才能建立开放的城镇建设格局，才能从根本上起到带动区域发展的作用。城镇规划要坚持工业与村镇的合理布局，改变过去在农村建设的过程中出现的过分扩张、侵占良田，造成城镇布局松散、功能低下的局面，严格控制宅基地的面积，建设集约型的居住结构，充分利用有效的土地面积，争取发挥最大的利用效益。工业用地的区域规划要充分考虑对周边居民的生活环境的影响，争取建在远离生活区的区域或者在居住用地的下风区域，以此减轻对生活居住区域的污染。只有科学、合理的城镇规划，才能保障城镇建设的顺利进行，为更多的农村剩余劳动力提供更高质量、更加优美的生活环境。

挖掘特色就是增强城镇发展的竞争力。在以往城镇化的过程中都会出现一个普遍现象：城镇规划和建设的趋同化，缺少对现实条件和地理环境的具体分析，相互攀比地建造大楼群、大街道，有的拆了古迹取而代之以仿古建筑，使得城镇面貌千城一面、毫无特色。没有特色的城镇发展模式只能带来资源的浪费和低效，不可能真正利用城镇内在的优势，发挥地方资源的内在潜力。所以，要克服以往城镇雷同化的问题，只有走有特色、有质量、有品位的城镇发展道路。要挖掘在本地的经济发展中有潜力的资源要素，吸收外来城镇发展的有效要素，因地制宜地制定创新规划设计，结合区域发展战略和主体功能区战略，从历史文脉、文化传统、人文环境、城镇特色等方面，提升城镇品位，让城镇成为促进地方经济发展、强化本地文化特色的主体。特色产业要充分考虑到基础条件、资源禀赋和区位优势等一些因素，做到市场和地域传统的有机结合。在产业选择方面，还要考虑到国家政策的引导、市场发展方向等因素，合理组织和引导资源的开发。在此基础上，要积极调动居民的积极性，鼓励其发展特色产业。在政府层面，要积极扶持、正确引导,从政策方面给予支持和鼓励。同时,还要充分发挥行业协会在信息宣传、业务培训、技术指导等方面的作用,真正地让地方特色产业能健康成长。

塑造特色城镇的环境直接影响到城镇居民的生活质量和生活水平,也最终会影响到居民能否获得充分的、全面的发展。可以说,中国的新型城镇化的过程也是人们不断追求文明、进步和美好生活的过程。人们从农村来到城镇,不仅需要充裕的物质生活条件,还需要美好的精神家园,以及良好的生活环境和工作环境,这是新型城镇获得中心地位和吸引力的重要条件。所以,中国的新型特色城镇建设,就是挖掘城镇的文化底蕴,建设特色的城镇精神文明,提高城镇的品位,使城镇居民能够真正地安居乐业。城镇建设要重视营造良好的经济发展环境,提供更加宽松的、透明的、公平的投资环境,让有能力、有激情、有抱负的创业者能够施展自己的才华,激发整个社会的创业激情。保护良好的生态环境,建设青山绿水的生态城镇是城镇化发展的持久动力,环境的破坏、资源的浪费不仅会影响经济社会的发展,而且还违背了中国新型城镇化发展的初衷,所以新型城镇化建设要坚持"慎砍树、少拆房、给居民留点乡愁"[1],这是中国新型城镇化道路的重要理念。居住环境改善的最终着眼点还在于居民的生活需要,居民的生活质量的高低不在于是否住在高楼大厦、红墙绿瓦中,而在于能否从所在的生活空间中获得应有的满足。所以,城镇化就是让高品位的文化环境和高质量的生活环境成了新居民的家园,让城镇成了他们的安居乐业之地。

---

〔1〕 新华网:http://news.xinhuanet.com/politics/2013-12/14/c_118558975.htm,2013年12月14日访问。

# 第三章
# 中国新型城镇化道路面临的现实困境、制约因素与主要任务

经过几十年的快速发展,中国新型城镇化的发展水平和发展速度有了极大提升。新型城镇化已成为推动经济社会发展的强大动力。但是,由于中国国情与西方发达国家不同,并没有可以套用的发展模式,只能根据中国社会的现实特点,在实践中开创中国新型城镇化发展道路。

## 第一节 中国新型城镇化发展道路的现实困境

中国的新型城镇化建设经过几十年的发展取得了很大的成就,但是也出现了一系列的问题。这些问题主要表现为:城镇化的主体及发展定位不合理、城镇化发展内容与形式不对称、城镇经济发展与社会管理脱节、城镇文明一体化需要一个过程。

### 一、从主导地位上看,城镇化发展的定位不合理

城镇化的主体地位不同,在城镇化的过程中扮演的角色也有差异,对城镇化的发展模式、发展质量和运行效率往往会产生不同的影响。由政府主导的城镇化,以强势推动实现了工业化、城镇化的快速发展,实现了其他国家不可能在三十年的时间内完成的经济增长和社会发展,但是单纯依靠政府主导的"自上而下"的模式,往往会出现生产成本消耗大、资源效率利

用低、环境破坏重、城乡差距大、社会矛盾突出和土地粗放利用等问题，带来经济增长和社会发展不协调的问题，这也为全面深化改革和社会持续发展留下了很多潜在的"隐患"。由市场主导的城镇化，鼓励社会力量参与到公共投资领域中，通过市场化运作，吸纳了社会闲置资本，提高了社会资金的利用率，降低了城镇化的社会门槛，有利于造福整个社会。

在过去相当长的一段时间里，中国城镇化的主体定位不是很合理，主要体现为过多重视政府的主导作用，忽视市场和第三部门在城镇化中的作用。政府"自上而下"的城镇化发展模式往往通过行政性的命令，在规模和速度上加大推进城镇化建设的力度。在运行机制上，政府利用行政机制代替市场机制，分配和处置城镇化的各种资源。以政府为主导的资源配置机制，使得民间资本和国外资本参与城镇基础建设和公共投入的门槛过高，导致市场化投资、融资的深度和广度明显不足，市场资源配置的效率和功能得不到有效的发挥。在城镇化行为的投资结构中，在以GDP为主要政绩观的指引下，政府主导地位的凸显，往往会挫伤企业和城乡居民参与城镇化建设的积极性。这样带来的结果是：政府往往过多地重视外在形式的建设，而忽视了城镇化发展的内容，致使城镇化发展主体的功能错位，城镇化建设蕴含着潜在的风险。"过热"的基础设施投资，让政府背上了沉重的债务包袱，过多的"形象工程""面子工程"等花架子项目，膨胀了地方的经济泡沫，给城镇经济社会的发展带来了巨大的风险；行政命令式的资源配置方式，虽然加快了资源配置的速度，但是忽略了市场这个有效的资源配置方式，降低了资源的使用效率，打击了企业参与市场的积极性和主动性，不利于产业的可持续发展；政府主导下的城镇化，虽然带来了城镇化规模和速度的提升，但是城镇化发展的质量并没有得到真正的提高。缺少严格监督和约束的资源配置方式，不仅带来了大量资本严重浪费的问题，而且还由于地方行政权力缺少监管带来了政府官员腐败的问题。地方政府主导下的城镇化过程，只是从地方或者部门的最大利益出发，忽视了区际之间的协调性，对城镇在整个城镇体系中的定位不清楚，重复性和雷同性的城镇模式更为普遍，难以形成有效的合作关系，影响了区域城镇体系综合效益的发挥。

对城镇化的主体定位不合理导致了农村、农民和农业三者的脱节。由政府主导的城镇化发展模式往往把政府看作是城镇建设的政策制定者和具体执行者，在城镇化的过程中，政府以强有力的手段和方式加快了城镇建设的速度，扩大了城镇建设的规模。同时也要看到，以政绩工程为目标的"土地城镇化"忽视了农村的整体协调发展。出于地方利益的考虑，政府在推进城镇化建设的过程中，缺乏对城镇的科学规划和长远目标，形式主义、攀比现象比较严重。他们把过多的资源、政策放在城镇建设上，农村往往被边缘化，这样就会呈现出"城市像欧洲，农村像非洲"的尴尬境地。在以 GDP 主义为地方政府主要的考核标杆的影响下，基础设施建设往往向高目标、高层次看齐，城镇进行大规模建设占用过多的土地资源，加剧了农村耕地的流失，影响到了农业产业在整个社会中的基础性地位。城镇规模的扩大带来了对城镇建设面积的刚性需求，尽管近年来的土地整理与开发，耕地占补平衡任务难以完成，耕地面积直逼 18 亿亩红线，而耕地又是农业发展最重要的因素。[1]政府强力推进的城镇化，很难从制度上来保证耕地面积的总体平衡和农业的持续健康发展，因为在现有的法理和制度框架下，对农

---

〔1〕 杜宇能：《工业化城镇化农业现代化进程中国家粮食安全问题》，中国科技大学 2013 年博士学位论文，第 51 页。

第三章 中国新型城镇化道路面临的现实困境、制约因素与主要任务

村征地的补偿远远低于土地本身的价值,这不可避免地造成了城镇面积的无序成本扩展,造成了土地使用的浪费,又使得拆迁地的农民失去了长期依靠的家园。随着城镇化的强力推进,带来的社会矛盾越来越明显,最典型的就是那些需要大规模征地拆迁的农村地区,在双方没有达成一致意见的情况下强制性地采取措施,这不可避免地引起了农民的抵触情绪,有时候激化的矛盾会引发群体抗争事件。[1]所以,政府主导的城镇化的运行机制往往是地方政府利用特有的话语优势和权力地位,在缺少独立的"第三方"的沟通协调和矛盾调解的情况下,在农村土地拆迁、政策补偿、人员安置等问题上与农民进行激烈的博弈,由于话语权和地位的不对等,作为力量弱小的被拆地农民,最终往往不能获得应有的利益。

## 二、从内容与形式看,城镇化发展方式的粗放式

城镇化的发展方式分为集约式的发展和粗放式的发展,这两种不同的城镇化发展方式是由城镇化的内容与形式之间的关系决定的。粗放式的城镇化过分重视规模、外观、速度等外延的扩张,而忽视城镇化发展的质量、内涵、效益等的提升,所以往往会带来"空城""鬼城"等现象。

当前社会上有一些片面的认识,认为新型城镇化就是简单地扩张城市规模、使农村人口转变为城镇人口,增加城镇人口的比重。当然,人口增加和城镇规模的扩大是城镇化的重要内容,但是人口增加和城镇规模的扩大只是城镇化发展的一部分,并非城镇化的全部。从整个社会化发展的过程来看,城镇化进程不能仅仅强调城镇人口数量的增加、城镇空间的扩张,更要

---

[1] 李强:"主动城镇化与被动城镇化",载《西北师大学报》2013年第6期。

重视整个社会经济活动方式的根本变化,突出从农业社会到工业社会、信息社会的转变过程。在生产方式上,由单一性的乡村生活向多样性和复杂性的城市生活转变,这里面也包含着随之而来的生产活动方式、思维方式和价值观念的转变等。但是,长期以来,由于传统城镇化发展理念的偏颇,使得在实践中产生了一定的误区。许多地方政府把城镇化建设视为扩大城市基础投资,注重城镇化规模的扩张,强调对城镇设施的改造,从而导致基础设施的规模越来越大、标准越来越高、覆盖面越来越广,城镇化出现了以假、大、空等为特点的泡沫式发展模式,严重超出了城镇经济的支撑能力,从而使城镇化的发展速度与城镇经济的发展质量严重脱节。其中土地城镇化与人口城镇化的严重失衡是城镇化的内容和实现形式的不对称的重要表现。如表 3-1 所示:

表 3-1　我国土地城镇化与人的城镇化的比较

| 内容 | 2000 年 | 2009 年 | 2009 年比 2000 年增长百分比 |
|---|---|---|---|
| 城市建成区面积（平方公里） | 22 493.0 | 38 107.3 | 69.8% |
| 城镇人口（万人） | 45 906 | 62 186 | 35.5% |

数据来源:《中国统计年鉴》,中国统计出版社 2011 年版。

城市的建成区面是指在城市行政区所辖范围内经过征用的土地和实际建设的非农业建设用地,是衡量城镇化建设的重要指标。从 2000 年到 2009 年的数据变化中,可以看出我国人口的城镇化远远低于土地的城镇化。土地城镇化与人口城镇化的失衡会带来城镇的基础设施建设过度膨胀的问题,而缺少相应人口支撑的城镇发展,很难形成强大的规模效应和带动效应,进城人口往往缺少相应的产业支撑和公共服务,最终会影响城镇

## 第三章 中国新型城镇化道路面临的现实困境、制约因素与主要任务

市民身份的真正转变。

城镇化的内容和表现形式的不对称不仅体现在城市建成区面积与城镇人口的变化上,而且还体现在进城人口规模与所享有的公共服务和待遇的不平衡上。农村的劳动力转移到城镇后,农民的生活质量和生活待遇并没有得到相应的提高,相反出现了物的城镇化与人的城镇化的尖锐矛盾,这种矛盾出现的直接原因在于城乡二元结构并没有从根本上被打破,由此衍生出影响深远的制度性障碍。传统的户籍制度限制了农村人口向城镇的自由流动,造成了城乡居民在社会保障、教育、医疗等方面的差别,使农民长期"徘徊"在城市的门槛之外。大多数进城的农民在职业、教育、医疗等方面处于劣势,很少能有机会真正融入现代的城镇文明中,更谈不上能有机会参与到城镇社会公共事务的管理中了。因此,他们的合法权益往往得不到应有的维护,在就业方面,由于城乡劳动力市场不完善,农民和市民的身份和地位不平等,导致农民在就业方面受到种种歧视,往往会出现同工不同酬的状况,农民工的正当权益并没有得到应有的保护。在教育方面,由于城乡教育在师资、设施和资金等资源方面存在不平衡,广大农民的子女在城镇不能享受与市民子女同等的待遇。这样就不可避免地带来了农民工与企业主之间关系紧张,进城农民与城镇市民关系不融洽的问题。在这种背景下,中国的城镇化要想取得实质性进展也变得更加艰难。所以说,城乡分割的制度性障碍,阻碍了农民市民化的身份转变,也影响了中国城镇化的进程。

新型城镇化不仅仅是城镇外在形式的改观,如城市建设规模的扩大,基础公共设施的增加,城镇整体面貌的变化,更重要的是城镇内容的改变,即人们的思想观念、生活方式、生产方式和社会待遇等方面得到真正的提升。

### 三、从体制与效能看，城镇社会管理水平的滞后

中国的新型城镇化是体制不断变革，社会效能不断提升的过程，社会管理的方式必须根据经济发展的需要进行必要的革新，特别是在经济转型的过程中，城镇居民的生活习惯和思想观念都会发生急剧的改变，社会管理也要从过去单纯的管理向服务方向转变。然而，当前的社会管理制度更多地受到"不出事"逻辑的影响，城镇社会管理制度建设存在内容性和功能性的缺失，往往停留在对社会管控的基础上，以追求经济效益为主要目的，忽视了以人为本的社会理念和健全的顶层制度设计，缺少从根本上对改善社会民生福利的关注，缺少人民群众利益表达的适当渠道，这是城镇社会管理水平滞后的根本所在。

社会的管理水平已经不再适应城镇社会发展的需要，主要表现为城镇管理体制与城镇经济发展的脱节。城镇管理一般是指与城镇规划、城镇运行相关的城镇基础设施、公共服务设施和社会公共事务的管理。当前的社会管理不能适应中国城镇化发展的要求，主要表现为以下几个方面：在价值理念上，把人作为客体对象，维稳成为单一的目标，忽视了对民生的改善和人的利益表达机制，社会管理的价值目标更多地注重对社会秩序的管控，忽视以人作为根本出发点和最终目标的发展理念。上管理方式上，传统的城镇社会管理实行以党委和政府为单一主体的治理模式，具有明显的行政主导特征，忽视社会管理对经济、法律方法的运用，用行政管理的统一性代替具体政策的特殊性。各城镇行政主体所管辖的土地面积、人口数量和行政村等方面存在极大的不平衡，然而，城镇行政管理体制的构筑却有相似之处，所以，以行政级别界定城镇职能和管理权限，忽视了各地城镇发展变化的特殊性，在城镇环境保护、经济管

第三章　中国新型城镇化道路面临的现实困境、制约因素与主要任务

理、社会服务、行政管理等方面受到了种种局限，这样就带来了两方面的后果：一方面，城镇的行政建制与规模适应性的降低，影响了城镇功能的发挥；另一方面，较小的城镇行政管理体制普遍缺少社会经济发展的基础，农民进入城镇的门槛提高。在管理对象上，缺少对社会弱势群体应有的关注。随着城镇经济的发展，城镇各方利益主体呈现出多元化的特征，利益诉求也呈现多样化，但是城镇的发展过多地重视经济发展规模、追求经济发展速度，无法顾及所有的利益诉求，弱势群体的利益往往在城镇管理中被忽视，尤其是那些流动人口的权益难以得到保障。例如，在城镇工作的小商贩，为了能够在城镇生活下去，辗转于城镇街道和城区之中，但是他们却享受不到户籍人口的公共服务，为争取更有利的发展机会往往会采取不合规的做法，使得非法经营、假冒伪劣等现象时有发生，进而使城市管理问题变得更为复杂和艰巨。当然，这个问题的出现在于长期以来的制度性障碍。在现有的公共财政体系的状况下，户籍制度和社会身份的差异致使部分社会城镇人口游离于城市的社会保障之外，出现"半城市化"现象，使得经济发展与社会发展严重失衡，城镇的公共服务能力受到严峻挑战。城镇的人口虽然增加了，但是相应的教育、医疗、社会保障等公共服务相对薄弱，进入城镇的大量的农民工并没有享受到同等的待遇。2011年，有1.59亿在城市工作半年以上的农民工及其家属，他们虽然已经成了产业工人的主体，却不能完全融入城市生活，处于"半市民化"的状态。[1]这种半城镇化带来的直接后果就是，广大的农村剩余劳动力很难真正地"市民化"，长期徘徊在城镇的边缘，也很难形成真正的消费市场，造成了城镇资源的

---

[1]　徐宪平："面向未来的中国城镇化道路"，载《求是》2012年第5期。

严重浪费，最终阻碍了我国经济发展方式的转变，影响了中国城镇化的可持续发展。[1]

城市社会管理体制的滞后制约了城镇管理职能的发挥，在综合执法的过程中，由于利益博弈、人员沟通协调、责任追究等方面的原因，各职能部门往往从自身利益出发，把"难啃的硬骨头"扔给城管，把对自己有利的职权握在手中，在执法实践中，往往会出现重复管理、交叉管理等方面的问题。社会转型时期经济发展与城镇管理滞后的矛盾带来了城镇管理方法与城镇管理对象之间的矛盾，如何树立公共管理理念，改善政府与市民之间的良好关系，提高城镇的管理能力和管理智慧，成了新型城镇化发展不可回避的问题。

### 四、从价值取向来看，城乡文明一体化需要过程

新型城镇化是人口由乡村向城镇集聚的过程，也是生产方式、生活方式和价值观念融合的过程。城镇化带动了资本、技术和劳动力在不同地区之间的流动，推动了各地之间的文化、艺术、价值观等方面的沟通和交流。不同文化和价值观念的碰撞和交流，会带来先进文明思想和价值观念的扩散和渗透。随着城乡沟通交流的加深，城镇文明成了一种不同于乡村文明的文明形态，从总体上来看，城镇文明更富有吸引力和凝聚力，最终其在城乡之间实现高度的融合。这是生产方式、生活方式和价值观念的深度融合，既有对每一个地区的传统文化、价值观、生活方式的冲击，也有对其现有的思想观念和价值倾向的批判和继承。

但是当前城镇文明在广大农村的传播和普及受到了传统习

---

[1] 刘鸿渊、陈怡男："论中国城镇化困境与发展新思维"，载《求实》2012年第5期。

## 第三章 中国新型城镇化道路面临的现实困境、制约因素与主要任务

惯的影响和制约。在现实社会中，对城镇文明的认同仍然受到风俗习惯、知识水平、居民素质等方面制约，对城镇文明的认同仍然需要一个过程。城镇化的发展经验和发展规律表明，城镇化促使了经济的快速发展，促进了社会生产方式的变革，广大城镇居民的思想观念和道德观念随之更新，乡村社会长期以来的封闭、保守、落后的传统观念受到了很大的冲击，这样就不可避免地促使新的价值选择、就业观念和消费观念逐步形成。以开放、民主、竞争和自由为特征的现代意识，成为时代经济社会发展的要求。但是由于中国传统文化的影响，对刚从农村进入城镇的居民来说，长期积淀传承的"血缘关系""地缘关系"仍然是影响居民生产和生活的制约性因素，小农意识仍然是居民的思想观念和价值取向，因循守旧、安土重迁仍然是农民思想观念现代化的心理障碍。在城镇搬迁的过程中，有的农民离开了土地和农业基本的生产活动，进入城镇，成为从事现代产业的工人，他们从事的工作、生活地缘和依附户籍等都发生了改变。但是，进城农民仍然保存着进城之前的道德观念、思维方式和价值选择，这些观念都已深深地根植于城镇居民的灵魂深处，一旦形成，在短期内就很难改变。所以，这些人们在思想观念、生活方式等方面并没有随着城镇化的发展而自发改变，一部分人还存在散漫、自私、安于现状落后意识，甚至有的还存在"宿命论"，一遇到苦难和不满，便都认为是命运的安排，缺少现代的竞争和法治意识，这种观念和思想的存在，对于实现广大农民思想的城镇化造成了很大的障碍。

城乡二元结构也制约了农民城镇文明素质的提高。由于受历史因素的影响，我国的城乡差距过于悬殊。城乡二元经济体制在一定程度上促进了城市的快速发展，但是却束缚了农民自身能力的发展和文明素质的提高。这种体制把几亿农民束缚和限

制在农村,影响了农民从乡村保守思想向现代开放观念的改变。这种地域限制致使广大农民安于现状、倾向保守的传统观念影响了农村经济社会的进步。总之,城镇化的发展离不开农民素质的提升,随着农民素质的提高,城镇化也会得到进一步的健康发展。如果农民的文明素质提升不上去,中国的新型城镇化建设就会成为一句空话。

城镇文明的传播也会受到乡村文明的影响。中国的乡村文明相对于城镇文明而言,长期形成的地域文化特色和内在神韵深深地蕴藏在农村社会中,那些优秀的农村文化成果构成了鲜明的乡村文明,并且在广大农村地区仍然具有广泛、深入的影响。城市是文明的中心,但是永远不是中国文明的全部,更不能说,中国文明全部精华都在城市。不同文明形态产生了各具特色的社会功能,用一个普遍的标准往往会抹杀或割裂文明本身所具有多元特性的完整内涵。从中国传统文化来看,中国乡土文明是城市文明的"休憩地",是区别于西方城市文明的另一种形态,农村相对城市来讲,具有更稳定的文明氛围,它为城市文明吸收和选择外来文化提供了参照物。所以,改革开放以来,城乡之间的交流不断加快,城乡文明交流也逐渐增多,但是城市居民也认识到乡村所具有的优势,感觉到"农民身上的好东西","下里巴人"在很多方面不逊色于"阳春白雪"。乡村的相对优势也增加了众多的吸引力。所以说,新型城镇化的发展不是城市文明战胜乡村文明,而是实现对乡村社会封闭、保守等落后观念进行改造,实现中国文明模式的新探寻,这才是中国新型城镇文明的可行之路。但是实现城乡文明一体化的道路仍然是一个漫长的过程。

第三章 中国新型城镇化道路面临的现实困境、制约因素与主要任务

## 第二节 中国新型城镇化道路的制约因素

中国新型城镇化发展道路涉及经济、政治、社会、文化、生态等多方面的发展过程。影响中国新型城镇化道路的因素也是多方面的,总的概括起来,可以归纳为五个方面:产业方面、法治方面、文化方面、社会方面和制度方面。尽管不同的方面对城镇化建设起到的作用不一样,但是这些因素相互作用、相互促进,共同推动了中国新型城镇化的健康发展。

### 一、产业发展是中国新型城镇化的根本动力

产业是驱动中国新型城镇化发展的原动力,没有相应的产业支撑,城镇化就会变成空壳的城镇化。第一、第二和第三产业之间的发展水平和产业结构的调整影响了中国新型城镇化的进程,产业发展的空间布局成了中国新型城镇化发展布局的主要依据。

产业发展水平和产业结构变化与城镇发展阶段有密切的关系。在城镇化发展的初期,在计划经济体制下,国有计划工业成为城镇化的主要动力,第二、第三产业吸纳劳动数量增加,但是资本、技术的匮乏阻碍了城镇化的进程。所以,城镇化发展速度比较慢,城镇化更多地体现在外延的扩展。到了城镇化发展阶段,商品经济超越并代替了计划经济,工业化成了城镇化的重要动力,第三产业的推动力开始显露,资本、技术等方面的资源约束有所缓解。城镇化进入了快速发展时期,城镇化从外延的扩展转为内涵的提升。到了城镇化的成熟阶段,随着市场经济体制的确立,第三产业成了城镇化发展的持续动力,完善的资源配置方式和市场机制有效地促进城镇化的健康发展。这时候城,镇化发展趋于平缓,城镇化表现为"质"的扩张。城镇化

发展的阶段特征是与产业的发展水平和产业结构密切联系的。第二、三产业的快速发展在加快了城镇化的同时，也带来了粗放式的增长，带来了资源的浪费和环境的破坏，只有到了以信息产业为主要特征的第三产业，人民才会真正重视城镇化内涵式的发展。

经济的快速发展必然带来产业结构和地位的相应变化，对城镇化的影响也有很大的差别。主要表现在，随着经济的发展，第一产业在国民经济中的比重不断降低，第二和第三产业在整个国民经济中的比重将会提高。工业化是城镇化的内生动力，农业是城镇化的外在条件和制约因素。随着城镇化的不断发展，第三产业将成为推动城镇化的主要力量，信息产业则将成为中国新型城镇化发展的强劲动力。进入21世纪后，知识经济的发展，特别是信息产业在内的第三产业对城镇化的推动作用日益明显。信息产业可以有效地扩大城镇发展规模，提升城镇的质量，从而成为城镇化发展的新动力。

随着城镇化的深入发展，产业结构的变化又促使了城镇功能发生变化，表现为工业化对城镇化的拉动效应相对减弱，第三产业比重不断增加，第三产业成为城镇化发展的主要动力。从企业的角度来看，产业规模扩大需要城镇化提供更多的配套设施，以带动社会服务行业的发展，特别是在人才培训、信息沟通、物流运输等行业的发展方面，为企业良性运行提供良好的外部条件。从城乡居民的消费需求方面，随着经济发展水平的提高，人们的消费需求、消费结构，以及对城镇生活的需求也发生了巨大的改变即从满足基本生存方面的需要转变到发展方面的需要，再到享受方面的需要。消费需求的变化促使人们要求在城镇生活中能够拥有更加丰富多彩的生活消费服务，同时对住房购物、文化教育、体育娱乐、休闲度假等需要也相应地增加，进而促进了相关第三次产业的发展，这些需求又创造了更多的城镇就业机会。从城镇文明程度来看，第三产业发展强化了现代城镇的科教中心、文化中心、政治中心地位，提高了现代城镇的文明程度。

## 二、法治环境是中国新型城镇化的政治保障

法治环境是中国新型城镇化发展的重要政治保障，安全健康的社会环境、公平正义的制度规范是中国新型城镇化发展不可或缺的外在条件。加强法治建设是中国新型城镇化发展的根本原则，是影响新型城镇化发展的重要因素。法治建设的程度会直接关系到经济社会发展的总体环境，影响到新型城镇居民的切身利益。

法治建设是新型城镇化发展的必然要求。在新型城镇化建设过程中，随着社会规模化程度的提高，规模聚集的效应逐步凸显，但同时也出现了严重犯罪问题。马克斯·韦伯认为，城镇化产生了自我为中心、自我追求和追求物质态度的危险——城市之间不断移动的人口必然会受到这些道德败坏的影响，没有人能够用冷静眼光看待这些——城镇越大，道德的凝聚力越弱。莫顿也看到了城镇不同于农村的地方，认为城市人口在生理上和心理上都没有乡村人口精力充沛、能干，城市是人种堕落的地方，城市生活是堕落的根源。所以，针对城镇化过程中出现的非道德行为和失序现象，不能仅仅依赖道德规范来自律，必须用法治的规则加以约束和规范，使得人的日常生活行为和生产活动都能够在外部强有力的监督和审视下进行，避免因脱离法治铁笼而肆意妄为。对中国新型城镇化而言，在农村人口转移到城镇的过程中，各种犯罪现象和犯罪活动出现了新的特点。流动人口犯罪问题日益突出，财产型的经济犯罪越来越明显。这是由于在社会急剧转型过程中，来自不同地域、不同职

业的流动人口社会成分复杂、素质参差不齐,聚集在一定城镇区域从事经济活动,有可能成为犯罪者,也有可能成为受害者。新型城镇化与工业化、信息化和现代化交织进行,信息技术的广泛普及,不仅推进了经济社会快速发展,而且也为违法犯罪分子提供了新的作案手法,特别是信息网络、手机等新的科技手段被越来越广泛地应用。所以,保障城镇化的顺利推进,维护城镇社会的良好秩序,必须加快社会法治建设,用法治理念来教育广大城镇居民,使得社会关系更加理性、更有效率,不能仅仅依赖于传统道德伦理的约束,而是逐步实现从礼俗社会到法理社会的转变。应当用法治规范来约束人们的行为,真正做到依法办事,执法必严,违法必究,使其真正感受到法律的威严,从内心深处保持对法律的敬畏。

中国新型城镇化居民权利离不开现代法治的规范保障。新型城镇化带来了社会生活的巨大变化,工业化和信息化的同步推进,缩短了人们之间的空间距离和心理距离,人际交流变得更为便捷,相互交往更为直接。但是,城镇化过程中居民权利和地位并没有得到应有的尊重,居民时独立人格和平等权利缺少实质性的提升,常常被淹没在"权力话语"的背景中。农民作为新型城镇化过程中一个重要的群体,平等对待每一个农民的权利和人格,肯定农民在新型城镇化过程中的应有地位和作用,是顺利推进新型城镇化的必要条件。但是,农民权利和人格的最终维护和切实保障离不开法治意识和法治规范。权利的平等性理念对国家而言意味着一项宪法义务。德沃金说过,"政府必须关心它统治下的人民……政府必须不仅仅关心和尊重人民,而且必须平等地关心和尊重人民"。[1]在城镇化过程中,政

---

〔1〕 〔美〕罗纳德·德沃金:《认真对待权利》,信春鹰、吴玉章译,中国大百科全书出版社1993年版,第357页。

府应适当弱化经济利益的考量，更多地从宪法义务的高度来消除违背宪法精神的制度性壁垒，为保障农民平等权在各领域的完全实现创造条件。农民权利的正当实施在于维护现代社会对公民个体尊严、自我价值、主体存在性的人文关怀，通过制度性措施，消除城乡二元结构，建立与城市居民平等的基本权利体系，尊重农民的主体性权利与人格，并在整个社会范围内予以尊重。农民在新型城镇化过程中的权利和地位问题，一直是公共政策和公共治理的重要话题，其重要缘由在于缺少应有的利益表达渠道。由于农民本身具有的局限性，作为直接利益主体很难获得应有的话语权和参与权，所以他们在公共讨论平台上一直处于集体失语的状态，很难在主流叙事话语中得到应有的表达。

## 三、人文精神是中国新型城镇化的思想向导

人文精神是中国新型城镇化发展的灵魂，可以影响一个城市的文明特质和发展风格，也是构成中国新型城镇文明的重要组成部分。城市人文精神强调重视人、尊重人、关心人，具有超越工具理性、物欲主义的价值追求。在西方后现代城市的发展过程中，由于科学技术进步带来的社会病态和人的异化现象十分严重，使得整个世界被机器的无形意义统治，市场经济又使功利主义、物质主义、消费主义恶性膨胀，使得现代人道德衰退、灵魂空虚、精神沦丧。在这种情况下，城市发展亟须以人文精神为核心的城市精神作为指导，构建起人们生活发展的城市精神家园。城市精神是一种独特的社会气质存在。马克斯·韦伯说过，任何一项事业都需要一种无形的社会气质作为时代精神来支撑，如果没有这种支撑，这项事业是不会取得成功的。城市精神是影响城市产生和持久发展的决定性因素，它不仅影响了城市市民的外在形象和风貌，而且还影响了一个城市文明

是否具有持久的吸引力和凝聚力。

　　城市精神作为城市发展的特有气质,是城市发展的灵魂,尽管受到不同历史传统和文明命脉影响会具有不同的特征,但是城市精神具有一般的特征,主要体现在神圣、创新、诚信、包容的思想理念上。从历史到现实,从国外到国内,很多城市专家都对城市精神进行过归纳概括,从不同角度概括出了城市的一些特征。美国著名城市理论家刘易斯芒福德认为,城市定义不仅仅表现在物质形式方面,更主要体现在它的文化传播和延续的功能,这主要强调了城镇的文化功能,彰显了城镇本身作为一种文明形态传递延续的特征。法国城市地理学家菲利普·潘什梅尔认为,城市表现为一个景观,一片经济空间,一种人口密度,也是一个生产和生活中心,城市能塑造一种特有的气氛,形成共有的精神家园。他把城镇融入了地理特征,认为城镇是人口增长、自然特征和居民生活的结合,是外在空间形态和内在神韵的统一。科特金把城市的特征高度概括为:神圣、安全、繁忙。神圣,尽管是属于宗教层面的概念,但仍可从广义上理解为道德的操守和市民属性的归属感和认同感,也可以作为城市赖以维系的精神支柱。安全,归结于政治层面。城镇从产生之日就具有保障安全、谋求生存的职能,到后来行政管理职能的变迁都是一种城镇安全的特有表现。繁忙,属于经济层面的概念。经济发展是城镇能够得以维持和发展的前提,而繁忙正是经济正常运行的一种表现形式和基本特征。与其说神圣、安全、繁忙是城市的重要特征,还不如说这是城市发展本质的表现形式。

　　创新是城市本身具有的内在性格。城市是一个充满竞争和合作的"共同体",往往是在社会分工出现以后,特别是脑力劳动和体力劳动的分工,使得专门从事思想文化创造成为可能。

## 第三章 中国新型城镇化道路面临的现实困境、制约因素与主要任务

城市也就成了各地思想家和精神作品创造者的聚集地,不同思想和观念在这里进行激烈的碰撞,产生出了人类智慧的火花。所以,雅克·埃吕尔把城市作为释放和表达人类创造性和欲望的地方,创造了一个城市,用自己的这座城市来代替上帝的伊甸园。[1]所以说,城市作为人类智慧不断积累、不断创造的产物,基本上代表了时代文明的成果,反映了人类能够认识自然和改造自然的能力。马克斯·韦伯在《经济通史》中对城市所具有的创造性作出了很高的评价,城市不仅创造了西方独特的政治形式,而且还创造了独特的艺术史、影响深远的科技史、思想深刻的文化史。他得出结论:人类这些辉煌成就的取得,如果没有城市激发出人类的创造力,就不会有城市的持续繁荣和旺盛的生命力。

敬畏作为宗教层面城市的品格,实质上蕴含着人类本身所做和所不做的边界问题,也是城市居民自身行为的道德法则。德国当代哲学家海德格尔认为,我们生活的世界是一种值得尊重和敬畏的东西,这种敬畏的东西是"世界本身"。生活在城市之中的人中,也需要从城市本身中去寻求这种敬畏,只有存在这种敬畏,才能确定我们在城市社会中的适当态度和合理定位,才能真正寻求城市生活中的意义。中国古代思想家孔子也说过:"君子有三畏,畏天命,畏大人,畏圣人之言。"这是在强调,我们需要有一种对社会和自然的敬畏。但是,其根本出发点都

---

[1] 雅克·埃吕尔(Jacques Ellul,1921~1994年),法国著名学者,当代最有影响的技术哲学家之一。主要著作包括《技术社会》(1954年)、《技术秩序》(1963年)、《宣传》(1965年)、《政治的幻觉》(1967年)、《技术系统》(1977年)等著作在学术界都产生了很大的反响。伊德(Don Ihde)把埃吕尔学派与马克思学派、杜威学派、海德格尔学派并称为四大技术哲学学派。(本书参考[法]雅克·埃吕尔:《城市的意义》,丹尼斯·帕迪译,威廉斯厄德曼斯出版社1970年版,第5页。)

是在强调,人类对自然和社会应保持一种敬畏意识,对自身的行为规范加以约束。

诚信是维系城市的道德秩序。诚信是秩序之本,没有诚信,城镇的发展就变得无序和高成本。一个社会结构、秩序、行为规范应该是真实的,这样才能使社会保持稳定。同样,一个人的行为必须与自己的本性相符合,才能保持相对的稳定,才能建立正常的社会关系,才能保证社会生活的有序进行。城市的发展更需要宽容,没有包容的城市精神,城市就不会有广阔的发展前途,新型城镇的人文目标就是培养对城镇深厚的情感,在城镇居民中建立诚信意识,使诚信成为人格追求的境界和目标。

### 四、社会管理是中国新型城镇化的调节手段

有效的社会管理是协调城镇社会矛盾的"稳定器",是加快城镇社会发展的"推进器"。城镇管理具有丰富的内容。从城镇社会服务内容看,新型城镇化发展不仅要考虑进城人们生产生活的需要、居住休闲的需要,而且还考虑文化、教育、卫生等公共服务的需要。从社会管理内容来看,新型城镇化的质量和水平与城镇的人口管理、治安管理、生活管理、文化管理等方面关系密切。城镇社会中文化、教育、卫生等方面的发展,为新型城镇化的深入推进提供了强大的服务支撑。

完善的社会服务提高了新型城镇化的运行效率。城镇的各种公共服务给人们带来的便利,是区别于传统乡村社会的一个基本特征,给人们的生产生活带来了方便(如上学、购物、看病等),使得城镇人民生活水平和质量有极大的提高,城镇生活变得更为丰富多彩,这也成了新型城镇化快速发展的重要原因。城镇文明区别与乡村文明的地方在于城镇所具有的公共服务设施和服务水平差异。城镇社会服务水平影响城镇化水平的高低,

### 第三章 中国新型城镇化道路面临的现实困境、制约因素与主要任务

随着城镇集中化、组织化和规模化的程度提高，城镇的各种公共服务也在逐步完善，城镇作为人们新的聚居地和活动场所，会吸引更多人到城镇工作、生活、休憩，生产生活方式的转变，带来生活质量的改善，由此影响到思想观念的转变，从而实现人的城镇化的根本性转变。城镇社会的现代性，突破了以往乡村社会随意性、私密性的交往关系，使得电话、短信、邮件等多种交往工具成为城镇公共生活的重要组成部分，扩大了人们的交往形式和交往手段，缩短了人们之间的空间距离和时间距离，使得城镇与外界之间的经济联系、社会交往更为紧密、便捷和有效。

高效的社会管理增强了新型城镇的凝聚力。作为社会管理包含的公共文化、公共道德、公共规则和公共选择等话题成为维系现代城镇文明的核心内容，是人类通向文明发展的桥梁。在新型城镇发展过程中，与此有关的城镇人口管理、城镇文化管理、城镇保障管理显得尤为重要。城镇人口管理影响到了城镇人口的道德素质和文化水平。提高城镇人口的思想道德素质，既会增强城镇居民的现代文明意识，也会促进社会诚实守信、爱国敬业等良好社会风气的形成。现代职业教育和技术培训的加强提高了进城人们的工作技能和教育水平，使得城镇人口素质得到了明显的提高。城镇就业管理部门制定了相关的就业政策，规范劳动市场、组织相关社会组织有助于创造大量的就业机会，增强了就业渠道和就业岗位的多样性，这为新型城镇化发展提供了完善的人才储备。城镇服务管理增强了城镇的城镇能力，以社区为主要社会服务形式，利用法律手段、教育培训等方式合理调配和利用社区资源，为城镇化提供各种公共服务，提高了城镇居民的生活水平。城镇公共服务设施的改善，不仅从生活设施方面为人们提供了便利的生活场所和生活条件，也

满足了人们生活多方面的需要，而且在精神生活方面提供了影院、学校和图书馆等公共场所，丰富了城镇的文化气息和思想内涵。城镇保障机制建立，调配了社会保障资金，完善了城市社会保障服务网络，维持了城镇社会秩序，增强了城镇持续发展的能力。城镇安全管理增强了城镇应对危机、灾难的能力，特别是在处理灾难事件的组织、协调中起到了重要作用。所以，城镇社会管理职能的作为使新型城镇化过程能够平衡协调发展的"稳定器"，不仅能够保障农村人口到城镇人口的稳步推进，而且还能增强城镇文明固有的吸引力和城镇社会的安全性。

### 五、制度设计是中国新型城镇化的实践规范

制度是影响中国新型城镇化持久发展的重要因素。制度是法治原则的具体表现形式，其制定和实施最重要的原则是公平。罗尔斯指出："正义是社会制度的首要价值，正像真理是思想体系的首要价值一样。"[1]康德说："如果公正和正义沉沦。那么人类就再也不值得在这个世界上生活了。"[2]中国新型城镇化最重要的理念就是实现社会的公平，让更多人民获得幸福。从城市工业和农业现代化对市场的推动作用来讲，城市化的本质就是市场化，市场化是城市化的制度前提。[3]所以，市场化程度

---

[1] 约翰·罗尔斯（John Rawls, 1921~2002年），美国当代著名哲学家、伦理学家、政治学家、哈佛大学教授。主要著作包括《正义论》（1971年）、《政治自由主义》（1993年）、《万民法》（1999年）、《道德哲学史讲演》（2000年）。《正义论》已被誉为二战后政治哲学、伦理学领域中最重要的理论著作，被列入历史经典名著之林。（本书参考［美］约翰·罗尔斯《正义论》，何怀宏等译，中国社会科学出版社1988年版，第3页。）

[2] ［德］康德：《法的形而上学原理》，沈叔平译，商务印书馆1991年版，第165页。

[3] 林国先："城镇化道路的制度分析"，载《福建农林大学学报（哲学社会科学版）》2002年第3期。

## 第三章 中国新型城镇化道路面临的现实困境、制约因素与主要任务

决定了制度选择结果。在改革开放之前,我国选择了计划经济的路子,城乡二元户籍制度严重影响了城乡人口的自由流动,农村人口进入城市的人口非常有限,城乡劳动力的畅通渠道非常狭窄,影响了城乡资源的合理配置,城市化程度严重滞后于工业化。改革开放以后,走上了市场化的改革道路,农民有了一定的流动权和选择权,小城镇建设加快了城市建设步伐,但是计划经济与市场经济并存,城市化发展还难以摆脱传统计划体制的"路径依赖",城镇化过程仍然执行的是自上而下的国家主导手段。所以,在这个时期,城镇化的步伐相对比较缓慢。例如,在1998年,我国的城市化率仅有30.4%,而世界平均水平为45%,发达国家平均水平为75%,我国城市化率低于同等人均GNP的国家。[1]所以,因为市场发育程度不够,制度设计不能完全为生产要素自由流动提供支持,社会公平正义也不能得到完全彰显。在当今中国新型城镇化的过程中,制度因素对新型城镇化的影响更为明显。中国新型城镇化是经济、社会、文化等多方面社会变革的过程,随着社会经济变革的不断深入,制度因素对城镇化影响将会越来越重要,这不仅直接影响着各种经济要素的合理流动,而且也决定着中国新型城镇能否长久持续发展。

不同制度设计对城镇化进程产生了不同的影响。制度本身具有刚性的特点,制度因素对新型城镇化作用主要是通过影响城乡相关的要素来影响城镇化进程。在过去相当一段时间内,政府通过自上而下的城镇化制度设计,成了推进城镇化的主体力量,利用户口、就业、住房等政策限制和约束城镇人口的过度膨胀,导致城镇化进程相对缓慢。自改革开放以来,自下而

---

[1] 农业部课题组:"21世纪初期我国农村就业及剩余劳动力利用问题研究",载《中国农村经济》2000年第5期。

上的城镇化机制开始实施，相应的制度安排激发了城镇化的内在活力，从而加快了城镇化进程，这充分显示了制度因素对城镇化的推动作用。后来的家庭联产承包责任制，大大地激发了生活生产力，促进了社会生产率的提高，更多的农业剩余劳动力转向非农产业，从而加快了城镇化的步伐。

公平的设计制度对顺利推进中国新型城镇化建设具有非常重要的作用。但是，公平制度的实现是一个不断发展、不断完善的过程。与城镇化紧密相关的户籍制度、就业制度、土地制度、社会保障制度、行政管理制度直接作用于城镇化发展，而且对城镇化进程产生了重要的影响，同时，民间资本投资融资制度也间接作用于城镇化。农村土地制度适用于农村城镇化，应当通过完善农村土地制度来健全土地交易市场，用制度的框架来规范和保障中国新型城镇化的顺利进行。

## 第三节 中国新型城镇化道路的主要任务

经过四十多年的改革开放，中国城镇化建设取得了巨大的成就，但是在发展过程中也出现了一系列的问题，如何实现中国新型城镇化的健康快速发展成为党和国家当前面临的一项重要任务。根据时代发展和中国新城镇社会的内在要求，需要从科学定位、主要内容、发展目标和基本方法等方面加以推进。

### 一、科学定位——新型城镇化的主体与功能

新型城镇化是全社会共同参与的一项复杂、系统、宏伟的工程，它不仅涉及整个社会结构的变化，而且也关系到政府、企业和居民等多方利益格局的调整。新型城镇化建设首先要考虑到主体定位问题，这个问题直接影响到城镇化的参与程度和

### 第三章　中国新型城镇化道路面临的现实困境、制约因素与主要任务

治理力度，也最终影响了中国城镇化的发展水平和治理效果。以辜胜阻为代表的学者认为资金问题是影响城镇化的头等问题，不同城镇化主体发挥着不同的作用。从发达国家的经验来看，政府主要依靠基础设施建设，企业在于开发工业和商业区，居民则在于通过购房、建房和租房来形成城镇居民区。所以，城镇化的资金约束是同城镇化的发动主体有密切联系的。[1]资金的利用渠道与城镇化的主体定位有密切的关系。科学合理地确定新型城镇化的主体，充分尊重城镇化建设的发展规律，最大限度地提高城镇化建设水平，调动各方参与城镇化建设的积极性和主动性，以稳步、有序地推进城镇化建设的进程。

　　根据世界城市化发展经验，城市化主体定位与各国政治体制、经济发展环境和人口土地资源等条件紧密相连，但是从政府与市场的关系来看，可以概括地将世界城市化发展概括为以西欧为代表的政府调控下的市场主导型城市化、以美国为代表的自由放任式城市化和以拉美和非洲部分国家为代表的受殖民地制约的发展中国家城市化等三种模式。[2]但是，纵观世界城市化的发展历史，当今城市化的主要经验还是以市场为主体，以政府调整为辅的发展模式。这是因为在西方发达国家城市化的过程中，自由放任的城市化政策带来了严重的城市问题，在人口集中聚集的城市，对教育条件、医疗环境、文化广场等公共基础设施的需求更为迫切，这些问题单靠市场机制不能有效解决，需要政府的宏观调控。但是城市化过程中政府只有在遵循市场机制和市场运行规律的前提下才能发挥最大的作用。

　　中国新型城镇化建设绝不是政府、企业和居民任何一方的

---

〔1〕　辜胜阻："论中国城镇化发展观"，载《人口学刊》1991年第6期。
〔2〕　新玉言：《国外城镇化比较研究与经验启示》，国家行政学院出版社2013年版，第14页。

强力推进,而是政府、企业和居民三元协作共同参与新型城镇化的发生、发展和完善的全过程,并在过程中同舟共济,共享利益,共担风险。[1]在传统经济体制框架内,城镇化的发动主体基本是在政府的支配和主导下,通过调动宏观的资金、人力和各种资源,制定城镇化发展规划,来控制城镇化发展的规模和速度。这种单一的城镇化建设模式造成了城镇化过程中资源的浪费、规划设计的盲目和城镇化效果的低效。这种模式没有考虑到企业、居民在城镇化建设过程中地位和作用,使得城镇化的内在动力并没有得到充分发挥。新中国成立以来,我国城镇化发展阶段的调整都是由国家重大战略部署或体制改革推动的。与中国城镇化发展不同的是,欧美国家在推动城镇化过程中,更多地借助市场的力量。在欧美国家,土地大多数在个人手中,城镇化的推进往往受土地市场价格的影响,城镇化的推进方式呈现"碎片化"。而我国的土地属于国家和集体所有,这为统一推进城镇化提供了前提,政府能利用手中的权力大规模地进行征地、拆迁,进行统一的城镇发展规划,整体推进城镇化建设。这种政府主导下的城镇化建设,实行特别严格的户籍制度既限制了农村人口的自由流动,又制约了中国城镇化的进程。

但是,新型城镇化建设必须凝聚政府、企业和居民三者的合力,确定好每一方位置和角色,使他们之间相互协调、相互配合,最大限度地推进城镇化步伐。从总体上讲,城镇化的主体是多元的。首先,政府是城镇化的调控主体,要充分发挥政府在政策制定、城镇规划和矛盾协调等方面的主导作用。政府在城镇化的过程中,要根据市场经济发展的规律和要求,做好

---

〔1〕 吴季松:《新型城镇化的顶层设计、路线图和时间表——百国城镇化实地考察》,北京航空航天大学出版社2003年版,第60页。

协调、引导、规范和服务，通过制定具有前瞻性的城镇发展规划，创造公开、公平、公正竞争的发展环境，以加强区域之间的协调，并促进城乡之间的产业融合。政府在这个过程中，主要承担了宏观的调控职能，但不能干预城镇化微观主体的具体经济活动。企业成了城镇化建设的主力。这是因为城镇化发展的根本在于产业支撑，产业化的根本出路在于工业化，而企业又是工业化的承担者，企业创造的财富不仅为城镇化提供了物质支持，还为广大城镇居民提供了充足的就业机会，使得居民得以在城镇中生活。在市场条件下，城镇化发展主要依赖于市场机制的调节作用，不是政府的大量投入，其中最主要的渠道还是企业的投资。从这层意义上来说，城镇化发展的投入、城乡产业的高度融合、文化信息资源的传播均源于企业的自主创新和自觉投入，没有城乡企业的自主参与，就不可能实现农村城镇化。居民在城镇中处于主体地位，主要在于城镇化发展依靠广大居民的参与，应当充分发挥居民在新型城镇化过程的主体作用。城镇的主要成分是由居民组成的，没有居民就无所谓的城镇。城镇化的推进与城镇居民素质的提高、居民规模的扩大是一致的。随着新型城镇化的发展，制度规范逐步完善，法治意识逐步增强。居民也认识到企业的发展为自己提供了就业机会和居住条件，需要把自身发展与企业发展联系起来，把自己看作城镇的主人，而不是仅定位为匆匆的过客，应将新型城镇作为追求美好生活的途径。

　　新型城镇化的多元化发展战略，要求我们既要立足于本区域的实际情况，体现区域发展的共同特点，也要学习国外和国内的区域城镇化的经验，形成开放化的城镇化发展模式。在新型城镇化进程中，要立足于国际国内市场，充分利用国内外各种资源，最大限度地调动企业参与城镇化的积极性和创造性，广泛吸纳社会资本,引进国内外人才,充分实施新型城镇化的多元发展模式,不断提高新型城镇化的开放水平。

## 二、主要内容——"三农"之间的协同发展

中国新型城镇化是农民市民化、农业智慧化和农村特色化三者之间相互联系、相互作用、协同发展的结果。农业智慧化是中国新型城镇化发展的主动力,加强农业的基础地位,提高农业现代化发展水平,生产出绿色生态的食品,不仅满足了新型城镇化发展的原料供应,而且还为城镇居民的食品安全提供了有力保障。农民市民化是中国新型城镇化发展的根本目标,只有实现农民身份的转变,才能使其在城镇中享受到同等待遇和公平发展机会。没有农民的市民化,无论建造出多大规模的高楼大厦,都不可能真正实现城镇化。农村特色化是中国新型城镇化发展的重要载体,城镇化建设不能靠整齐划一、摊大饼式的推进,而是要发挥城镇本身的地方特点、文化特征、产业特色等方面的优势,挖掘地方优势资源,建设具有多功能的特色农村,同时不断提高农村的承载能力,满足农村居民日益增长的各种需要。总之,中国新型城镇化建设是在农民市民化、农业智慧化和农村特色化互动中实现的,忽视其中任何一个方面都会影响中国新型城镇化的健康发展。

农民市民化,从根本上讲,是让广大农民过上更好的生活,能够平等地享受到与城镇居民一样的公共产品和公共服务,从而实现广大民众生活幸福指数的提升。这是发展新型城镇化的根本意义所在,也是人类社会发展根本的价值诉求。把农业转移人口市民化作为重要任务,这主要是由于历史上的种种原因。如农民工长期处在城镇社会的边缘,不被城市所认同和接纳,享受不到应有的权利,必然会积累很多的社会矛盾。农民工不

### 第三章 中国新型城镇化道路面临的现实困境、制约因素与主要任务

能在城市里安居乐业,"候鸟式"地奔波于城镇与农村之间,为往返流动生活付出了巨大的成本和代价,也造成了农村住房建设的巨大浪费。这种不彻底的流动方式,起不到劳动资源的合理流动和优化配置,实际上是把农村青壮年的劳动力都集中在城里,将人口红利留在发达地区和城市,长此以往,必然带来城乡差距和区域差距的不断扩大。另一方面,从稳定就业角度来看,不断扩大的产业大军不能稳定下来,企业不能形成稳定的劳动力供给,对技术的进步和产业结构升级带来了负面的影响。所以,稳步推进符合条件的农业人口转变为城市居民,不仅影响到广大农民的切身利益,也关系到国家的长治久安。当前,要实现农民的市民化,必须从以下几个方面来推进。在城镇就业创业制度方面,要采取有效的措施,保障进城农民获得稳定的就业机会,让他们获得更好的工作条件,使农民在城里能有稳定的生活条件和生活保障。中国新型城镇化发展还要吸取拉美国家城镇化的经验教训,避免像拉美一些国家那样因产业支撑不足而导致大量"贫民窟"出现。应当消除就业方面的歧视,创造公平的就业机会和创业环境,这就需要改革政府、企业在招录用人条件上不得设置城乡身份限制,应当运用多种政策工具创造就业岗位、拓宽就业渠道,把"保就业、促创业"作为考核地方政府的重要指标。还应大力发展服务业,落实鼓励中小企业发展的各项政策,通过采取金融、税收等多种手段来促进中小企业的发展,作为吸引就业的主渠道。同时,要健全农民工职业教育和技术培训,提高农民的工作技能,增强农民在城镇谋生的能力。只有为广大农民工提供更多的技术培训和职业培训,才能提高农民技术熟练的程度,增强农民工的劳动技能,保证农民工能有更多的机会参与到城镇化的过程中。在城镇基本公共服务方面,应当进一步扩大城镇公共服务的范

围，使更多的农民能有机会享受到与城镇居民一样的公共服务和公共产品。公共服务本身具有普遍性和平等性的特点，在实施过程中，要求政府在提供公共服务时不能人为地划分为三六九等，必须对户籍人口、流动人口一视同仁，这就需要要深入打破地域身份的限制。作为政府部门，要把公共服务的供给作为治理国家的一项重要政策。在观念上，就要抱着一种开放、包容的胸襟，真正地把农民工作为城市市民的一部分，关心那些长期生活在城市的农民工，如在教育、医疗、安全、娱乐等多方面的公共服务，推进新型城镇化基本公共服务的常住人口全覆盖。在农村土地流转和征地补偿制度方面，还要充分考虑到农民工转变为城镇居民后，如何处置原有的承包地、宅基地等方面的当前权益，这是关系到广大农民切身利益的问题，也是影响中国新型城镇化发展的重大问题。从当前我国的国情来看，农民市民化是一个长期的历史过程，妥善处理农民与土地的关系。首先要确保农民工土地权益不能受到损害，这是因为我国当前的城镇社会保障政策不健全，在进城农民基本生活保障还不能完全满足的条件下，适当保留农民原有土地的收益权，是保障农民能够维持生计的最后一道防线。还要确保农民土地承包权的各项权益，即便是农民工进城后，土地承包期权益也应该给予保留，可以在平等协商、自愿有偿的原则下，通过转包、出租、转让等形式，流转土地的承包经营权。农村宅基地也根据双方愿意，对已经迁出的户口而且生活有保障的农民工依法转让其宅基地。在农业人口民主权利方面，由于受到社会管理体制改革滞后的影响和制约，农民工很少能参与到当地的社会管理之中，这也是农民工在经济、文化、社会等方面合法权益受到损害的重要原因。因此，要维持农民工的合法权益，鼓励广大农民工有序参与社会管理，畅通他们利益表达的渠道，

第三章　中国新型城镇化道路面临的现实困境、制约因素与主要任务

使他们享受更多的民主权利。通过建立公平开放的城镇社区，加强对农民工民主知识培训，鼓励他们参与社会自治，增强社区成员的自主意识、管理意识、服务意识。在城镇居民的相互交往、相互帮助中，使得社区成为进城农民共建、共管、共享的社会生活共同体。在户籍制度改革方面，应当顺应农民市民化的要求，进一步推进户籍制度的改革，提高进城农民的归属感和认同感，逐步推动劳动就业、社会保障、义务教育等方面社会管理制度改革，最终实现城乡居民的机会公平、过程公平和结果公平。

农业智慧化，是指利用现代信息技术加强对农业生产的精细化管理，用智能化技术手段加强对农产品的质量控制和过程管理，最大限度地减少化肥、农药等产品的不合理使用，并且在保证农产品品质的基础上提高农业生产总量。智慧农业适应中国新型城镇化要求，可以改变过去只是考虑农业产量的片面认识，强调重视农业生产的绿色环保，保障人们的身体健康和心情愉悦。未来农业生产从"自然式"的发展转变到"设施式"的农业发展，是在农业专家的设计下，将农场式的生产改造为农业公园，集农业种植、绿化环境和观光旅游等融为一体。[1] 农业智慧化为中国新型城镇化注入了新的发展动力。在发展理念上，智慧农业把自然规律与以人为本的价值取向结合，体现了科学原则与人文精神的内在统一，改变了过去那种过分追求眼前利益忽视了人类长久的人文关怀的缺陷，这种发展理念契合了中国新型城镇化发展的本质要求和根本宗旨。智慧农业把精细化作为发展的核心，通过现代农业信息技术和智能化技术的应用，实现对农业生产管理的科学化、智能化，从而达到对农业生产

---

[1] "未来农业发展趋势"，载《湖南农业》2010年第5期。

过程的控制。智慧农业对信息产业的强烈需求，可以带动新型工业的快速发展，为中国新型城镇化发展提供广阔的市场。智慧农业充分考虑到愉悦优美的农业环境，把创造优美自然环境和健康舒适的人文环境作为目标，努力实现人与自然的和谐之美。而智慧农业的目标是提供给我们赏心悦目的自然景观，燃起人们奋发向上的生活热情，并激发出对自然界及人类自身的道德感和敬畏感，这也是中国新型城镇化发展生活的意义所在。所以，中国新型城镇化发展必须重视智慧农业的发展。

农村特色化，是中国新型城镇化发展的根本方向，中国城镇化发展道路是由现实国情和地区特色来决定的。从现实国情角度看，我国人口众多，特别是农村人口还在增长，新型城镇化建设不仅面临着大规模城镇基础设施建设的重任，而且还面临着大量农村剩余劳动力转移的难题。所以说，促进城乡、工农之间的协调发展是实现中国新型城镇健康发展的根本前提。从地区发展特点来看，地区经济发展不平衡，城乡差距过大，自然条件、资源禀赋、经济基础等方面的差异，决定了城镇化发展具有阶段性。中国新型城镇化建设要充分考虑到基本国情和现实条件，把特色城镇作为未来发展的着力点，发挥地区、资源、环境优势，打造具有特色的产业集群，从而成为增强中国新型城镇化的内在动力和发展潜力。

### 三、基本目标——"五维目标"的整体推进

中国新型城镇化发展要求实现经济、政治、人文、社会和生态等"五维目标"的深度融合。经济发展是中国新型城镇化发展的物质基础，特别是产业支撑是推进社会经济发展的根本动力。社会管理和政治参与是中国新型城镇化发展的重要保障，没有社会的和谐稳定，中国新型城镇化发展就不可能顺利推进。

第三章　中国新型城镇化道路面临的现实困境、制约因素与主要任务

人文精神是中国新型城镇化发展的精神支柱，也是新型城镇化发展的灵魂，缺少人文精神的城镇化是不可能凝聚全社会的力量，更不可能成为人们向往和依靠的精神家园的。社会建设是中国新型城镇化建设的"稳定器"，社会建设就是关系老百姓的民生事业，主要解决农民工的衣、食、住、行，与人们的日常生活关系最为密切。生态建设是中国新型城镇化发展的时代要求。没有良好的生态环境、优美的自然环境，中国新型城镇化建设就会失去最终的意义，即便是经济有很大发展、人们物质条件非常丰富，也不可能获得幸福感。

在城镇发展的目标上，城镇化目标也应该从单纯经济目标转移到经济、政治、人文、社会和生态等综合发展目标上，只有这样，才能促使中国新型城镇化的协调发展。长期以来，我们一直过多关注经济视角的研究，过分追求城镇化的发展速度和规模，实现了城镇化的"大跃进"，这是在一种 GDP 主义主导下的城镇化，也可以说是在政府主导下的土地城镇化。在这种观念和政策的指导下，城镇化往往是以牺牲社会和环境为代价的。但是经济社会在发展到一定程度后，必然会受到资源环境和社会结构的限制。郑永年曾经指出，GDP 主义对经济社会发展具有巨大的破坏性，GDP 主义进入社会领域，极易带来社会政策领域的"经济政策化"。在这种 GDP 主义盛行的情况下，社会政策不可能建立起来。[1]客观地讲，GDP 主义虽然会带来经济的快速发展，但是在过去相当长的一段时间内也会带来一些负面作用，如导致了社会不公、分配不公、劳工权益得不到保障、环境恶化等问题。如果没有优良的社会政策支持，已经形成的中产阶级利益格局就很难保障，更多中下层面阶级也很

---

[1] 郑永年：《保卫社会》，浙江人民出版社 2011 年版，第 25~42 页。

难上升为中产阶级。所以说，GDP 主义破坏了社会的正常机制，不可能实现经济的持续增长。在"一维"目标的指导下，城镇化的社会结构和资源环境受到了很大的限制。要想取得城镇化的可持续发展，必须在经济、政治、人文、社会和生态"五个维度"的目标中取得平衡。

从城镇产业发展上看：首先，新型城镇化建设要发挥信息化产业的带动作用，广泛应用信息技术来提升城镇公共服务能力、通过降低社会管理成本，大力发展城镇互联网、物联网，建设智能交通、职能建筑等方式，以智慧城镇来提高城镇化质量。其次，发展先进技术的劳动密集型产业和服务业，落实中小企业的各项扶持政策，开拓新的工作岗位，实现人口转移与就业岗位相匹配。最后，发展城镇产业集群，通过产业发展规划与城镇发展规划相互衔接，优化城镇发展布局，推动生产生活要素向区域型城镇集群集聚，加快产业发展规模，逐步实现大中小城市和小城镇分工合理、特色突出、功能互补的产业发展格局，为新型的城镇化体系提供良好的基础。

从民主参与看，新型城镇化建设需要民主政治的发展。由于新型城镇化涉及人口、资源、环境协调发展等问题，这些问题的解决只有发扬民主，广泛综合各方面的意见，进行科学决策，才能有效地解决现代城镇的管理问题。也只有引入民主决策机制，才能有效地适应城镇化的要求，使城镇管理走上程序化、规范化的正轨。民主参与可以整合城镇社会中人们的各种诉求，分解城镇社会化的各种行政压力。如果不能及时地将公民的政治诉求通过民主政治的途径纳入到政治机制的轨道中去，就会给城镇经济发展和社会稳定带来危机。首先，城镇民主政治要转变政府职能：一方面，需要分清政府与市场的界限，确定政府与市场、政府与社会的新型关系，在此基础上，导入激

## 第三章 中国新型城镇化道路面临的现实困境、制约因素与主要任务

励、监督机制；另一方面，政府应从以管理为本转变为以人为本，强调尊重人民群众的合法权益。其次，推进行政管理体制改革，合理界定政府权力的边界，政府应不越位、不错位、不缺位，引入竞争机制，加快人事制度改革步伐，突破机关干部分流的难点，采取内部退养、提前退休、辞职等手段分流。最后，要以城乡互动推进民主政治建设，以城市民主政治建设带动、引导城镇民主政治发展。建立一套有利于城乡民主政治良性互动的制度，例如，保障农民与城市市民有同样的社会政治地位，扩大城乡居民有效的政治参与，保护城乡居民参政议政的热情和积极性。只有创新城乡民主制度才能实现中国新型城镇化的民主政治。

从人文目标来看，城市精神是一个城市的灵魂。一个伟大的城市所依靠的是城市居民对他们的城市所产生的那份特殊的眷恋，一份让这个地方有别于其他地方的独特感情。[1]城市必须通过一种共同享有的认同意识将全体市民居民凝聚在一起。如果没有广泛、可接受的信念体系，城市的未来很难想象。城市的人文目标表现在，城市作为一个物种，是具有想象力的恢宏巨作，足以证实我们具有能够重塑自然的能力。城市通过高高耸立的商业建筑和有灵感的文化设施重新塑造了神圣地点的威严。城市人文精神通过城市文明影响了人们的生活方式和思维习惯。城镇文明作为城市精神的外化形式，具有强大吸引力和凝聚力。城市文明可以作为一个独特风俗习惯、思想自由和情

---

[1] 简·雅各布斯（Jacobs Jane，1916~2006年），美国人，是对美国乃至世界城市规划发展影响最大的人士。其主要著作为《美国大城市的死与生》（1961年），该书被视作美国城市规划转向的重要标志。美国公职规划学会（APAO）会长丹尼斯·奥·哈罗也不得不抱怨道："简·雅各布斯的书对城市规划来说是非常有害的，但我们将不得不和它生活在一起。"

感丰富的实体,越来越影响城市的发展。沙里宁[1]说过,城市就像一本打开的书,从中可以读出市民的理想、抱负和素养。[2]城镇文明作为特有的文明形态,随着经济社会的发展,文明、健康、幸福的生活方式成了现代的生活追求,也是驱动新型城镇化发展的强大动力。生产方式不应当从个人肉体存在的再生产方面考察,在很大程度上是这个人的一定活动方式,表现在他们生活的一定形式、一定的生活方式。[3]城镇文明代表了一种文明、健康、科学的生活方式,这种生活方式是不同于乡村文明的,是改变旧生活方式的基本标准和努力目标。城市文明是市民道德素质的外在行为表现,市民道德素质是城市文明的内在核心与灵魂。[4]所以,城镇文明的普及主要还在于对城镇居民道德素质的提高。在新型城镇化过程中,要重视对城镇居民素质提高。从指导理念方面,通过新的价值观念、消费观念、效率观念、法治观念来指导人们的各种行为,促成人们形成良好的生活习惯。在现代文明规则和观念的指导下,通过人与人之间的相互交往、相互交流来形成相互尊重、相互支持的人际关系,以科学、健康的良好习惯来规范人们的日常生活,以新的生活格调来调整人们的思想境界,以乐观开放的生活态度促使人们有更高的生活追求。科学的生活方式和生活习惯不仅满足了人们基本的生存需要,还考虑到了发展需要和享受需要,

---

〔1〕 [美]沙里宁·埃罗(Saarinen Eero)(1910~1961年),芬兰出生的美国建筑师,是一位最富创造性的"第二代"现代派建筑师。设计了密歇根州沃伦市通用汽车公司技术中心(1948~1956年)、芝加哥大学法学院、麻省理工学院大礼堂(1953~1955年)等建筑物。

〔2〕 国家行政学院进修班:《中国城镇化建设读本》,国家行政学院出版社2012年版,第209页。

〔3〕《马克思恩格斯选集》(第1卷),人民出版社1995年版,第67页。

〔4〕 方立、薛恒新:"略论城市文明与市民道德素质",载《道德与文明》2009年第1期。

## 第三章 中国新型城镇化道路面临的现实困境、制约因素与主要任务

真正地促进社会经济的发展,增进人的身心健康,精力的恢复,文化素质的提高。这种文明的生活方式和生活习惯逐步成为当代社会发展的趋势。在交流方式方面,网络时代加快了信息的广泛扩散,加深了人与人之间的相互交流。不同的文化思想、价值观念、消费方式已经相互交融,现代城镇可以使人们轻易地通过网络跨越不同地域文化,也加快了各地文化、风俗习惯、价值观念和意识形态的交流和碰撞。这为弘扬现代文明风气、提高人们现代文明意识、规范社会成员行为提供了良好的平台。但是,由于现代信息网络导向具有一定的片面性,传播的内容也是鱼目混珠、良莠不分,往往会给社会舆论带来一定的误导。这就需要从法律和制度层面对信息网络加以规范,对恶意污蔑、造谣惑众的行为进行依法打击。

从城镇社会的治理方面,是指运用现有的资源和经验,立足于城镇社会发展规律,按照一定的原则和规范,通过善治实现城市的良性运行。从价值层面来说,在新型城镇化的背景下,社会管理不仅仅是关注社会的维稳,而且视人为社会管理的第一主体,以多数人的需求为导向,对社会管理活动进行一系列的创新,从而实现对人的更好管理与服务,这就需要重视民生改善、人的权利保障、社会秩序维护和社会活力的激发。从工具层面来说,随着新型城镇化所涉及的农民社会保障、农民市民化、配套制度和相关产业支撑、基本公共服务均等化等方面的系统工程,社会管理以人的管理与服务为本,实现民生改善、权利保障和秩序维护三大目标的统一,这里涉及社会管理价值、制度、组织、方法一系列的变革,是一项涉及人的管理与服务的系统工程。

城镇的生态目标,就是实现城镇的可持续发展。其主要是指:"以新的生产方式不断提高人群生活质量和生态系统承载能

力，满足当代人需求又不损害子孙后代满足其需求的能力，满足一个地区或国家的人群需求，又不损害别的地区或别国家的人群满足其需求能力的发展。"[1]城镇生态目标就是在自然生态系统上建立人工生态系统，人工生态系统要从自然生态系统中获得水源、取得氧气、取得矿产资源，还通过土地资源种植粮食。城镇发展与水资源、水环境条件有很大的关系，城镇发展不能超出水资源限度而无限扩大和增加，一旦超出水资源的限制，就会影响城镇化的健康发展；城镇化也必须考虑到大气环境的承受能力，车辆的增加、工业的发展必须考虑到大气排污排放的扩散能力。只有让城镇化发展程度与生态系统承受能力保持一定平衡，才能保证城镇化的稳步发展。

**四、重要方法——城镇经济社会的协调运行**

协调推进是中国新型城镇化发展的重要方法。新型城镇化的发展应该与经济发展的速度和水平保持在一个合理的区间内。根据国际经验，合理的城镇化率与工业化率的比值范围在1.4~2.5之间。我国城镇化率与工业化率的比值已经从1980年的0.44上升到2006年的1.02，但还没有进入合理区间。[2]城镇化的规模和速度如果超过经济发展所能承受的程度，就会导致城镇人口的急剧增加、基础设施的过度扩张、泡沫经济严重、城镇环境和资源的压力加大，大量的社会矛盾也会逐步凸显。在这种情况下，有可能出现西方国家所经历的"城市病"。另一方面，城镇化发展如果滞后于经济发展的速度，将会导致城镇

---

[1] 吴季松：《新型城镇化的顶层设计、路线图和时间表——百国城镇化实地考察》，北京航空航天大学出版社2013年版，第10页。

[2] 张同升：《中国城镇化发展的现状、问题与对策》，载《城市问题》2009年第8期。

### 第三章　中国新型城镇化道路面临的现实困境、制约因素与主要任务

劳动力的供给不足，产业创新能力缺乏后劲，会严重影响城镇经济的可持续发展。在新中国成立后相对长的一段时间里，我国城镇化严重滞后于工业化，主要是由于长期实行的重工业优先发展的战略，重工业属于劳动比较密集型的产业，吸纳劳动力就业比较少，再加上传统户籍制度的种种限制，阻碍了农村人口向城镇、非农产业的流动，所以，尽管工业规模和增加值在扩大，但是工业生产所需要的劳动力却并没有明显的增加，进而使得城镇化建设的发展缓慢。

应实现工业化、信息化、城镇化与农业现代化的协调发展。中国新型城镇化的发展必须建立在产业基础之上，实现工业化和城镇化的良性互动，信息化、工业化和城镇化的深度融合，城镇化与农业现代化的相互协调。[1]新型城镇化建设离不开坚实的产业支撑，通过产业集聚和协同效应带动经济的发展，为城镇化建设提供财力支持。离开了产业支撑，城镇化就成了一句空话。从西方国家城镇化发展的历程我们可以看到，合理的城镇化进程都是建立在产业发展的基础之上的，而我国新型城镇化建设正处在从中期到后期快速发展的关键时期，城镇化建设必须重视相关产业的协作，提高产业支撑力度，为城镇化建设奠定坚实的物质基础，这就需要加大信息化、工业化和城镇化的深度融合。随着信息化、工业化的发展，城镇化的发展模式、发展思路也要有新的提升。要充分利用信息化带动经济的发展，最重要的就是利用智慧城市促进城镇化建设。在信息技术高速发展的今天，数字技术和智能技术的普及给予了城镇化发展新的活力。所以，城镇化的发展要改变以往重视"量"的扩大，更要重视"质"的提高，应从过去重视数量的外延式扩

---

〔1〕　辜胜阻："中国城镇化机遇、问题与路径"，载《中国市场》2013年第3期。

张到重视品质内涵式的发展，建设"智慧城市"。智慧城市改变了以往人与物、物与物之间的传统联系方式，深刻地影响了人们的生活、娱乐、工作等多方面的行为方式。例如，智慧医疗系统破解了当前医疗资源有限、分配不平衡等问题，让居民身心健康得到了及时、有效的护理；智能交通系统缓解了交通出行的压力，使得人们的出行更为顺畅，更有效地利用城市道路资源；智慧农业系统也为城镇居民提供了绿色、环保、安全放心的食品。智慧城镇化建设是一个复杂的系统，它基本上是利用现代智能技术为城镇居民的衣、食、住、行服务，使人们过上更为幸福、便捷、美好的生活。新型城镇化与现代农业二者协调推进，现代农业的根本在于农民的现代化，只有农民的生产生产方式、生产规模达到一定的程度，才能为农业规模生产提供前提。面对当前中国农业发展的状况，农民仍然是农业生产的主体，并没有充分发挥出规模优势，挖掘农业发展的内在潜力，所以要推进农村城镇化和农业现代化，必须要解决农村剩余劳动力的问题。只有减少农民，才能富裕农民。把农村剩余劳动力转移到城镇，不仅减少了农业人口的数量，还为更多农民进城提供了机会，促进了农民的"市民化"。

城镇化发展程度与经济发展速度的协调性，必须考虑到城镇化发展的"质"和"量"的关系。城镇化的速度不是越快越好，也不是规模越大越好。城镇化发展要处理好经济发展质量和速度的关系，城镇化每向前推进一步，都要与经济所能承受的程度、城镇资源所承载的限度和空间所能扩展的广度相适应。如果不顾现有的经济发展条件、环境资源和空间布局，人为地推进城镇化规模和速度，并不能提供农民好的生活环境和生活条件，只会增加农民生活负担，增添社会的不和谐因素。

第四章

# 中国新型城镇化道路的路径选择

中国新型城镇化路径选择必须置于全球工业化、信息化发展的背景下,结合中国急剧的经济社会变革,树立顺应时代发展、反映人民期待的新型城镇化发展理念,制定符合中国国情的新型城镇化发展道路。

## 第一节 中国新型城镇化道路的价值取向

价值取向是价值主体在进行价值活动时指向价值目标的活动过程,可以反映出主体价值观念变化的总体趋势和发展方向。[1]城镇化的主体是人,城镇化的过程就是人的价值追求的过程。在不同时期,城镇化的价值取向是不同的。在过去的一段时间里,传统城镇化是以物为本的城镇化,更多地关注经济的发展,强调经济规模的扩大,重视城镇承载吸收能力,却忽视了城镇的消化转换能力,造成城镇空间结构的不合理,结果出现了城镇贫民区、"城市病"等现象。所以,当前中国新型城镇化建设不仅要满足城乡居民基本的社会需求,而且还要实现城镇文明的顺利推进,尤其是在实践操作层面要追求一种卓越的价值理念,以进一步促进城市文明功能的整体发挥。[2]根据时代发展要求,应当秉持智慧型城镇、公平性城镇、人文性城镇、可持

---

[1] 阮青:《价值哲学》,中共中央党校出版社2004年版,第160页。
[2] 文军:"城市文明:内涵和谐价值理念",载《理论视野》2007年第6期。

续性城镇等发展理念,推动中国新型城镇化的健康发展。

## 一、建设智慧型的城镇

智慧城镇或者称为智慧城市是建立在信息技术和物联网基础上的一种发展模式,是以科技为核心推动力的城镇发展战略。智慧型城市是一种新的城市发展理念,它区别于以往的工业城市、商业城市。智慧城市是随着信息技术的发展而出现的。其是以物联网、云计算[1]等技术为核心,改变以往城市物理基础设施与信息基础设施分开的思维模式。其将城市的各项设施与城市管理、城市管理与个人生活相互连通,是一种新的城市发展理念。智慧城市作为社会城市发展的新形态,其根本理念就是运用新一代的信息技术实现人与人、人与物、物与物之间的充分互通,运用现有的技术手段来感知、监测、分析整合城市资源,从而实现对城市各种需求的迅速、灵活、准确的反馈,进而达到创新城市的管理模式。[2]

智慧城市的主要特征是利用智慧的方法来整合各种资源,使得城市规划更为赏心悦目,城市的生活更为心情舒畅,使城市更适合人的全面发展。[3]从发展目标来讲,智慧城市就是通过智慧理念来规划城市,通过智慧手段来建设城市,通过智慧方式来发展城市,从而提高城市空间的利用率,促进城市的可持续、有活力发展。"智慧城市"不同于"数字城市"。"智慧城市"是建立在"数字城市"基础之上的,其在数字技术和智

---

〔1〕 云计算(Cloud Computing),是一种基于互联网的计算新方式,通过互联网上异构、自治的服务为个人和企业用户提供按需即取的计算。

〔2〕 张少彤、王芳、王理达:"智慧城市的发展特点与趋势",载《电子政务》2013年第4期。

〔3〕 骆小平:"'智慧城市'的内涵论析",载《城市管理与科技》2010年第6期。

能化技术及应用方面是对"数字城市"的超越,智能技术和数字技术只是智慧城市建设和成长中的手段,为智慧的经济社会发展提供方法。智慧城市在城市发展过程中包括规划、建设、运行管理等全方位的整体发展。[1]如果从社会管理角度来说,智慧城市贯穿于城市经济发展、社会建设、城市管理等多方面的内容中,其最终目的是为了城市更持续地发展、城市居民更幸福地生活。"智慧城市"是以公共服务的理念为核心的,用智能化技术和服务为公众参与城市管理、参与公共决策提供一种手段,让它为民众服务。[2]智慧城市将改变居民的生活方式、生产方式,推进我国内涵型城镇化的发展,并且发展新兴战略产业和信息产业,这对创造新的经济增长点,实现经济方式的转型具有重要意义。智慧城市的核心在于用智慧的方法,特别是以物联网、云计算等新一代的信息技术改变政府、社会与个人之间的相互交往方式,对社会民生、公共服务、社会管理等做出最快速、最智能化的反应,以提高城市的运行效率,创造更美好的生活。[3]

智慧城市的发展机制,是通过互联网把植入城镇智能化的传感器连接起来,形成物联网,实现对物理城市的全面感知,使城市"更加快捷、更加聪明"。[4]"智慧城市"是信息化、工业化与城镇化的深度融合,有利于我国内涵型城镇化建设,有

---

[1] 骆小平:"'智慧城市'的内涵论析",载《城市管理与科技》2010年第6期。

[2] 邱爱军:"中国城镇化发展与智慧城市的建设",载《低碳世界》2012年第5期。

[3] 辜胜阻、王敏:"智慧城市建设的理论思考与战略选择",载《中国人口·资源与环境》2012年第5期。

[4] 万建民:"大力推进'智慧城市'建设",载《经济日报》2011年2月18日。

利于创造新的经济增长点,有利于推动我国发展方式转型,有利于抢占未来国际竞争制高点。[1]智慧城市发展离不开信息技术和智能化技术的支撑。智慧城市化借助于数字技术的发展。将智慧城镇的规划、设计和管理以及城镇生产、生活集于一体,充分利用数字化信息处理技术和网络通信技术,将各种数字信息和资源加以整合并充分利用,推进电信网、广播电视网、计算机网建设,促进"三网合一",同时借助高速公用互联网的传输,服务于政府、企业、科教文卫和社会公众的智能化信息网络系统,服务于城镇的人口、资源、环境和社会基础信息设施,形成以地理信息系统、城镇交通智能化系统为主的多层次信息网络化,从而提高城镇的信息化水平和社会管理水平。

### 二、建设公平性的城镇

公平性是新型城镇发展的必然要求。美国经济学家弗里德曼的《自由选择》认为,维护司法公正和帮助贫困人员是市场条件下政府的重要职能。在社会主义市场经济条件下,政府应把社会公平正义放在更重要的位置上。在当代新型城镇化过程中,进城的农民工处于劣势和弱势地位,更需要政府给予关注和支持,在不违背市场规律条件下,应当给予社会弱势更多的关注。随着新型城镇化发展的加快,征地拆迁等问题不可避免。这个过程常常伴随着农民失业、生活成本增加、社会矛盾尖锐等一系列问题。在这种情况下,如何公平、客观地处理因城镇化带来的社会问题,保障拆迁户基本的权利,维护社会的公平正义,成了新型城镇化建设必须关注的问题。现代社会发展的根本目的就是追求人的自由公平。所以,新型城镇化建设也要

---

〔1〕 辜胜阻:"中国城镇化机遇、问题与路径",载《中国市场》2013年第3期。

遵循公平原则，应当充分考虑到不同地区、不同群体、不同利益等方面的利益，真正尊重和维护农民工的合法权益，保障弱势群体最基本的生存权利和社会保障。同时，还要消除进城农民与城镇居民之间制度性差别，在社会保障方面实现同城同待遇，实现真正的机会平等。通过消除对农民工进城的歧视性规定和体制性障碍，使他们在同一个城市获得同等的权利和义务，并且通过体制性的社会变革消除社会对农民工的束缚和偏见。

为实现新型城镇的公平性，要从理念、制度、社会、个人层面来落实。在发展理念上，必须把公平作为城镇化建设的基本准则，在农民市民化的过程中应当遵循平等的原则，并将这种理念落实在城镇化建设的具体活动中。例如，消除农民工与城市居民的歧视性规定和制度性障碍，不能因为农民工当前的弱势地位就有所偏见，这有悖于城镇化公平性发展的理念。在保障农民的地位和利益方面，要逐步推行同城同待遇、努力做到机会平等、过程平等和结果平等，使得进城农民与城镇居民享有同等的权利和义务。从制度层面，要为城镇新市民提供社会公平正义的制度保障。公平性的制度设计和价值理念中十分重要的一点是对所有社会的成员一视同仁，至少要保障他们在待遇上能够达到平等，使得那些有上进心的人在基本条件相似的情况下，通过自己的努力从暂时落后现状中尽快追上来，建立能上能下、竞争有序的发展机制。所以说，个体生产发展是社会最重要的目的，这既是历史唯物主义的一个事实原则，也是一个价值原则。[1]在中国新型城镇化建设中，实现农民工的自由流动，很重要的是破除长期以来的户籍制度，改变单纯以身份决定命运的僵固模式，利用制度打破长期以来的二元结构，

---

[1] 钟明钊:《社会保障法律制度研究》，法律出版社2000年版，第17页。

建立城乡一体化的制度设计,实现城乡居民能够自由流动。这是中国户籍制度改革的首要目标,也是新型城镇化公平性的内在要求。我国户籍制度改革需要一个渐变的过程,首先要放宽中小城镇的户籍制度限制。户籍制度改革也是一套综合性的制度性变革,每一项制度的变化都必须与经济和社会发展的程度相一致,脱离了经济发展的速度和社会的承受度,往往会带来社会的不稳定。合理的户籍迁徙制度,能实现户口的自由迁徙,新市民与城市市民实现了同等身份,享受到同等权利,这为城镇化的发展提供了条件。其次,取消依附在户籍制度上的各种福利和特权。一些地方虽然取消了户籍歧视,但是依附在户籍制度上的各种不平等待遇却仍然存在。特别是一些地区从局部利益出发,制定了很多地方保护性就业规章制度,这从制度层面限制了新市民平等就业的权利,窒息了城镇发展的活力和动力,也影响了社会的公平正义。所以,要真正实现新型城镇化的顺利发展,首先要使进城农民获得平等的就业机会,赋予新市民平等的竞争权利。在法律和制度层面,应当给予新市民以平等的就业和选择职业的权利,并且享有平等劳动报酬的权利。还应消除各种歧视新市民的各种制度,完善相关的法律制度,给新市民以公平的竞争机会,让城镇的所有岗位对所有市民开放,消除对新市民的观念歧视,通过公平竞争实现择优上岗,为新型城镇化发展注入新的活力。

**三、建设人文理念城镇**

建设人文理念城镇化,最重要的是坚持以人为本,要充分考虑到人的权利和地位问题,保障人自由迁徙的基本权利,使得农业转移人口市民化,逐步消灭城乡差别,这是新型城镇化人文理念的核心。[1]以人为本,不仅是新型城镇化的发展理念,而且也是中国社会发展的必然要求。

以人为本就是要充分重视人在城镇化中的作用,尊重人在新型城镇化过程中的地位和尊严。在过去相当长的一段时间里,政府坚持以经济建设为中心,更多地关注经济发展速度,把经济为中心的城镇化作为社会发展的唯一标准,却忽视了对人自身的关注,导致人们自身塑造和能力开发并没有得到足够的重视,进而把经济增长片面地看作是物质财富的增长,这种"见物不见人"的发展观,使人成了客观物质财富增长的工具和手段。人的主体地位和自身发展不仅没有引起充分关注,结果还导致了城镇化过程中人与自然、人与人之间的一系列问题,如生态环境的恶化、社会信仰的危机、道德观念的滑坡等。这种观念不仅严重影响了城镇化的健康发展,还影响到了人自身的发展根基。城镇化的本质是人的城镇化,所以,新型城镇化必须围绕人的发展,注重挖掘个人的潜能,培养个人的创新能力,提升个人的综合素质,为人的全面发展提供必要的前提条件。重视人的发展是实现当今世界各国城镇化发展的经验总结,更是中国城镇化发展面临的迫切要求。在信息化技术快速发展的背景下,社会发展对人的知识和能力提出了新的要求,人的综合素质已成为经济社会发展的重要变量,而且社会经济活动也越来越依赖于人的素质提升。人的因素不仅是制约城镇经济发展的决定性因素,也是制约整个社会发展的关键因素,所以,新型城镇化要求把人的发展作为城镇化发展的根本动因和根本目的。

新型城镇化人本理念不仅是要重视人的发展,而且还要对

---

[1] 吴季松:《新型城镇化的顶层设计、路线图和时间表——百国城镇化实地考察》,北京航空航天大学出版社2013年版,第6页。

人给予充分的尊重。在以往的城镇化过程中，一部分人的富裕往往是以牺牲另一部分人的利益为代价的，这往往会带来社会分配不公、贫富差距过大、社会腐败等问题。经过多年的城镇化实践，人们逐步认识到城镇化发展必须在经济增长的基础上解决社会民生，提升人的文化素质，尊重人的生存权、发展权、社会受教育权，尊重人的政治知情权和政治参与权，真正把尊重人作为新型城镇化发展的根本要求。以人为本的新型城镇化强调把"为了人"作为发展的最终目标。人作为社会的存在物，不仅成了推动社会发展的力量，而且还是社会发展的最终落脚点。人类社会的第一个历史活动就是满足人的衣、食、住、行等方面的生产活动，历史发展的最终目标也是实现人的自由全面发展。所以，新型城镇化过程也是把城镇群众的利益作为一切工作的出发点和落脚点，需要不断满足城镇群众日益增长的物质文化需要，为城镇居民的发展提供必要的物质条件和社会条件。

　　人文理念的城镇化，就是用以人为本的思维方式来看待中国新型城镇化建设，把城镇居民的利益作为一切工作的出发点和落脚点，需要不断满足城镇居民物质和文化需求，为城镇居民的自由、全面发展提供条件。在经济发展方面，通过产业化的政策和措施，发展城镇经济，提高经济发展实力，满足城镇居民的物质文化需要。在政治方面，要充分保障城镇居民的政治权利，提高他们参与政治、经济、文化权利的意识，扩大城镇居民参与范围和参与程度，使他们真正享受到城镇化发展的成果。在文化方面，应提高城镇居民的思想道德素质、科学文化素质和身体素质，充分发挥他们在城镇化建设方面的聪明才智。人文理念的城镇化就是既遵循社会发展规律又满足的人的发展价值需要，是规律性和价值性的统一，不仅承认和肯定人的主体地位，而且还把人的全面发展作为城镇化发展的重要任务,是"人的城镇化"和"物的城镇化"具体的统一。

**四、建设和谐型的城镇**

和谐是新型城镇化发展的重要理念,其目的是建立起城镇社会中不同阶层、不同群体和睦、融洽的关系,进而建立起对城镇具有较强认同意识的社会状态。和谐型城镇化主要以宜居、生态、绿色、低碳、创新为特征。

和谐型城市是宜居城市。宜居城市作为20世纪六七十年代西方国家兴起的城市规划理念,认为城市发展要实现经济、社会、文化与环境协调发展,不仅满足人们物质和精神的诉求,而且还能享受到舒适的人居环境、工作环境。从广义上来讲,宜居城市是一个全方位的概念,包括城市的经济、社会、文化、生态环境等各方面的协调发展,在这种环境下,人们对所居住的生活环境非常满意。从狭义上来理解,宜居城市是自然环境优美、气候条件适宜,适合人们生活居住的城市。但是总的来说,宜居城市是包括自然环境、社会环境、生活居住环境在内的复杂系统,从本质上来讲,其就是可持续的城市。

和谐型城市是生态城市。生态城市的概念起源于20世纪70年代教科文组织提出的"人与生物圈"计划。从广义上讲,生态城市是一种根据生态学的原理建立起来的经济、社会、自然环境和谐相处的城市发展模式,是一种环境资源持续利用的生产方式和生活方式。从狭义上看,生态城市是根据生态原理进行城市设计,坚持节约、高效、健康、绿色的发展理念,利用现代科学技术手段协调城市发展与生物圈的关系,在保护自然资源的基础上,实现城市生态系统的自我修复、自我提高和发展的能力,并达到人与自然环境和谐共生的城市。其是长期以来人类理性思考的必然选择。

和谐型城市是绿色城市。"绿色"是一个特征概念，代表环境，象征生机盎然的生命。所以，人们往往把"绿色"理解为一种精神品格、一种价值理念、一种健康的生活方式。绿色城市注重对生态系统的维护和重建，还包括人类社会中存在的真、善、美等价值理念。绿色城市更多体现的是经济、社会、生态环境在整个城市中的协调发展，把人的生存际遇与周围自然生态达到和谐统一。绿色城市不仅仅满足于现有优越的物质生活条件，而是能够在城市中免受各种不必要的负效应，实现城市生活的健康、持续。所以，从这种意义上说，绿色城市就是可持续的城市。

和谐型城市是低碳城市。低碳城市是一种以低碳生活为主要目标的城市发展理念。其以低碳技术为支撑，要求全社会践行低碳行为理念，倡导形成低碳生活的社会氛围。其实质是以最小的经济发展代价实现人与自然的协调发展。对于正在发展中的国家，中国实施低碳城市项目具有重要的意义。低碳城市发展不仅有利于保护中国自然生态环境，更重要的是有助于转变我国的产业结构，培育经济发展的新的增长点。所以说，低碳城市是城市可持续发展的理想模式。

和谐型城市是创新城市。创新是一个社会保持永葆活力的源泉，也是城市持续发展的动力来源。"创新"一词起始于一个经济学概念，包括科技、制度、理论、文化等方面的创新。创新城市依靠新的思想理念、技术手段、教育文化、激励体制，可以开拓城市发展视野，提高城市发展的内在活力，成为经济发展的主导力量。当今世界的一些大城市都是靠增加科技投入，提高科技创新能力，进而增强城市发展活力的。

总之，和谐型城市是一个综合性、复杂性的发展理念，是指导中国新型城镇化发展的思想指针。这种发展理念对新型城镇的发展、经济体制的改变、社会生产方式的更新、人民生活水平的提高具有重要的指导意义。

## 第二节 中国新型城镇化道路的路径选择

中国新型城镇化道路有自己的特点，它不同于以往西方发达国家依靠殖民掠夺方式获取资源和劳动力的城镇化道路。当前时代发生了重大变化，其集中反映在中国的历史环境、文化传统、资源条件、人口结构发生了重大的变化，中国城镇化道路模式也随之发生了改变，中国城镇化路径也同样在随之改变。因此，我们特别需要在指导思想、城镇规划、体制机制、产业结构、制度设计等方面加以重视。

### 一、确立发展目标，树立以人为本的发展理念

"以人为本"的城镇发展理念，强调"人"在经济发展、社会进步的主体作用，要求发展为了人民、发展依靠人民、发展成果由人民共享，从根本上关心人的价值、权益和自由，最终实现人的全面发展。所以说，中国新型城镇化发展道路必须坚持以人为本的发展理念，这种发展理念贯穿于新型城镇化发展的始终，即围绕着广大人民群众的切身利益，制定新型城镇发展目标，实施新型城镇法规划，落实城镇化发展政策，解决新型城镇化发展面临的难题。

以人为本的城镇发展理念根本上是由中国特色社会主义道路本质要求所决定的。社会主义本身就是逐步实现人的全面发展的过程，只有实现人的全面发展才能激发社会成员的活力，调动他们的积极性和创造性，实现整个中国特色社会主义的普遍繁荣。创造人的全面发展的社会环境，促进人的素质提高是

中国特色社会主义现代化建设的重要内容。[1]所以说，人的全面发展是中国特色社会主义的最高目标和本质要求。中国新型城镇化发展道路是中国特色社会主义道路的重要组成部分，中国新型城镇化建设必须为人的全面发展、为人的发展提供各种发展条件和发展环境。

中国新型城镇化应当关注人的发展，挖掘人的潜能，培养人的创新能力，调动和凝聚社会各种积极的力量来积累社会的正能量。重视人是当今新型城镇化发展的最终目标，也是当今世界各国城镇化发展和中国城镇化发展的迫切要求。实现以人为本的城镇化发展目标，要求城镇化的各项工作是为了满足人的不断增长的物质、文化和政治生活的各种需要。在新型城镇化过程中，要始终坚持人民是创造历史的主体，应把城镇居民的利益作为一切工作的出发点和落脚点。坚持"为了人"这个最高目的，要真正做到关注民生、体察民情、尊重民意、保障民权；把劳动人民的冷暖放在心上，落实在行动上，关心弱势群体的切身利益，在城镇化过程中，满足城镇群众日益增长的物质文化需要，在满足群众基本生存需要的基础上，满足群众的发展需要和享受的需要；不仅满足城镇居民的物质需要，还要满足居民的精神文化需求。

所以，中国新型城镇化首先要关注广大农村转移人口的各种利益。让进入到城镇的人都能够享受到充分的就业权、创业权和受教育权，使广大城镇居民能够得到永续的生产与发展能力。围绕人的发展要求，城镇建设要在城镇定位、城镇规划、城镇规模、城镇结构等方面充分考虑到进城农民的需求，充分体现"宜居、宜业、宜学、宜游"的城镇道路，为人的全面发

---

〔1〕 张瑞才、范建华：《中国特色社会主义文化建设的理论与实践》，社会科学文献出版社2012年版，第85页。

展提供充分的物质基础和环境支持。在新型城镇生活中，农民的身份要向市民化转变，就业从农业向非农业方向转移，生产方式向现代文明方向转型。在城乡相互的沟通和交融中，要使进城的人们能逐步形成现代社会的市民意识，养成健康向上的城镇生活方式，能够全面融入城镇生活，使得人人都能享受现代文明城镇发展的成果。

新型城镇化的发展目标趋向于舒适、休闲、健康、安全和文明等人类最基本的价值追求，使人居环境贴近自然。城镇建设不仅要适宜人们生活，还要适宜人们的创业和企业的生产经营，适宜人的全面发展，创造出能够满足不同层次的居民要求的生活环境和条件。城镇的包容性是以人为本的发展要求，城镇的开放程度、包容程度决定了城镇化的程度。城镇文明的成果不仅属于城镇居民，也属于广大农民。新型城镇化必将为社会提供更为开放和更加畅通的交流渠道，这是新型城镇保持持久活力的重要源泉。要坚持以人为本的理念，使人人都成为城镇化可持续发展的具体实施者，通过深入细致的宣传教育，提高人们对城镇化的思想认识。同时，还要对进城农民进行教育和培训，让这些新型城镇农民从思想观念、劳动技能、生活习惯层面达到新型城镇发展的要求。一方面，根据新型城镇化劳动力市场的需求，加强进城农民劳动技能的培训，提高他们的技能素质；另一方面，要根据城市文明的要求，培养进城农民的就业意识、保险意识和健康意识，着力提高他们的城镇文明意识。

## 二、统筹城镇全局，制定科学的城镇发展规划

城镇发展规划是新型城镇化发展的重要环节，是引导新型城镇化有序发展的重要手段。城镇发展规划主要涉及城镇定位、

城镇规模和发展方向以及措施保障等,它包含着地理空间布局、经济发展条件、文化品位等多方面的内涵,其最终的目的是实现经济、社会、人口与资源环境的和谐共生、共同发展。城镇规划是对城镇发展空间布局的全面安排,是实现城镇有序和持续发展的可靠保障。新型城镇发展规划必须考虑城镇的发展理念。科学合理的城镇发展理念可以指引城镇的健康、有序发展,可以促进经济社会的可持续发展,改善城镇居民的生活环境和生活条件。盲目无序的城镇建设,只会破坏城镇的外在景观,同时带来资源的浪费和环境的破坏。城镇发展规划必须有理念的指导,城镇发展理念犹如人的灵魂,城镇景观犹如人的形体,有灵魂的城镇才能更有品位,才能产生特有的魅力。新型城镇理念立足现实条件,着眼于长久发展,应体现以下几个发展理念:

第一,新型城镇规划要有个性化的特征。个性化特征是新型城镇化可持续发展的动力所在,也是充分发挥地方相对优势、实现城镇快速发展的重要举措。城市规划的个性化包含着城镇景观个性、人文个性、产业个性和功能个性。由于中国各地的地形、气候、文化不尽相同,城镇发展的模式和道路也不完全一致,所以,城镇功能定位也要各具特色、各有亮点。例如,具有悠久文化底蕴的区域,要充分挖掘地方文化资源优势,打造传统文化品牌,缔造传统文化城镇。如曲阜作为中国传统文化圣地,要充分发掘中华传统文化的内在元素,利用现代的技术手段,重新展现历史的原貌,给后人以特有的文化熏陶和感染。沿海城市具有明显的区位优势,要利用特有的环境资源和生态资源打造城市品牌。如山东威海市依靠优越的区位优势,保护珍有的生态资源,打造宜居生态旅游城市,以旅游品牌营造良好的城市品位。内陆城镇可以依托地方资源和环境状况,培育产业的相对优势,以规模或优质的品牌打造城镇发展的优势。甘肃靖远县通过发展现代设施农业、发展大规模的蔬菜种植实现了产业发展的规模化、产业化和市场化的协作发展,不仅解放了农村剩余劳动力,也促使更多的农民走向城镇。规模化、现代化的农业生产方式提高了农业生产效率,也为加快新型城镇化建设奠定了坚实的基础。

  第二,新型城镇规划应遵循可持续发展理念。城镇化可持续发展的根本在于能否实现人与自然的和谐共生。在整个社会生态系统中,人、自然、社会是一个相互联系、相互作用、不可分割的整体,他们之间具有内在的统一性。作为新型城镇化的主体——城镇居民——在整个社会系统中处于复杂的网络中,不可避免地会受到整个社会生态系统的规范和制约。另一方面,新型城镇居民不单单是社会系统的参与者,还是生态系统"核心"位置的主导者,但是这种"核心"并不是指人类可以为所欲为,也不是指可以为了人类自身利益而牺牲大自然的整体利益,而是指新型城镇化建设应始终坚持以城镇经济、社会和自然生态的可持续发展为目标。在全球化进程中,能源危机、环境恶化、粮食短缺等问题不断出现,新型城镇化的发展面临重大挑战,树立人与自然和谐共生的理念对稳步推进新型城镇化发展意义十分重大。这种理念在于改变过去"重经济、轻生态"的错误观念,确立城镇经济、社会、生态的协调发展,以较低的资源代价换取经济的快速发展,保证城镇生态建设的良性循环,促进社会经济全面、健康、持续发展。新型城镇的可持续发展有两个不同的角度:一个是以生态为中心;一个是以人为中心。"生态中心论"以环境可承受和环境得以改善为前提来判断其可持续发展,包括人口和经济增长的限度;"以人为本"的观点以满足当前人的需要但不损害后人和他人的利益为前提判断可持续发展。[1]城镇化过程本身会影响和改变自然生态环境，例如，城镇基础设施建设的扩大、土地利用资源的扩张会带来对生态环境的破坏。为保持城镇建设与生态环境的和谐关系，必须坚持"以人为本"的理念，只有坚持了"以人为本"，才能实现城镇建设的和谐发展，实现经济社会的可持续推进。新型城镇化发展规划是一个多层次、多维度、多因素的复杂问题，它不仅是一种城镇化发展的价值目标，更是一种涉及经济、社会和生态环境发展的具体举措。以持续发展为理念的城镇规划不仅要解决城镇的节能减排、环境整治等问题，更要解决经济发展方式的转型问题，用经济、社会与生态环境统筹的可持续发展理念指导城镇发展，在以城镇经济建设为中心的基础上，促进人与自然的和谐。当前，中国经济发展正面临资源不足、环境恶化等一系列问题，如果片面地追求短期的经济利益、忽视环境的保护，不仅会导致经济不能得到持续发展，而且还会危及子孙后代的长远利益。因此，必须坚持新型城镇规划与环境保护"可持续发展"高度统一，这也是当前中国新型城镇化所要解决的重要问题。

第三，新型城镇规划应坚持大中小城镇的协调发展。新型城镇化的发展不只是发展城市群，同时也要通过城市群的发展来完善城市结构，促进大中小城市和城镇的协调发展。首先，要完善中心城市功能，发挥中心城市的龙头地位，使其起到政治、经济、文化等方面的引领带动作用。应当优化产业结构和城镇空间结构，发挥与周边城镇的分工协作作用，使其真正起到在区域经济和社会发展中的辐射和聚集作用。其次，要加快中小城市发展。挖掘中小城市的潜力，发挥中小城市的区位优

---

[1] 新玉言编：《国外城镇化比较研究与经验启示》，国家行政学院出版社2013年版，第150页。

势，提升中小城市的发展质量，促进城市的一体化发展，有效地疏解大城市的功能。例如，建设以文化旅游、商贸中心、物流城市、产品加工等特色中小城市，把有条件的城镇发展成中小城市。最后，要有重点地发展中小城镇。坚持节约有效用地，以特色发展作为城镇化发展的重要原则，重点发展三类中小城镇：把大城市周围的小城镇建设为卫星城市；把特色产业和生态文化优势的小城镇发展为独具魅力的特色城镇；把远离中心的城镇通过完善公共服务和公共设施建设成带动农村的重要节点。[1]

城镇规划是城镇发展的战略性目标和布局，要考虑到城镇整体的发展目标和顶层设计，借鉴绿色 GDP 衡量标准，建立完善、科学的城镇评价标准，综合考察人口在城镇化发展中的比重，进一步分析城镇化发展过程住房总量、基础设施、公共服务、生态环境和社会和谐等方面的情况，全面协调城镇发展布局，依据城镇自身资源、环境条件，合理规划城镇发展布局，从而加快新型城镇化发展的步伐。

### 三、优化产业布局，实现"四化"的深度融合

中国新型城镇化发展道路必须从时代特征和现实发展的背景下制定城镇化的发展布局。新型工业化是城镇化、信息化和农业现代化的根本动力，信息化是新型工业化、城镇化、农业现代化的重要引擎，城镇化是新型工业化、信息化和农业现代化的重要载体，农业现代化是新型工业化、城镇化和信息化的发展基础。新型工业化、信息化、城镇化、农业现代化已成为相互联系、不可分割的整体，"四化"之间相互包容，相互促进。

---

[1] 国家行政学院进修班：《中国城镇化建设读本》，国家行政学院出版社 2013 年版，第 105 页。

新型工业化是城镇化、信息化和农业现代化的根本动力。新型工业是工业发展高级形态,具有集约化、规模化、集群化等特征,这决定了人力资源、生产资本、社会活动等要素向城镇集中的趋势。随着城镇产业力量的增强,对低碳、绿色、环保等领域的研究逐渐深入,专业技术研发队伍更加聚集,这促进了城镇经济结构的优化和城镇体系的完善。工业化是信息化的前提和基础,新型产业由劳动和资本的密集向知识密集的转变,创造了信息技术发展的需求,为信息产业的发展提供了动力。新型工业的发展为农业现代化建设提供了资金保障,也带动了农业技术和运作模式的进步,从而使得农业现代化向纵深发展。

信息化是新型工业化、城镇化和农业现代化的加速器。信息技术的快速发展,提供了传统工业的生产效率,加快了产业结构的调整。信息技术在城镇生产、生活和社会管理领域中的广泛应用,为城镇内部的网络化和一体化提供了技术支持,提升了城镇的整体功能。信息技术成了现代农业发展的核心要素,沟通了市场、政府、企业、农户等环节,在农业生产、销售、管理和服务等领域进行全程跟踪和监督,使得农业生产流程更加智能、规范。城镇化是工业化、信息化和农业现代化的实现载体。

新型工业的发展催生了城镇规模的扩大、层次的提升,这又为新型工业化发展创造了新的需求。城镇本身具有竞争机制使得商品经济得以高度发展,物质产品和生产要素集中参与市场竞争,从而形成了优胜劣汰机制,推动科技的不断进步,产业结构的不断升级,工业化程度的不断提高。[1]城镇化推动生

---

〔1〕 胡际权:"中国新型城镇化发展研究",西南农业大学 2005 年博士学位论文,第 119 页。

产要素的聚集带动了对信息技术和产品的巨大需求，扩展了信息产业的发展空间。新型城镇化带动了农业剩余人口的转移，挖掘了农业发展的潜在市场，促进了农产品结构升级，加快了农业现代化的进程。

农业现代化是新型工业化、新型化和城镇化的基础。一方面，农业生产效率的提高、土地资源的集约利用，为新型工业发展提供了原材料供给和充足的人力资源；另一方面，农业现代化对农业器具和肥料的需求，为新型工业发展提供了良好的市场机会。农业现代化要从以下几个方面来着手：加快现代农业的基础地位，提供农业产品总量供给，确保新型城镇化发展的食物供给。加大对农业的投入，改善农业生产条件，加快科技进步和农民素质提高，实现农业生产的规模经营，加速传统农业向现代农业的转变，实现农业生产的专业化、商品化和社会化。为了适应现代信息技术、智能化技术的时代要求，农业在发展模式上要相应地加以改变，大力发展智慧农业。要从整体上重视农业发展目标的设计，充分利用智能化技术、信息技术等现代科技成果实现农业生产的自动化。[1]鉴于当前技术条件和经济发展水平，可以先发展初级信息技术，建立初级智慧农业，鼓励智慧农业示范区建设，发挥智慧农业示范的模范和带动作用。要加强政府对政策的引导、知识的宣传、项目评估等方式和手段，及时把握和掌控智慧农业发展的新情况。在质量控制方面，要利用现代科技手段实现农业生产的精细化管理，通过量化的手段实现对农作物质量的把握，用智能化的技术手段加强对农产品的质量控制和过程控制，达到最大限度地减少化肥、农药对农作物的使用，确保农产品的质量。在农业信息

---

[1] 阮青、邓文钱："发展智慧农业问题研究——以广西为例"，载《桂海论丛》2013年第2期。

技术方面，要重视现代信息技术对农业发展影响，加大对农业生产技术的资金和物质投入，更新农业生产技术设备，为农业生产提供坚实的物质基础。在人才培训方面，要重视农业人才队伍建设，培养掌握现代农业科学技术知识、把握市场导向的复合型人才。鼓励更多的科技知识分子投入到农业的发展中去，使农业成为具有高科技含量的产业。应当积极发展高科技产业，运用高科技技术对传统行业进行升级和改造，提升工业化的发展水平。还需利用区域之间的相互联系，构建合理的产业分工协作体系，壮大龙头企业，增强产业对地区经济发展的辐射带动作用。

所以，当前新型城镇化道路要充分利用工业化中期经济发展的机遇，调整优化产业结构，增强产业可持续发展的能力，为农村剩余劳动力的转移提供更多的岗位，并且强化产业对农民和农村的带动作用，从而保证城镇化与工业化适度协调发展。推动"四化"的深度融合，最重要的是以产业发展与城镇发展的良性互动为抓手。在城镇化进程中起决定作用的是工业发展。随着产业结构的不断升级，第二产业相应地得以发展，第三产业也在逐步壮大，最终，第三产业将成为中国新型城镇化的主要动力。在市场经济体制的作用下，现代农业广泛地运用现代工业成果和科技、资本等现代生产要素，农业从业人员不断减少，从事农业人员的素质不断提高，农业生产经营活动出现了专业化、集约化、规模化的趋势。

**四、健全体制机制，清除城镇发展制度性障碍**

当前，中国新型城镇化道路面临的主要问题是制度性障碍，这不仅制约了城镇化的发展水平，也制约了经济社会的持续发展。从中国传统城镇化向新型城镇化转变过程中，当前各种条件和环境发生了巨大的变化,特别是国际环境的变化、生产方式的跃迁、生活观念的变革等因素,要求逐步消除新型城镇化发展的制度性障碍。所以,要在全面深化改革的基础上,进行机制体制性的创新,破除以往城乡分割、区域分割等体制性因素,营造公平、公开、透明的发展环境,为社会主义市场经济健康发展创造良好的发展环境。具体要从以下几个方面进行制度性的革新:

第一,加快户籍制度改革。户籍制度可以说是世界各国通行的一项基本的人口管理制度,也是重要的社会管理制度。[1]户籍制度反映了一定时期的国家社会管理水平。中国户籍制度实质上是一种限制人口流动的制度,主要是限制人口由农村向城市迁移,特别是向大城市迁移。[2]中国当前的户籍制度不适应经济社会发展的需要,也阻碍了中国城镇化发展的步伐。随着中国城镇化步伐的加快,原有户籍制度的弊端已经严重束缚生产力的发展,致使社会矛盾、社会冲突现象不断出现。户籍制度到了不得不改的时候,只有创新中国户籍制度,建立以身份证管理代替户籍管理的制度,取消依附在户口中的隐性福利,才能实现城乡之间人才的自由流动和公平竞争,这也是中国户籍制度的最终目的所在。还应促使城乡之间劳动力市场形成,建立合理的人力资源配置,并且充分利用提供机制性的服务,以保障公民的合法权利,体现社会主义公平正义。[3]这就需要我们做好以下几方面的工作:首先,需要改变以往户籍登记制度,建立公民以常住地为标准的户口登记制度。实现以居住地

---

[1] 胡宝荣:"论户籍制度与人的城镇化",载《福建论坛(人文社会科学版)》2013年第12期。

[2] 范恒山、陶良虎:《中国城市进程》,人民出版社2009年版,第242页。

[3] 曹景椿:"加强户籍制度改革,促进人口迁移和城镇化进程",载《人口研究》2001年第5期。

划分城镇人口和农村人口,以职业划分农业人口和非农业人口,使户口登记能够如实反映公民的居住和身份状况。常住地登记制度不仅可以为户籍管理带来便利,而且也可以减轻公民额外的负担和压力,这将成为改变二元户籍制度的决定性一环。为顺利推进常住地登记,对流动人口登记要有科学、严格的规定,因地制宜地制定相应对策,以城镇居住时间长短作为户口登记的重要标准,在经济发达地区规定的居住时间严格些,在西部欠发达地区则规定得相对宽松些,有差别地推进户口登记制度。其次,取消依附在"户口"上的隐性福利和特权。逐步取消居民福利待遇与户口挂钩,使得农村户口与城镇户口的差别更多地体现在居住地的差异上,而不是体现在两种不同的地位和权利上。创造进城农民与城镇居民都有平等参与市场竞争的机会,而不是像过去那样由于城乡壁垒导致等级分明,人为地制造两种不同的身份标签,从身份的不平等带来事实的不平等。再次,有计划、有步骤地推进城镇户籍制度改革。根据不同地区的经济发展水平、人口分布,有步骤、有计划地推进人口的合理流动,特别是对那些有知识、有才能、有本领的优秀人才,优先鼓励和引导到中等城市、大城市。同时,还要贯彻"严格控制大城市,合理发展中等城市,积极发展小城市"的方针。随着农业人口流动速度的加快,人口转移的数量也在增加,单纯依靠发展小城镇实现人口转移很难适应形势需要,所以必须挖掘大中城市的容纳力和承载力,从内涵和外延扩大大中城市的人口容量。积极放开小城镇的户口限制,让更多的农民能自由进入城镇,能够自谋职业、自由居住。最后,以信息技术推动户籍制度的改革。充分利用当代先进的科学技术,改变过去那种落后的登记方式,提高户口登记、人口统计、户口查询等登记工作效率和质量。用科学化、信息化的管理技术,提高户口管

## 第四章　中国新型城镇化道路的路径选择

理的工作效率，同时促进户政队伍的廉政化建设，进而促进户籍管理和改革的规范化、制度化。

　　第二，根据集约城镇化发展要求，创新农村土地制度。中国农民穷困的根源是土地制度的不合理，其出路是改革土地制度。[1]在传统的城镇化过程中，土地利用出现了不经济、不合理的现象，特别是建设用地偏高、住宅用地效益低下现象。随着城镇建设的无序扩张，土地粗放经营严重、利用效率低下的问题非常严重，出现了用地缺少统一规划、盲目建设严重等一系列现状。这是由于小城镇土地开发成本相对便宜，政策相对比较灵活，在城镇开发过程中缺少必要的约束，盲目建设问题突出，导致地方用地结构不合理、土地资源的大量浪费，土地闲置现象比较严重。一些宅基地、名存实亡的事业单位出现了大面积土地，利用效率比较低，甚至出现了荒芜土地。一些经济开发区出现了"征而不用、多征少用"的粗放型用地等现象。城镇之间的分工不明显，导致城镇间的相互合作、相互配合功能不足，在一些地区追求小而全、盲目上项目，低水平重复建设比较严重，在一些城区大搞土木工程，如商业街、贸易城等土地开发，更多的是有城无市，造成了基础设施的闲置、土地的低效利用。尽管土地浪费问题有多方面的原因，但是其背后深层次的原因在于现行土地制度存在缺陷。[2]一方面，政府征收范围过宽，一些地方政府滥用土地征用权，利用公共利益名义，随意征用农村集体所有的土地；另一方面，土地补偿标准过低，助长了地方政府的财政收入。当前，农村征地补偿并不能保证补偿费全部归于农民所有，一般情况来讲，征地补偿归

---

[1]　费孝通：《中国城镇化道路》，内蒙古人民出版社2010年版，第253页。
[2]　李忠："城镇化和土地制度问题研究"，载《经济研究参考》2005年第48期。

于集体统一支配，最终到农民手中的非常少。政府将征用的土地变为建设用地以高价出售，导致政府可以从土地出让金中获取高额的增长收益。土地制度改革是一项综合复杂的改革，在城镇化过程中，土地制度改革要坚持政府主导下的改革，重视顶层设计，优化土地改革政策。要把农村土地制度改革的顶层设计和村民自治有机结合起来，在顶层设计中划出底线，确保农村妇女儿童和低收入群体的最低生活保障，确保他们维持生活来源的土地权益不受侵害，在此基础上，通过村民自治制度对农民土地制度作出合理的安排，从而激发农村活力，确保农村土地优化配置。为确保农村土地补偿收益的合理分配，避免少数村干部为获得私利而牺牲农民利益的现象，必须考虑农民权益保护的分级决策机制。在高级决策层面上，应将维护失地农民权益作为底线；在中级决策层面上，应通过少数服从多数的民主原则来平衡失地农民利益的矛盾；而在初级决策层面上，则应赋予少数村干部来审查和监督土地城镇化的合法性和正当性。应当重视土地政策与产业政策的衔接，实现产业发展与城镇间的良性互动。只有解决了农民进城的就业问题，才能让进城居民留得下、住得好，为实现农民城镇化道路找到一条出路。[1] 中国新型城镇化建设还要创新农村土地流转机制，在稳定农村家庭联产承包责任制基础上，通过承租、转包、土地使用权入股等形式，维护农民土地的收益权，为进城农民提供稳定的收入保障，同时，也为农村土地集约化、规模化经营提供条件，为农业现代化奠定坚实的基础。在建设用地控制方面，国家要对土地开发利用进行严格监督，在公开、透明的原则下，规范土地交易市场，对开发商进行严格约束，特别是应当加大对闲置

---

〔1〕 杨真贵：“新型城镇化中的土地制度改革”，载《中国地产市场》2013年第7期。

土地、废弃土地的合理开发利用,通过集约化开发模式提高土地的利用效率,保障中国新型城镇化的健康发展。

第三,社会保障制度是推进城镇经济发展和制度体系建设的核心内容,是把握中国新型城镇化各种关系的内在逻辑起点。现行社会保障的法律、法规缺少较高的法律效力和真正的法律责任制度。尽管社会保障制度改革有近二十年的历史,社会保障立法工作仍然明显滞后于时代的需要,所以,必须对现行的社会保障法律法规进行完善。在原有发展经验的基础上,应形成一个较为完善的社会保障法律体系,为新型城镇化发展提供有力的保障。当前社会保障覆盖面狭窄也影响了社会保障功能的发挥。在整个社会制度框架里,国家对社会保障的主要群体还是城镇居民,广大农民还在社会保障之外,并没有和城镇居民享受一样的待遇,特别是一些社会养老保险项目主要集中在国家行政事业单位、集体企业等领域和部门,在一些基础比较好的农村搞些试点,但是远远不能满足社会成员的需要。社会保障资金严重不足。随着城镇化的进一步扩大、社会保障改革的进一步深入,享受最低生活保障的范围也在迅速扩大。但是,由于近年来企业效益不断下降、资金不断紧张,社会保障基金收缴难度加大。如果不能及时补给社会保障资金流,社保制度的建立和完善也将成为一句空话。社会保障制度管理不规范,在一些地区出现了基金挪用现象和违纪违法问题,不符合规定的退休和冒领养老金现象也未能从根本上得到解决。在医疗保险制度中,缺少对个人和机构的有效监督和制约,为参保人、医疗服务机构侵蚀医疗基金留下了空间。建立城乡一体化的社会保障制度建设,需要建立城乡之间相互衔接、相互协调的社会保障机制,要确保实现异地互通。要加大农民社会保障体系建设,根据现行的征地拆迁和农民安置办法,逐步探索失地农民的社会保障基金,这里面既有土地出让金,还包括中央和地方政府方面的财政拨款,以为地方社会保障基金提供充足的资金。建立失地农民社会保障体系,为失地农民提供最低的生活保障、养老保障、医疗保障、教育和培训机会,通过相应的配套政策和措施,加强社会保障的立法工作,发展社会保障实体,充实小城镇保障队伍。建立政府、企业、个人多家共同出资的就业基金制度,以农民、地方政府和中央政府共同出资组建社会保障基金,保障农村居民养老、医疗、基本生活保障等基本服务。适当提高发达地区的社会保障基金的比例,弥补西部欠发达地区的因财政支付能力不足的缺口,最终实现全国范围内农村居民社会保障的统一。

第四,就业制度是实现中国新型城镇化和农民市民化的关键。[1]农民从农村来到城镇,离开了长期依赖的土地,能否在城镇定居下来,关键在于能否在城镇找到维持自己生存及其家属所必需的生活资料的工作岗位。如果农民来到城镇却处于长期的失业状态,不仅不能推进中国城镇化的进程,反而会影响整个社会的稳定。现行就业制度对农民劳动力具有极强的制度约束性,使得农民不能在同等的条件下获得同工同酬的待遇,使得劳动力不能得到合理的资源配置。其中,就业制度影响城镇化的最核心因素是二元就业结构。自从新中国成立以来,在相对较长的一段时间里,由于经济衰退和通货膨胀,出现了两次就业高峰,后来,又出现了"固定工作制度"。1955年,国家出台了《关于第二次全国劳动局长会议的报告》,又取消了自行就业制度,城乡二元户籍制度将城乡两个群体割裂开来。从改革开放以来,中国尽管在就业制度方面进行了很大的改革,

---

[1] 尚娟:《中国特色城镇化道路》,科学出版社2013年版,第101页。

但是整体的就业形势仍然很严峻,特别是在经济体制转型时期,农业容纳劳动力出现了下降的趋势,农村剩余劳动力转移的压力继续拉大;产业结构升级致使劳动力素质偏低的结构性失业数字偏大,从而增加了农村剩余劳动力转移的难度。[1]就业制度必须进行系统性改革,逐步取消原有户籍制度的限制,对就业、再就业进行制度性的变革,把扩大就业作为经济社会发展和调整经济结构的重要目标,改善农民工的工作环境和工作条件,取消对农民劳动力进城就业、创业的制度性障碍和各种限制,进一步规范劳动力务工证、暂住证的登记项目管理。建立自由流动性的就业制度,需要在公平竞争的制度和环境下,发挥市场机制的决定性作用,促使人才资源的优化配置。这需要建立相应的就业服务和培训体系,搭建劳动力信息交流平台,为企业、事业用人单位与劳动力的就业需求进行有效对接,减少中间不必要的环节。此外,还要重视对弱势群体的劳动技能培训,扩大农民工的培训范围,提高农民工的劳动技能和就业水平,清除歧视农民工的制度性障碍,逐步建立劳动者通过身份证就能自由参与劳动力市场竞争的格局。

### 五、创新发展模式,激发社会各方的发展活力

中国新型城镇化道路需要对以往政府主导的传统城镇化模式进行审视和反思,根据时代发展要求重新确定政府和市场的关系问题,以便更好地激发社会各方面的活力。在城镇化过程中,市场和政府双方在不同时期发挥不同的作用。当前,中国新型城镇化建设的一个亟待解决的问题是市场定位问题。著名经济学家辜胜阻认为,城镇化的发展要发挥市场在资源配置中的

---

[1] 范恒山、陶良虎:《中国城市化进程》,人民出版社2009年版,第246页。

决定作用，需要坚持"市场主导、政府引导"的发展模式。[1]通过市场机制对城镇化进程发挥决定性作用，形成合理的城镇化发展布局，促使城乡之间要素能够自由流动，实现资源的合理流动、产业的聚集发展，形成城镇化多层次、多元化的发展趋势。

  在新型城镇化道路上，应当充分发挥民间和企业主体组织的力量。在市场机制的作用下，企业能够充分尊重和利用价值规律的杠杆来调节自己的生产活动。城镇的聚集效应会促使企业向城镇集中。从外部聚集效益方面来看：一方面，企业利用城镇特有的地域优势和资源优势，能够很方便地获得生产活动所需要的原材料、能源、水等要素，这将最大限度地减少企业投资，降低企业的生产成本；另一方面，城镇所提供的技术、信息、人力资源、市场等条件将有利于企业产品结构的升级换代，可以增强企业的核心竞争力。所以，企业在市场机制作用下实现了与城镇之间的良性互动，有利于促使中国新型城镇化道路的形成。在传统计划经济体制的束缚下，国有企业没有独立的自主权，市场机制和价格机制的作用得不到充分的发挥，致使对内外的聚集效益反应不是很明显，难以形成促进城镇化发展的自发动力。随着改革的扩大和深入，市场机制从辅助性的作用，到基础性的作用，再到决定性的作用，企业的自主经营权不断扩大，乡镇企业、个体企业得到迅速发展，在经济基础比较好的开发区吸引了越来越多的企业，带动了人口、资金、生产资料向中心区域的集聚，促进了城镇建设和发展，加快了城镇化进程。随着市场机制越来越成熟、完善，企业对城镇化进程的促进作用会越来越明显。

---

  〔1〕辜胜阻："城镇化要坚持'市场主导，政府引导'发展模式"，载人民网：http://people.com.cn，2013年11月29日访问。

发挥市场在城镇化资源配置中的决定作用，还在于激发民间资本的活力。面对新型城镇化带来公共服务需求的快速增长，单靠政府的主体地位还不能满足城镇居民对公共服务的需求，如城镇的养老、教育、医疗等方面的公共服务供不应求，这为民间资本发展提供了巨大的发展空间。民间资本作为高度人格化的经营主体，具有自主经营、自负盈亏、自我约束等方面的特点，其能够敏感地捕捉市场变化的信号，及时调整企业的经营发展策略，从而使城乡之间的各种资源得到优化配置。以民间资本参与城镇化建设和经营，不仅提高了政府行政效率和城镇经营的水平，而且彰显了城镇的个性和魅力，激发了城镇的创新力和活力，从而提高了城镇的吸引力。

政府在新型城镇化建设中主要承担着政策指导和宏观调控的角色。政府应制定城镇总体政策规划、土地开发方案、相关政策出台等方面的工作，在相关的政策出台、产业培育、资金筹措等方面给予政策引导和支持，[1]并且充分发挥市场理念和市场机制的作用，改变政府行政职能管理体制和机制，建立起城乡一体化的管理体制、公共服务机制、社会保障机制、劳动就业制度等，同时加快土地产权制度的改革，促进土地有效流转，实现土地的规模经营。在不同时期，政府在城镇化中的作用是不一样的。在计划经济体制下，政府主要发挥强制性的功能，通过指令性的计划、法律手段取代市场等民间力量来控制城市的发展，从而直接干预经济的手段。在一定时期内，其不仅没有带来经济社会的发展，反而带来了严重的城乡二元结构，使得城乡差距越来越大，社会资源和生产要素配置出现了严重的失衡。随着中国经济体制的逐步完善，政府对经济发展的作

---

[1] 杨仪青："新型城镇化发展的国外经验和模式及中国的路径选择"，载《农业现代化研究》2013年第4期。

用逐步演变为以宏观调控为主的城镇化制度安排，大大地促进了城镇化的进程。政府角色的转变不仅限制了政府的各种权力，提高了政府工作的效率，而且更重要的是增强了企业发展内在的活力。在宏观调控层面，中央政府主要负责相关法律法规和政策的制定，消除地区之间、部门之间、行业之间的制度性障碍，维护经济社会发展秩序，保证民间力量能够顺利参与到城镇化建设之中。另外，中央政府不仅应负责政策、法律方面的指导，还应当承担价值观念、伦理规范等方面的非正式约束，从而保证社会发展的政治方向。由此，中央政府借助经济、行政、法律等手段来推进新型城镇化建设，既能保证自身的政治权威，维护整个国家的尊严，又能顾及广大人民的利益和意愿，从而促使新型城镇建设能够健康、协调发展。在地方政府层面，在当前中国的政治制度和框架下，地方政府对经济社会发展和城镇建设起着核心作用。具体体现在，地方政府利用和执行中央的政策，根据地方资源、区位的实际情况，协调与外部企业的各种关系，提供土地、税收等各种优惠政策，充分发挥本地的特色优势，提高地方经济发展的相对竞争力和吸引力。利用本地的各种财力和人力，挖掘地区发展的优势，提高城镇发展的水平。在此过程中，地方政府在某些情况下也会出台一些地区保护性质的政策。如受到地方利益的影响而制定一些地域、部门界限等限制性的措施，过分强调地方企业的局部利益，而忽视区域之间的分工，进而影响企业之间的公平竞争。新型城镇化道路是在注重发挥地方政府的推动作用的同时，加强对中央政府的宏观调控，克服地方政府在城镇化进程中的缺陷和消极影响，使得中央政府和地方政府在新型城镇化发展过程中，各自定位、协同发展，共同推进新型城镇化的进程。

## 第五章
# 新型城镇化指标体系构建
## ——以山东省为例

中国新型城镇化的发展离不开科学的指标评价。笔者的以山东省新型城镇化为例,系统梳理国内外新型城镇化评估体系研究状况,分析城镇化发展过程中的经验教训,吸收借鉴国内外关于城镇化指标体系研究中有价值的理论成果,从宏观和微观、理论和实践相结合的视角,对新型城镇化指标体系加以综合研究,利用多因素分析、多指标构建、多模型评估等工具手段,通过模型建构、科学分析,构建符合山东实际的城镇化综合评估体系。

## 第一节 新型城镇化评价标准和指标体系的研究状况

城镇化指标体系集中反映城镇化发展质量和水平,对科学制定新型城镇化发展战略和重大决策起着重要的作用。当前,国内外一些专家从城镇化发展实际出发,以广阔的研究视角和科学的分析方法,利用广泛的各种资料,通过各种实证分析和逻辑推演,对城镇化发展标体系进行了一系列深入研究,并取得了丰硕的研究成果。这些研究成果为监测和评估城镇化发展成效提供了准确、有效的决策信息,有力地推动了新型城镇健康发展,具有重要的指导作用。

## 一、国外城镇化指标体系研究状况

当前,国际上公认的城镇化评价标准针对的是城镇化发展水平,一般用城镇人口占总人口的比例来衡量,即人口城镇化率。然而,单一的人口指标只是对城镇发展规模的评价,难以对城镇的产业支撑、基础建设、社会保障、文化水平、生态建设等方面进行准确衡量。城镇化发展涉及经济、社会、文化、生态等因素,所以,城镇化评价指标体系也必须根据现实要求来加以完善。在国际上,一些学者普遍采用复合指标法来评价城镇化的发展质量和水平。比较成熟的指标有以下几种:

第一,英国地理学家克拉克根据人口、职业、居住环境及城市中心的距离等16个指标进行分析,构建出了一套城镇化评价体系,并把该指标体系应用到英格兰和威尔士农村,将这些农村划分为四种类型:极端性非乡村、中间型非乡村、中间型乡村、极端型乡村,该指标以统计分析为主,用客观分析法来代替以前的主观模糊表述。但是由于时代发生了变化,且该指标系针对英国具体情况制定,其中部分指标在现在看来并不合理。

第二,美国斯坦福大学社会学教授因克尔提出的现代化指标体系。该指标充分考虑了国际上较为通用的现代化指标体系,包括人口自然增长率、人均GDP、城市人口占总人口的比重、非农就业者占总就业者的比重、非农产业占GDP的比重、第三产业占GDP的比重等10项指标。这套指标体系侧重于GDP,然而,GDP代表经济的增长,并不能衡量居民整体生活水平的提高和生态环境的改善,故该指标体系同样存在缺陷。

第三,日本城市地理学家稻永幸男等提出用"城市复合度"指标来研究城镇化推进情况。城市度由地域规模、位置、经济活动、静态人口结构以及动态人口等五大指标构成。这项指标体系针对城市经济发展与人口规模进行测量，但仍然不能完全衡量居民生活环境和生活水平的变化。

第四，联合国社会事务部统计处建立了人均收入、人口出生率和死亡率、文盲率、居民拥有医生比率、非农业产值百分比等 19 项指标，作为评价世界各国城镇化与社会、经济和人口变化之间关系的重要参考。这项指标体系整体反映了世界各国城镇化过程中经济社会发展的情况，但该指标并未区别对待不同地区所处的不同阶段的城镇化特点，不具有特殊性和操作性。2002年，联合国人居中心编制的城市发展指数，从生产能力、基础设施、废品处理、健康和教育等 5 个方面 12 个具体指标对城镇化进行评价，虽然具有操作性，但未能全面展示城市发展情况。[1]

综合上述，尽管国外学者从不同方面和角度对城镇化发展进行了评价和测量，但其基本模式都是针对评价对象能反映出其内涵，而且针对不同方面提出的一系列的评价指标，通过定量或定性分析来评价城镇化发展情况。由于所处的时代、地域和条件不同，采取数据的难易程度也存在差异，所以选取的指标也不尽相同。然而，从总体上看，人口、经济、居民、生活质量等仍然是专家们研究的重点。

## 二、国内城镇化指标体系研究状况

### （一）城镇化水平和质量的评价标准和要素

国内对城镇化评价标准主要分为两种。第一种作为衡量城镇化水平的标准为单一指标标准，通常有三种，即城镇人口比重、非农业人口比重、城镇土地利用比重。这三种标准比重操

---

[1] United Nations Human Habitat, "The Habitat of the World's Cities Report 2001", *Un-Habitat*, 2002, 116~118.

作简单、直观明了。但是缺陷在于不能全面反映城镇经济社会发展的状况，具有一定的片面性和局限性。因此，国内多数学者开始转向复合指标体系研究。通过近年来关于城镇化水平评价的论文和著作可以发现，总体侧重经济社会发展、人口增长，忽视生态环境保护，而且较少考虑到农村的发展，评价结果表现出城市优于发展的城镇化。

从城镇化质量评价标准上看，多数学者采用综合性城镇化评价指标体系，从多维度、多方面来设计城镇化质量评价的要素。秦润新教授将农村城镇化指标体系设计为包括经济发展、人口结构和社会环境这三方面的一级指标层，具体包括人均 GDP、第三产业占 GDP 比重、社会保障覆盖率、恩格尔系数、基尼系数、非农业劳动力占农村劳力的比例、高中以上教育人口比例、人均公共道路面积等二十几个指标。孔凡文教授认为中国城镇化质量评价指标体系应该包含总体、单项、群体和基础指标这四级指标，其中总体指标为一级指标，主要反映城市化质量总体水准；单项指标为二级指标，具体包括经济状况、基础设施设备、社会进程、生活形式、自然环境等几大方面；群体指标为三级指标，构成单项指标；基础指标为四级指标，是一些具体指标。任军号认为地区城市化评定目标体系包括几个方面的内容：一是发展基础指标；二是发展水平指标；三是协调发展能力水平指标。具体包括经济基础、产业构成、人口结构、资源环境、自然环境、生活形式与物质文明等方面。[1]通过国内学者对城镇化质量评价标准的梳理我们可以看出，城镇化质量评价标准要素呈现出了新的特点：一是指标要素涵盖的内容更加全面；二是指标要素的分类更加合理；三是指标要

---

〔1〕 任军号等："大城市周边地带城市化水平评价指标体系"，载《西北大学学报（自然科学版）》2005 年第 2 期。

素综合目标指向更加明显。

(二) 城镇化水平和质量的评价方法

根据城镇化的发展特点和规律,学者们在评价要素后设定了一系列的评价指标,采用定性分析或定量分析的方法进行评价。多数学者采用量化的评价指标,对原始数据进行处理后赋予权重。有的学者采用主观性的层次分析法,结合使用德尔菲法或模糊隶属度方法综合评价;有的学者运用了相对客观的主成分分析法和因子分析法,最后再运用聚类分析方法进行实例结果的分析;其他少量文献运用的是熵值法、灰色关联度以及遗传算法。

(三) 地方政府和机构发布的城镇化发展评价报告

中央提出新型城镇化发展战略以来,地方政府十分重视城镇化评价标准的分析研究,加大了对城镇化发展的引导、调控、考核、评比。湖南省根据加快完善城镇化发展战略体系,了解城镇化的发展进程,遵循城镇化可持续发展的原则,选定了包含"经济发展、水平提高、居民生活、生态环境和城乡统筹"等五大指标。[1]江苏省的城镇化质量标准包含经济发展质量、社会发展质量、生态环境质量和城乡统筹质量四大准则层,还包含40个指标层。[2]2013年,中国社科院公布《中国城镇化质量报告》,从城市自身的发展质量、城镇化的推进效率、城乡协调的程度三个标准提出了经济、社会、空间、环境、收入、公共服务等6大要素和34个指标,进而分析了我国地级以上市城镇化发展的质量情况。[3]

---

〔1〕 湖南省城乡规划委员会:《关于印发〈湖南省城镇化指标评价体系〉》,2010年。
〔2〕 郭飞:"江苏省城镇化质量研究",南京师范大学2013年博士学位论文。
〔3〕 魏后凯:"中国城镇化质量综合评价报告",载《经济研究参考》2013年第31期。

### (四) 国内新型城镇化的评价标准和指标体系

通过梳理国内关于新型城镇化评价标准和指标体系的相关研究，在新型城镇化研究方面，学界对城镇化内涵、特征和发展战略等问题研究颇多。然而，对发展指标研究研究成果却显得较为单薄，这也成了本书研究的一个突破口。从已有成果上看，有少数学者从不同方面和层次进行研究，比较代表性的有以下几个成果：

（1）胡际权建立的新型城镇化评价体系。[1]早在2005年，胡际权博士便提到了新型城镇化的评价体系，这也是学术界最早的对于新型城镇化的评价。他以提高城镇化水平为目标，从经济、社会、政治、生态环境四个方面设置功能性指标，衡量新型城镇化的发展状况。

**表5-1　胡际权建立的新型城镇化评价指标体系**

| 目标层 | 指标层 |
| --- | --- |
| 经济集约发展 | 人均GDP、非农产业增加值占GDP的比重、非农产业从业人口占从业人口总数的比重、土地产出率、工业劳动生产率、万元工业增加值能耗、人均拥有道路面积 |
| 社会和谐发展 | 城乡就业率、社会保障覆盖率、恩格尔系数、基尼系数、人均受教育年限、平均每名医生服务的人口、人均居住面积 |
| 政治文明发展 | 万人刑事犯罪率、万人群体事件发生率 |
| 生态环境保护与建设 | 绿化覆盖率、污水集中处理率、生活垃圾害化处理率、人均公共绿地、生态环境保护、绿化覆盖率、污水集中处理率、生活垃圾无害化处理率、人均公共绿地与建设 |

该研究从经济发展、社会和谐、政治文明和生态保护等方

---

[1] 胡际权："中国新型城镇化发展研究"，西南农业大学2005年博士学位论文，第82页。

面设定了新型城镇化发展指标,并对层次进行细化,作为评价新型城镇化发展状况的重要指标。这种评价指标对开拓新型城镇化指标体系研究空间,加深对新型城镇化内涵认识具有重要作用。然而,该指标所处的背景和面对的问题与现在有很大差别,不能完全反映当今新型城镇化发展的重点和方向。

(2)牛文元建立的中国新型城市化指标体系(CNUIS)。[1]该体系从城乡关系框架对相关指标进行了详细分析,指标体系比较全面,对城乡社会变化的重要指标都有所体现,较清晰地反映了城乡经济社会发展的状况。但是该体系划分过细,指标过多,相关重要指标仅局限于城镇,涉及乡村的指标过少。所以,这种指标体系也很难作为新型城镇化体系的评价指标。

表5-2 朱文元建立的中国新型城市化体系(CNUIS)

| 状态层 | 变量层 | 要素层 |
| --- | --- | --- |
| 城乡基础实力 | 资源禀赋指数 | 人均土地面积、土地资源占全国份额、水资源占全国份额、经济规模指数GDP占全国份额、人均GDP、GDP密度 |
| | 工业发展指数 | 工业化率、工业总产值 |
| | 基础设施指数 | 人均道路面积、人均供水总量、人均供应燃气总量 |
| 城乡统筹能力 | 财政统筹指数 | 市辖区人均财政支出、市辖区财政支出 |
| | 投资统筹指数 | 市辖区固定资产投资额、市辖区人均固定资产投资额 |
| 城乡竞争能力 | 创新能力指数 | 科研投入、万人拥有科研人员数 |
| | 信息化指数 | 移动电话户数、互联网户数 |
| | 全球化指数 | 外商实际投资额、外商工业总产值 |
| | 投入产出指数 | 固定资产产值率、全员劳动生产率 |

[1] 牛文元:《中国新型城市化报告》,科学出版社2012年版。

续表

| 状态层 | 变量层 | 要素层 |
|---|---|---|
| 城乡自然质量 | 发展质量指数 | 单位GDP能耗、单位GDP水耗 |
| | 环境治理指数 | 工业固体废弃物综合利用率、城镇生活污水处理率、生活垃圾无害化处理率 |
| | 生态保护指数 | 人均绿地面积、建成区绿化覆盖率 |
| 城乡人文质量 | 生活质量指数 | 职工平均工资、人均社会消费品零售总额 |
| | 人口发展指数 | 人口自然增长率、非农人口、居民医生比率 |
| 城乡社会保障 | 政府保障指数 | 社会保障支出占财政支出比例、城镇人均低保支出 |
| | 个人保障指数 | 城镇登记失业率、城乡居民人均储蓄额、最低生活保障线下人口比重 |
| | 城乡一体化水平 | 经济均等化指数 市辖区人均GDP、二元结构系数、市辖区人均财政收入 |
| | 社会均等化指数 | 市辖区人均医生数、市辖区人均中小学数 |
| 城乡制度建设 | 行政绩效指数 | 公务员占总就业人数比例、公务员服务效益 |
| | 管理有序指数 | 经济拉动系数、城乡收入差距变动 |

（3）牛晓春等建立的新型城镇化发展水平评价体系——以陕西省10个省辖市为例。[1]随着新型城镇化的逐步发展，对新型城镇化指标体系的实证分析备受关注。学者们更多地用复合指标的评价方法，通过实证研究对新型城镇化进行系统、全面的分析。曾志伟等从社会、经济和环境保护三个方面建立了新型城镇化新型度的评价指标体系，并对环长株潭城市群进行了评价分析。郝华勇建立了新型城镇化和新型工业化的评价指标

---

〔1〕牛晓春等：“基于新型城镇化视角的区域城镇化水平评价——以陕西省10个省辖市为例”，载《干旱区地理》2013年第2期。

体系，采用熵值法对我国 30 个省区新型城镇化和新型工业化的协调发展进行了评价，从经济集约、社会和谐、环境友好、城乡统筹等方面建立了新型城镇化评价指标体系。卫言、袁翠仙、张向东分别采用因子分析法、层次分析法和主成分分析法对四川省、江西省和河北省的新型城镇化发展状况进行了评价分析，从而提出了相应的发展策略。

表 5-3　牛晓春等建立的新型城镇化发展水平评价指标体系

| 准则层 | 指标层 |
|---|---|
| 人口城镇化 | 城镇化率、非农业人口比重、二三产业从业人数比重、每万人具有大学文化程度人数 |
| 经济城镇化 | 人均 GDP、第三产业产值比重、地均 GDP、单位 GDP 能耗消耗量、亿元 GDP 专利授权量、亿元 GDP 生产安全事故死亡率 |
| 居民生活质量 | 城镇居民恩格尔系数、城镇居民人均可支配收入、信息化指数、公众对社会治安满意率、科学与教育支出占城市财政支出比重、社保和就业支出占城市财政支出比重 |
| 基础设施建设 | 用水普及率、每万人拥有公共交通车辆数、人均城市道路面积、每万人拥有医院、卫生床位数、每十万人拥有文化场馆书、人均公园绿地面积 |
| 生态环境建设 | 建成区绿化覆盖率、市区环境空气全年优良率、城镇生活污水处理率、工业固体废物综合利用率、工业污染治理费用占 GDP 比重、人均耕地面积 |
| 城乡统筹发展 | 城乡居民人均收入比、城乡居民恩格尔系数比、城乡人均固定资产投资比、劳动生产率二元对比系数、农村非农产业从业人员比重、新型农村合作医疗参合率 |

（五）地方政府发布的加快新型城镇化进程的考核标准

近年来，地方政府为加快新型城镇化健康发展，制定出了新型城镇化发展的考核指标，创新了城镇化发展模式，以提高城镇化发展质量和水平。安徽、江西、湖南等地相继发布了

《加快推进新型城镇化的意见》。江西省主要考核城镇化水平、经济社会发展水平、城市建设情况、组织实施情况四个方面；安徽省主要考察城镇化率、城乡规划工作情况、城镇综合承载能力、资源节约和环境保护情况、中心镇建设和村庄整治情况、组织实施情况、公众评价等七大方面，并设立了19个指标，对每一指标设置权重，由相关部门进行打分统计。湖南省则从经济系统、社会系统、自然系统和环境系统对城镇化发展进行了评价。

综上所述，国内城镇化评价指标的研究取得了较大进展，也取得了明显的效果。主要表现在：城镇化评价体系从原先单一标准转化为更为全面的复合指标体系，研究视域和内容更为深化。在评价要素上，从起初的注重经济、社会和人口的增量，转而注重城镇化水平的提高，再到后来关注生态环境，并且注重城镇化发展质量。在评价方法上，从定量化的评价方法转变为采用客观性的方法。这些研究视角和研究方法的转变为新型城镇化标准体系的研究提供了良好的基础。

### 三、总体评价

通过梳理国内外城镇化指标体系的相关研究我们可以看出，当前学者在不同角度和层面，对评价标准及要素进行了深入的凝练，对评价标准的选取进行了概括，对评价方法进行了科学分析，针对当前城镇化标准体系面临的问题和难点，提出了具有重要参考价值的评价标准体系和制度框架。

（1）评价标准和要素。从近年来的研究状况上看，过去对城镇化评价的指标更多地集中在人口、土地等单一的评价标准方面，并以此作为衡量城镇化发展水平高低的标准。随着新型城镇化发展，学界对新型城镇化内涵有了更加深刻的认识，将城镇化评价指标扩展到经济、社会、生态环境等多方面，强调城乡的可持续性和人的公平发展。

（2）评价指标的选取。评价指标的选取与评价目标和评价内容有密切的关系。在对新型城镇化发展进行深入认识的过程中，学界对评价指标的选取也在不断完善。从以往的相关研究成果上看，部分研究选用的指标过多，相关度不强，部分指标则没有与相关部门的事权相结合，获取相关指标数据的难度过大，造成指标体系的操作性不强，很难加以推广普及。所以，应当凝练相关数据指标，充分反映评价标准内容，使得评价标准体系更易操作。

（3）从国内研究成果来看，在评价指标体系的构建过程中，政府和权威机构往往通过定性或定量的方法进行分析。在政府和权威机构进行指标评价时，为了明确事权、便于操作，往往采用赋权打分法，这种方法虽然简便易行，但是主观性强、科学性和指导性不足。根据城镇化发展的要求，学界在对城镇化评价标准进行赋权时，采用过主观的层次分析法、专家打分法，也采用过主成分析法、因子分析发、熵值法，后来还采用了科学客观的改进主成分析法、遗传算法等。

## 第二节 山东省新型城镇化指标体系的构建

新型城镇化指标是一把评价新型城镇化发展状况以及目标实现程度的尺子。它客观上要求新型城镇化标准更加细化和深化。所以，建立新型城镇化指标体系，要以现有各项统计数据为基础，综合各种评价方法，进行有机综合、提炼和升华。

### 一、新型城镇化指标体系的构建原则

新型城镇化指标数据的选取需要遵循特定的构建原则，既

要结合国内外相关指标体系构建经验，又要依据城市发展发展规律和实践要求。本书根据城镇评价指标体系的一般原则以及新型城镇化的内涵特点，遵循系统性、科学性、可操作性、简明性等一般原则，强调新型城镇化评价指标的特殊性和倾向性。

（一）系统性原则

制定科学的新型城镇化发展指标，需要考虑到人口、经济、生态基础设施等诸多因素，这是一个复杂、系统的工程。因此，在选取新型城镇化指标数据时，应充分考虑反映城镇化发展水平的各个要素，利用科学方法进行综合处理，尽量避免指标之间携带信息的重复和无效。为解决指标信息的重复问题，真正发挥指标多角度、多指标衡量的优势，本书将从源头来进行设计和规范，遵循指标体系构建综合性原则。根据当今新型城镇化的发展趋势和特点，制定一个比较系统全面的统计指标，能够使得指标体系全面、系统地反映新型城镇化在城市生态文明建设、城市服务设施完善、城市经济持续发展、城市文化繁荣进步、城市生活品质化和城市管理科学化的发展要求。

（二）科学性原则

城镇化指标体系构建必须在把握大量数据的基础上，对数据进行科学研究分析，确保数据真实、有效，力求最大限度地反映出新型城镇化发展的内在规律和主要特点。所以，在选取指标过程中，应当认真了解数据的来源，确保相关数据的准确性，分析数据指标与反映目标之间的内在关联。在综合分析、全面把握的基础上，力求科学、合理地设计各个层次指标的个数，达到评价指标的最优化和科学化。此外，还要确保分析理论和分析框架的科学性，通过中国知网相关文献，进行理论分析研究，把握当前学术界常用的城镇化指标体系分析方法和分析工具，并结合在重点省市的实践效果，进行综合分析，准确地提炼概括，以便在分析相关理论时予以准确把握，达到理论分析工具的可靠。数据来源的准确，确保整个指标研究分析过程的科学性。

(三) 可操作性

可操作性是指城镇化指标体系中每一项指标都必须是可操作的、容易获取的，要尽可能利用已有的信息资源、数据，保证数据的采集和实施，利于进行度量和测定，便于量化。由于城镇化质量评价是一个长期过程，基本上是一年进行一次，并且需要进行长期跟踪，相关数据也要及时变化更新。首先，在指标设计时，要考虑到在媒体、网站等信息渠道便于及时搜集到准确、客观、权威的数据资料；其次，城镇化评估指标要素需要严格界定，必须含义明确，范围清晰，计算和计量范围口径也需要保持一致；最后，确保统计数据的连贯性和准确性。为保证指标能够连续获取，必须对数据来源渠道和数据准确性给予充分关注。对于仅在普查年份或个别年份才能得到的指标，或只反映部分评价对象或个别评价对象的指标不应被纳入指标体系。

(四) 以人为本

城镇化的核心是人的城镇化，城镇化发展的关键在于提高城镇化质量，真正造福百姓和富裕农民。所以，构建城镇化指标体系应当坚持以"人的城镇化"为核心，从城镇化水平、公共服务、居民生活水平与质量、社会保障等角度选取指标，着力反映城镇化进程中人的城镇化发展水平，纠正过去城镇化建设过分注重物的建设的传统做法，转变为更加注重居民对城镇化建设的满意评价。为此，新型城镇化指标设置需要充分考虑居民意愿满意度评价的主观性指标，根据人民群众意愿来进行指标设计，避免在城镇化评价过程中过分关注客观评价而忽视城乡居民感受，避免客观评价与主观评价呈现"两张皮"的现象。

（五）简要性原则

构建城镇化指标体系要考虑到指标设置的简单易懂，数据要易查易算，各项指标要尽可能达到规范而又实用的标准，不必过于复杂，含义应显而易见，使得评估过程便于专家、决策者、管理者简单明了，使评估结果能够博得公众的理解。选取的指标越多，无疑会为科学研究提供越丰富的信息，却也在一定程度上增加了数据采集的工作量，更重要的是增加了问题分析的复杂性和不确定性。因此，对于那些比较繁琐，计算起来不方便，也不具有代表性的指标应尽量避免使用。应当严格挑选出能够反映新型城镇化重要内容的指标，避免因指标无法统计或者统计难度过大而带来缺憾。

## 二、新型城镇化指标体系的分析方法

主要采用综合法、分析法等方法，对城镇化质量评价指标体系指标库进行初步设计。

首先，通过搜集目前有关城镇化质量指标研究的报告、论文，对有关的指标进行频度统计，选择那些出现频度较高的指标，从不同侧面来表征城镇化质量。在实际应用中，本书利用 CNKI 数据库，对 1996~2016 年发表在核心期刊上的有关城镇化水平和质量测度的 300 多篇文献进行了统计，分别筛选出全省、设区市、县和县级市三级评价中使用频度较高的指标，并依据山东省乡卡指标和村镇建设统计年报指标，结合山东省情，选取建立了建制镇城镇化发展质量评价指标库。

其次，根据城镇化及其发展质量的内在要求，对筛选的指标进行整理归类。由于指标数量较多，而部分指标存在明显重复，故需要对这些指标进行初步调整。

再次，根据推动城镇化科学发展的总体要求，以"人的城镇化"为核心，对城镇化质量评价指标体系进行构建。在人口就业方面，突出户籍人口城镇化率指标，充分反映人口市民化水平；在居民生活方面，突出生活水平及质量，以及养老、住房、医疗等保障水平；在社会发展方面，突出教育、医疗、互联网等公共服务。同时，兼顾城镇化发展的公平与效率，突出城乡区域等公平因素，在资源环境中，更加注重土地、水及能源利用效率以及生态可持续发展水平。

最后，进行专家咨询。城镇化质量评价指标初选完成后，就指标的科学性、完整性、可操作性等，广泛征求各方面专家的意见，并根据专家意见，对初步建立的指标体系作进一步调整优化。在实际应用中，本书征求了城市规划、人文地理、经济学、社会学、统计学、人口学、生态学等专业领域二十多名专家的意见，根据专家意见，在指标体系中增加万元 GDP 主要污染物排放强度、万人拥有专利申请授权量等指标，并增加了部分主观性评价指标。

### 三、新型城镇化的综合指标选取

（一）城镇化发展质量客观评价指标体系

指标可获取性筛选。指标设计是否可行，首先在于它的可获取性，若该项指标受统计条件限制无法及时获取，就无法列入评价指标体系。在研究中，社会负担系数、大专及以上学历人口比重等虽是反映城镇化质量的重要指标，但由于只在普查或全省1%人口调查年份才能获得。因此，为保证质量评价的连续性，本书不得不舍弃这类指标。

指标区分度筛选。城镇化质量评价体系要求每个指标都要有较高的区分度。本书利用变异系数法，检验指标的区分度，通过计算舍弃了指标区分度较小的城镇居民恩格尔系数（0.07）、城镇登记失业率（0.05）等指标。

指标"冗余度"筛选。为消除指标之间的重复，确保指标的独立性和指标体系的精简性，本书计算了所属子指标间的相关系数，定义相关系数大于 0.95 以上的为真相关，从真相关指标中择优列为评价指标。

表 5-4　全省和设区市城镇化发展质量客观性评价指标体系

| 一级指标 | 二级指标 | 序号 | 三级指标 |
|---|---|---|---|
| 全省和设区市城镇化发展质量客观性评价指标体系 | 人口集聚 | 1 | 人口城镇化率 |
| | | 2 | 户籍人口城镇化率 |
| | | 3 | 非农产业从业人员比重 |
| | 经济高效 | 4 | 人均 GDP |
| | | 5 | 人均地方财政一般预算收入 |
| | | 6 | 第三产业增加值占 GDP 比重 |
| | | 7 | 外贸依存度 |
| | | 8 | 市辖区单位土地 GDP 产出 |
| | 生活改善 | 9 | 城镇居民人均可支配收入 |
| | | 10 | 集中供热普及率 |
| | | 11 | 管道燃气普及率 |
| | | 12 | 绿色出行比例 |
| | | 13 | 宽带网络覆盖水平 |
| | | 14 | 城镇居民人均住宅建筑面积 |
| | | 15 | 城乡居民人均生活用电量 |
| | 环境宜居 | 16 | 人均公园绿地面积 |
| | | 17 | 空气质量指数 |
| | | 18 | 就业住房平衡指数 |
| | | 19 | 污水处理厂集中处理率 |

续表

| 一级指标 | 二级指标 | 序号 | 三级指标 |
| --- | --- | --- | --- |
| | | 20 | 万元GDP能耗 |
| | | 21 | 万元GDP用水量 |
| | | 22 | 万元GDP主要污染物排放强度 |
| | 社会发展 | 23 | 城镇社会保障覆盖率 |
| | | 24 | 万人拥有医生数 |
| | | 25 | 财政性教育经费支出占GDP比重 |
| | | 26 | 万人拥有专利申请授权量 |
| | | 27 | 万人刑事案件立案数 |
| | | 28 | 万人拥有文化机构数 |
| | 城乡一体 | 29 | 城乡居民收入差异度 |
| | | 30 | 城乡居民恩格尔系数之差 |
| | | 31 | 农村燃气普及率 |
| | | 32 | 农村道路硬化率 |

（二）城镇化发展质量预警指标体系构建

总体来看，经筛选后的指标体系已基本符合质量评价的要求，但仍存在一定的缺陷：一是部分基础性指标缺位。在城镇化质量评价指标体系构建及实施过程中，指标的区分度是指标设计的重要原则之一，对区分度不大、可比性不高的指标一般要予以舍弃，具体如前所述。但是这些指标是衡量城镇化质量的重要表征，对城镇化健康发展具有重要的预警和警示作用，指标值一旦出现下滑便会严重影响城镇化的质量。因此，城镇化监测评价必须高度重视这些基础性、警示性的指标，并在评价指标体系设计中予以妥善解决。二是质量评价方法不够全面。

当前城镇化质量评价主要是在评价指标数据标准化的基础上，通过加权线性和的方法，计算城镇化质量指数，然而，这一方法同样存在一定缺陷。首先，从数据标准化方法来看，现有的目标值标准化方法只适用于一些发展性指标，如人均GDP等，对一些涉及民生保障的基础性指标则不太合适。如集中式饮用水水源地水质达标率，作为衡量城镇居民饮水安全的重要指标，对该指标值的最低要求就是要达到100%，因此，指标值90%与100%显然有着本质的区别，然而，数据标准化却并不能反映这种差别。其次，利用线性加权和方法计算质量指数，会存在一定的线性补偿作用，如较高的人均GDP可以弥补社会保障覆盖率偏低造成的差距，而关系民生的重要指标显然不宜通过其他指标进行弥补。因此，现有指标评分机制容易掩盖一些基础性指标的警示性信息。三是指标体系预警功能不够突出。城镇化战略是一个涉及面极广的系统工程，战略的制定和实施具有较强的"锁定效应"，及时的预警和纠偏对于弱化这种"锁定效应"十分必要。该质量评价指标体系着重突出其评价功能，对具有较强预警作用的指标关注度不够，在一定程度上削弱了城镇化监测评价的功能和效度。

基于以上对城镇化质量评价指标体系的反思，为了克服现行指标体系和评价方法的局限，本书提出了基于预警功能的城镇化质量评价指标体系修正思路（基本框架如图6-3所示）。在该思路框架下，本书筛选出了部分约束性指标和与民生密切关联的基础性指标（这些指标的值都已达到阈值，不再具有发展性和区分度），构建城镇化质量评价预警指标体系（下称"预警指标体系"），并根据预警评价结果对城镇化质量指数进行修正，以强化城镇化监测评价的动态预警功能。

## 第五章 新型城镇化指标体系构建

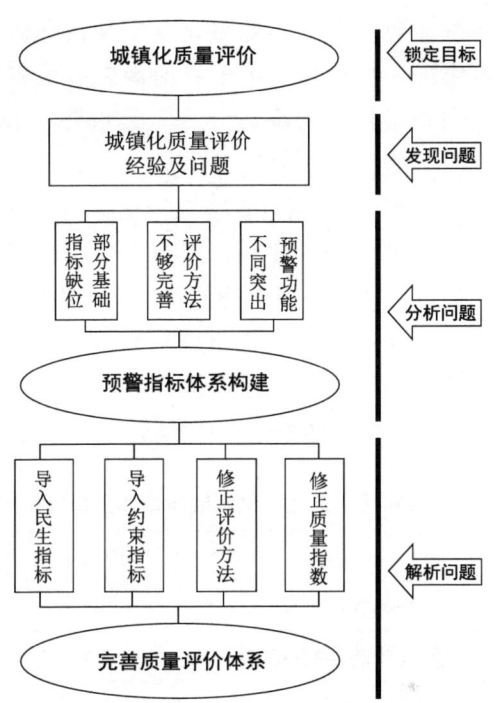

图 5-1 城镇化质量评价指标体系修正框架图

预警指标体系的构建思路不同于评价指标体系。城镇化质量评价关注发展指标的横向对比与纵向提升，指标需具备较高区分度，而预警指标体系构建则注重健康城镇化基础的巩固，强调预警性、约束性原则而不关注区分度。同时，为了尽可能精简评价指标，预警指标的筛选还应与原有评价指标体系互相结合，注重基础性、互补性原则。此外，作为评价城镇化质量的指标，还要具备较好的导向性。

遵循上述指标选取原则，本书根据山东省 6 年来的城镇化监测评价情况，结合城镇化统计监测指标体系和质量评价指标体系，初步筛选出了 15 项预警性指标，构成了山东省城镇化质量预警指标体系。初步构建的城镇化预警性指标体系是否科学合理，还需要作进一步检验。由于目前尚未有成熟的定量方法进行甄别，本书将指标重要度划分为非常重要、重要、一般重要和不重要四个等级，分别赋值3、2、1、0，并以问卷形式提供给省内外29位专家，请受邀专家根据指标对城镇化的重要程度、各个指标的重要度进行评判，以提高预警性指标设置的科学性。活动结束后，共收回有效问卷25份，将收回的有效问卷进行统计，舍弃总得分在25分以下的指标。

依据以上预警指标体系的选取原则和筛选过程，本书建立了全省和设区市预警指标体系，具体如表5-5所示。

表5-5　全省和设区市城镇化发展质量评价预警指标体系

| 序号 | 指标 | 约束值 | 单位 |
|---|---|---|---|
| 1 | 城镇登记失业率 | <4 | % |
| 2 | 建筑节能强制执行率 | 100 | % |
| 3 | 单位GDP能耗降低 | 完成分解任务 | - |
| 4 | 用水普及率 | 100 | % |
| 5 | 住房保障任务完成率 | 100 | % |
| 6 | 九年义务教育巩固率 | >95 | % |
| 7 | 居民消费价格指数（CPI） | <3 | % |
| 8 | 城镇居民可支配收入与GDP增速之比 | >1 | - |
| 9 | 集中式饮用水水源地水质达标率 | 100 | % |
| 10 | 主要污染物排放减少 | 完成分解任务 | - |

### （三）城镇化发展质量主观性评价指标体系构建

居民是城镇化发展成果的最直观感受者，城乡居民满意度是判定城镇化发展成果优劣的核心尺度，也是科学发展观核心内容的重要体现。随着居民生活水平的提高、文化观念的提升，特别是户籍制度的逐渐取消，居民不再是简单的被动接受者，而逐渐成为城镇化建设的参与者。构建城乡居民满意度模型与评价指标体系的重要目的之一就是遵循科学发展观"人本思想"，客观、公正地评价山东省城镇化建设的质量和水平。居民通过对自身生活区域的事前期望，同事后实际获得的人文关怀、生活服务感受相比较，可以得出一种对城镇化能否满足自身需求的主观评价。若城镇化的供给满足不了居民的需求，其实际获取低于期望值，居民就会不满意；若实际获取与期望值相匹配，居民就会满足（一般满意）；若实际获取超过期望值，顾客就会欣喜（高度满意）。

以往对于新型城镇化的研究多是围绕城镇化质量的客观指标进行的，运用的大多是定量的方法，能够较全面地评价城市基础设施、产业集聚等"硬件"或宏观层面的发展水平，而较难准确解答诸如城市发展潜力以及市民的实际生活质量等问题，具有一定的片面性。同时，一些客观定量指标发展状况可能与居民的切身感受存在较大差异，如部分特大城市交通发展指标已比较高，但居民出行难的问题并未得到根本解决，大多数居民仍然感觉出行不便。本书从定性的角度分析了新型城镇化的内涵特征，通过民众的生活满意度调查，构建出了新型城镇化发展质量的主观评价指标体系，分析了山东省新型城镇化的现状、问题和态势。为了提升城镇化质量，切实让城镇化造福百姓，本书提供了新的视角，对于全省加快新型城镇化发展具有重要的参考意义。

按照科学性、代表性和通俗性原则，以及与客观性评价指标相衔接的原则，本书从公共服务、基础设施、生态环境和社会安全等四个方面，构建了一种主观的质量评价指标体系，即公共服务的满意度主要体现为医疗卫生、就业、教育状况的满意度以及对社会保障的满意度等。基础设施主要从市民对交通出行、住房条件、基础设施的建设、社区建设及市容市貌等方面进行满意度评价。城市安全主要对社会治安、食品安全和灾害应急机制的健全等方面进行满意度评价；生态环境主要从市民对大气、水、声音和城市绿化的满意度进行评价；具体城镇化质量主观评价指标体系如表5-6所示。

表5-6 基于民众生活满意度的城镇化发展质量主观评价指标体系

| 一级指标 | 二级指标 | 三级指标（可测指标） | 调查问卷 |
| --- | --- | --- | --- |
| 城镇化质量满意度 | 公共服务 | 医疗服务满意度 | 问题 |
| | | 教育满意度 | 问题 |
| | | 就业满意度 | 问题 |
| | | 社会保障满意度 | 问题 |
| | 基础设施 | 交通出行满意度 | 问题 |
| | | 住房居住条件满意度 | 问题 |
| | | 基础设施完善情况评价 | 问题 |
| | | 市容市貌满意度 | 问题 |
| | | 城市建设特色认可度 | 问题 |
| | | 社区建设满意度 | 问题 |
| | 城市安全 | 社会治安满意度 | 问题 |
| | | 食品安全满意度 | 问题 |
| | | 灾害应急机制是否健全评价 | 问题 |

续表

| 一级指标 | 二级指标 | 三级指标（可测指标） | 调查问卷 |
|---|---|---|---|
| | 生态环境 | 大气环境满意度 | 问题 |
| | | 水环境满意度 | 问题 |
| | | 声环境满意度 | 问题 |
| | | 城市绿化满意度 | 问题 |

实施城镇化发展质量主观性评价必须进行全省范围的民众生活满意度调查，并获取更为详细的调查数据。但由于时间、人力和经费的限制，笔者无法具体地深入到每一个城市进行社会调查，获取相关数据，因此，无法进行城镇化发展质量主观性评价实证分析。为提高工作效率，本书建议可以与山东省社情民意调查中心进行对接，充分利用现有调查数据，并结合城镇化发展质量主观评价指标体系，由社情民意调查中心开展城镇化质量的群众满意度调查工作。可以借鉴调查行业流行的满意度指数计算方法，采用非常满意＝5、满意＝4、一般（不了解）＝3、不满意＝2、很不满意＝1的等距赋值原理，通过对赋值后满意度5级选项计算平均分的方式来衡量城镇化发展质量满意度指数，其值越高代表调查对象对城镇化发展越满意，反之亦然，同时与城镇化发展质量客观评价标准相结合，共同构成衡量城镇化质量的重要标准。

（四）县和县级市城镇化质量评价指标体系

按照以上思路与步骤，根据县域城镇的发展特点，本书构建了县域城镇化质量评价指标库，通过利用2012城镇化监测年度县和县级市统计数据，进行筛选和优化，最终确定了县域城镇化质量评价指标体系，具体如表5-7所示。

表 5-7 县和县级市城镇化发展质量评价指标体系

| 一级指标 | 二级指标 | 序号 | 三级指标 |
|---|---|---|---|
| 县和县级市城镇化发展质量 | 人口集聚 | 1 | 人口城镇化率 |
| | | 2 | 户籍人口城镇化率 |
| | | 3 | 非农产业从业人员比重 |
| | 经济高效 | 4 | 人均GDP |
| | | 5 | 人均地方财政一般预算收入 |
| | | 6 | 第三产业增加值占GDP比重 |
| | 生活改善 | 7 | 城镇在岗职工年平均工资 |
| | | 8 | 城镇居民人均住宅建筑面积 |
| | | 9 | 城镇居民人均生活用电量 |
| | | 10 | 管道燃气普及率 |
| | | 11 | 集中供热普及率 |
| | 环境宜居 | 12 | 人均公园绿地面积 |
| | | 13 | 人均城市道路面积 |
| | | 14 | 生活垃圾无害化处理率 |
| | | 15 | 污水处理厂集中处理率 |
| | | 16 | 万元GDP能耗 |
| | | 17 | 万元GDP二氧化硫排放强度 |
| | 社会发展 | 18 | 城乡居民基本养老保险覆盖率 |
| | | 19 | 万人拥有互联网用户数 |
| | | 20 | 万人拥有卫生技术人员数 |
| | | 21 | 财政性教育经费支出占GDP比重 |
| | 城乡一体 | 22 | 农民人均纯收入 |
| | | 23 | 农村燃气普及率 |
| | | 24 | 农村道路硬化率 |

### (五) 建制镇城镇化质量评价指标体系

建制镇城镇化质量评价指标体系构建与城市城镇化不同，在指标选取上，由于山东省建制镇规模小，实力弱已成为影响城镇化质量提升的重要因素，不能单纯选取相对性指标，还要注重如镇区人口规模等绝对指标。其次，小城镇目前缺乏必要的投入，因此，在以结果为导向的基础上，还要注重投入性指标的引导作用。同样，按照以上思路与步骤，根据建制镇城镇化发展特点，本书构建了质量评价指标库，通过利用 2012 城镇化监测年度乡卡和村镇统计年报数据，根据指标可获得性、区分度和冗余度进行筛选和优化，结果如表 5-8 所示。

表 5-8　建制镇城镇化发展质量评价指标体系

| 一级 | 二级指标 | 三级指标 | 四级指标 |
|---|---|---|---|
| 建制镇城镇化发展质量评价指标库 | 人口就业 | 人口集聚 | 镇区人口占总人口比重 |
| | | | 外来人口占城镇人口比重 |
| | | | 镇区人口规模 |
| | | 就业结构 | 非农业从业人员比重 |
| | 经济发展 | 发展水平 | 人均地方财政一般预算收入 |
| | | | 企业平均实缴税金 |
| | | | 企业个数 |
| | | | 人均固定资产投资额 |
| | 社会发展 | 发展水平 | 科教事业费支出占财政支出比重 |
| | | | 中小学师生比 |
| | | | 文化体育机构数 |
| | | | 万人拥有病床数 |

续表

| 一级 | 二级指标 | 三级指标 | 四级指标 |
|---|---|---|---|
| | 城镇建设 | 市政设施 | 人均道路面积 |
| | | | 用水普及率 |
| | | | 燃气普及率 |
| | | | 排水管道密度 |
| | 居民生活 | 生活水平 | 农民人均纯收入 |
| | | | 人均储蓄存余额 |
| | 生态环境 | 环境质量 | 绿化覆盖率 |
| | | 污染控制 | 生活垃圾处理率 |
| | | | 污水处理率 |

## 第三节　山东省新型城镇化指标体系实证分析

### 一、山东省新型城镇化发展的现状

近年来，山东省各级政府高度重视城镇化工作，积极探索符合山东实际、具有山东特色的城镇化发展道路，为了加快推动城镇化由偏重数量、规模的粗放型增长，到注重质量、内涵提升和发展方式转调的集约型发展转变，城镇化发展的速度与质量齐头并进，人口城镇化率年均增长 1 个百分点以上，于 2011 年，首次突破 50% 大关，达到 50.95%，2016 年常住人口城镇化率达到 59.02%。[1] 以上数据表明，我国已进入城市型社会，城镇化发展的全面性、协调性和可持续性明显增强。

---

[1] 山东统计局网站：http://www.stats-sd.gov.cn/art/2017/2/28/art_3902_186550.html，2017 年 2 月 28 日访问。

## （一）山东省城镇化发展的主要特点

1. 人口流动以省内近域为主，就近城镇化特征明显

当前山东省人口城镇化正处在快速发展阶段，人口流动规模比较大，增速趋于稳定，人口迁移以省内为主，跨省流动人口比重较低；鲁西南、鲁南人口为净流出，鲁东、鲁中地区为人口净流入。大中城市仍是吸纳人口的重要空间载体，但是县城和小城镇的规模位序正在发生重大变化，对人口集聚能力不断增强，就地就近城镇化的速度日益加快。根据2008年以来对全省农民工的抽样调查数据显示，全省外出农民工规模持续扩大，2014年首次超过1000万人，速度明显放缓。在农民工总量中，本地农民工占58.3%，其增长速度比外出农民工增速0.78个百分点。在外出农民工中，乡外县内的385万人，占38.5%；县外省内的453万人，占45.2%；省以外的163万人，占16.3%。总体来看，山东省城市中外来人口比重仅有约三成，低于江苏、安徽，且大大落后于广东、福建、浙江，镇一级外来人口仅占15%左右，不仅与沿海省市具有明显差距，甚至低于全国大多数省份，省内大量农村富余劳动力更多的转移到距离较近的镇、县城或中心城市，山东省农民工的流向更趋向于省内及本县内，表现出了典型的近域流动的特点。

2. 城镇结构保持相对稳定

山东省城镇化推进有序，城镇等级结构和空间发展框架没有出现大起大落，长期保持着稳中有升的良好态势。大中小各层级城镇数量、规模和空间分布，都表现出总体上升、结构稳定的特征；以济南、青岛、烟台、潍坊、淄博、东营等市为主的山东半岛城市群成长迅速，2014年GDP占全省经济总量超过81.1%，人均GDP、地均GDP分别为全省平均水平的1.18倍和1.14倍。人口城镇化率达到57.81%，高出全省平均水平2.8个

百分点，其持续引领地位已经较为巩固；鲁南城镇带、济南都市圈等城市群发展势头良好，并逐步成为引导、带动全省城镇化进程的中坚力量，全省城镇化良性竞争发展格局基本成形。

3. 县域城镇化成为全省城镇化的主要增长空间

县域在山东省城镇化基础作用非常明显。近年来，山东省城镇人口比重不断提高，县域经济发展规模效益不断提高，对周边县（市）的辐射带动作用明显。2005~2014年，县域城镇人口由1915.31万人增加到2842.02万人，占全省城镇总人口的比重由45.97%提高到52.78%。2014年县域经济总量达到32 258.40亿元，占全省经济总量的54.28%，有24个县（市）GDP超过400亿元。根据相关数据分析，县域城镇在接受城市的辐射带动和产业转移方面，市辖区周边县（市）具有得天独厚的地缘优势。从山东省县域人均GDP、地均GDP、人均公用财政预算收入、人均社会消费品零售总额的空间地域差异，可以发现城乡核心整体上呈现边缘效应——数值较高的县（市）位于市辖区周边区域，随着距离的增加呈现出不同程度的递减态势。

（二）山东省城镇化面临的主要问题

1. 农村人口城镇化的内生动力减弱

农村人口转移速度放缓。从近年的数据来看，山东省农村人口转移的速度明显放缓，2008~2014年，外出农民工平均年龄从35.9岁上升到40.1岁，40岁以下的青壮年农民工比例平均下降约2个百分点。2012~2014年，农村劳动力转移就业人数分别为137.4万人、133.3万人、131.2万人，数量稳中趋减，表明山东省农村人口比重逐步降低，老龄化趋势明显，农村劳动年龄人口减少，农村人口比重已逐步从"无限供给"转向"有限剩余"，农村对城镇化的"人口供给"危机逐步呈现。这其中既有山东省产业结构、就业结构矛盾问题，也有就业保障、政策配套等方面的不完善等问题。从农民自身来讲，由于中央出台了一系列支惠农政策，农民积极性不断提高，随着在农村户籍权益逐渐增多，加之农民进城生活成本高、家庭负担重，越来越多的农工正转变就业观念，不再追求远距离"候鸟式""钟摆式"流动，而是选择就近兼业，使得市民化的内生动力较弱。从外部政策看，当前一些城市还存在落户"玻璃门"现象，以居住证为载体的基本公共服务机制尚未建立，户籍改革不够深入。集体建设用地、宅基地和其他集体经济权益流转机制尚不健全，农民资产难以变现，进而制约了农民带资进城。

2. 城镇化发展协调性不强

城镇发展水平和资源配置存在不平衡、不协调现象。山东省呈现出资源加工型、劳动密集型和适应西部地区的技术密集型产业正向西部有序转移的趋势，但产业转移与人口流动方向不太一致。2014年，济南和青岛两市的净流入人口均在100万人以上，而菏泽、临沂、济宁、泰安等市则表现为净流出，规模为28万~58万人。中小城市和小城镇对于人才、资本的吸引力还不强，与本地城镇化的趋势不相适应。在农村人口向城镇转移的过程中，农村建设用地不仅没有随之减少，反而正以年均20多万亩的速度增加。

3. 城镇化水平相对滞后

山东省是全国的经济大省和人口大省，但城镇化水平相对滞后，与经济大省地位严重不相符。1990年，山东省的人口城镇化率比广东、浙江分别低9.43%和5.47%，略高于江苏。2000年，山东省不仅被江苏全面超越，而且与广东、浙江的差距也被进一步扩大，分别落后17.51%和10.52%。2011年，山东省与广东、浙江、江苏等经济水平相当的省份相比，城镇化水平落后15.55%、11.35%、10.95%，差距持续拉大。同时，与经济实力相对弱于山东省的辽宁、福建等省相比，也有明显的差距。在全国层面的有关规划研究中，山东半岛城市群在全国城镇体系格局中的位势也不突出。2014年，山东省人口城镇化率为55.01%，略高于全国54.77%的平均水平，而地区生产总值为59 426.59亿元，仅次于广东和江苏，位居全国第三。山东人口城镇化水平分别比江苏、浙江、广东低10.2%、9.86%、12.99%，也低于经济发展水平稍弱的湖北、福建等省。总体来看，山东省城镇化水平在全国仅处于中等水平，不仅落后于全国平均水平，而且与先进省份的差距呈扩大趋势。

4. 城镇化产业支撑不足

产业是城镇化发展的根本支撑，长期以来，山东省城镇就业人员与城镇人口之比一直保持在0.55左右。但是，由于产业结构不太合理，导致山东省创造就业能力也有限，带动城镇化动力明显不足。山东省重工业和煤炭、石油等初级原材料工业所占比重高，这些产业虽然带来了大量的GDP产出，但创造就业岗位和吸聚农村劳动力的能力有限，而在产业重点的拓展方向上，则主要是化工、高端装备制造等产业，这些产业对就业人员素质要求较高，多数农村剩余劳动力很难适应其就业需求，制约了城镇对人口的吸纳能力。2011年，山东省重工业比重达68.8%，比浙江高7.7%；采掘业增加值占第二产业增加值比重达9.63%，而浙江和江苏分别仅有0.3%和0.6%。工业结构特性决定了吸纳农村剩余劳动力能力不足，山东万元工业增加值创造就业岗位为691.15人，而浙江高达1024.45人，为山东的1.5倍。第二产业从业人员比重长期偏低，2012年为34.3%，比浙江低16.6%，比江苏低8.4%。较重、较初级的工业结构不仅没有起到充分创造就业、集聚人口的作用，也无法创造出足够高水平的三产需求,致使第三产业发展相对滞后。2012年,山东省第三产业增加值比重为40.0%,比江苏、浙江分别低3.5%和5.2%。第三产业就业容量一般是工业的2倍,服务业发展缓慢,创造的就业岗位不足,山东第三产业从业人员比重为32.7%,比江苏低3.8%。2014年,山东省第三次产业增加值结构为8.1∶48.4∶43.5。其中第一产业比重分别高出江苏、浙江、广东2.5%、3.6%和3.4%;第二产业比重分别高出江苏、浙江和广东0.7%、0.7%和2.2%;第三产业比重分别比江苏、浙江和广东低3.2%、4.4%和5.6%。总体来看,与苏、浙、粤相比,山东省产业结构层级偏低,产业带动力需要较强。

5. 龙头城市实力偏弱

山东省城区人口过百万的大城市总体经济实力还不强,基本处于以集聚为主的城镇化发展阶段,辐射效应还不够明显。特别是济南、青岛两大中心城市辐射带动能力明显不足。2014年,济南、青岛地区生产总值分别为5770.6亿元和8692.1亿元,在15个副省级城市中分别排在第11位和第7位,只相当于广州GDP的34.54%和52.03%。从GDP的增速上看,济南、青岛处在中游偏下水平,2014年GDP增速分别为8.8%和8.0%,排在第7位、第10位,与增速最快的广州相差1.3%和2.1%。从地方财力增长上看,2014年,济南、青岛公共财政预算收入分别为543.13亿元、895.36亿元,仅相当于深圳的26.08%和42.99%。从投资对经济的拉动作用上看,2014年,济南、青岛固定资产投资额分别为3063.4亿元、5766亿元,增速分别达到16.1%和14.7%,居第5位、第8位。从固定资产投资占GDP比重上看,15个副省级城市平均为56.8%,济南、青岛分别达到53.1%和66.3%,济南略低于平均水平,青岛高出平均水平9.5%,分别居第10位和第6位,基本处于中间档次。

## 二、现有城镇化评价指标体系评价分析

自 2005 年开始,山东省住房和城乡建设厅、省统计局共同牵头,每年开展一次城镇化发展监测评价工作,联合编写《山东省城镇化发展报告》,并有一套较为科学、完善的城镇化监测评价指标体系。山东省城镇化发展质量评价的范围为全省及各设区市、县级市和县等不同等级城镇,共 4 个层次,涉及人口就业、经济发展、城市建设、社会发展、居民生活和生态环境六个方面。现有评价指标体系起到了较大的导向作用:一是具备较强的质量评价功能,不仅考察了城镇化的发展速度,而且评价了城镇化进程中的经济发展质量、人口就业质量、城市建设质量、社会发展质量等,全面体现了各级城镇的发展阶段、发展差距、发展潜力和发展协调性等要素。二是具备较好的发展导向功能。指标体系适当增大了城乡差异、区域合作、社会事业、生态环境等相关指标的权重,加大了对社会和谐、资源节约、环境保护等内容的考察力度,引导城镇化由粗放发展向集约发展转变。三是具备明显的横向考察功能,质量评价做到了各设区市和各县域城镇之间评价程序的一致、评价标准的统一,使得评价结果具有较好的排名效果和比照参考价值。但是,现有指标体系也存在一些问题:

(1) 与新型城镇化发展要求不相适应。党的十八大以来,新型城镇化被上升到了前所未有的战略高度。党中央和国务院对新型城镇化提出了一系列新要求、新思路。党的十八大报告提出,要坚持走中国特色新型工业化、信息化、城镇化、农业现代化道路,推进工业化和城镇化良性互动、城镇化和农业现代化相互协调,促进工业化、信息化、城镇化和农业现代化同步发展……有序推进农业转移人口市民化,努力实现城镇基本公共

服务常住人口全覆盖。李克强总理曾多次强调新型城镇化要以"人的城镇化"为核心，以质量为关键，以改革为动力，使城镇真正成为人们的安居之处、乐业之地。2012年以来，山东省委、省政府提出了"提质加速、城乡一体"特色新型城镇化发展道路，出台了城镇化发展纲要，对未来一段时期内城镇化的主要任务和要求提出了明确要求。显然，现有指标体系无法直接体现中央和省最新的城镇化发展理念和规定要求，需要对指标体系进行调整优化。

（2）指标目标值存在目标年份不一致问题。作为质量评价指标，现有指标体系虽然为每项指标都制定了目标值，但是由于城镇化涉及领域过多，又没有全国统一的标准，相关研究对目标值的制定相对随意，可资借鉴的经验相对较少，因此，现有城镇指标在确定目标值时参考了多个标准，既有城镇化发达国家和地区的经验数据，又有国家中长期发展规划要求，还参考了外省市相关规定和发达地区先进值，导致指标标准不统一、目标年份不一致，如人口城镇化率目标值是依据城镇化发展规律进入稳定发展阶段的，以完成城镇化进程作为目标，而第三产业增加值比重参考的则是全国小康社会标准，R&D经费支出占GDP比重和万人拥有医生数参考的是发达国家的一般标准，万元GDP能耗则是参考国内发达地区的先进值。总体来看，由于参考标准不同，造成标准要求高低有别，目标年份也差异较大，一些指标近年就有可能突破目标值要求，而有些指标可能还需要再发展一二十年。这在一定程度上影响了质量评价结果的科学性和有效性，特别是各要素间协调性的评价。

（3）现有评价指标体系不能全部反映城镇化发展的质量内涵。首先，现有评价指标体系以反映经济、社会、城建、环境等发展实际的结果性指标为主，反映城镇化质量内涵的公平性、效率性和可持续性等特点没有得到充分体现，缺少对城镇化社会成本、投入产出效率等的分析和评价。其次，现有质量评价以客观评价为主，缺乏满意度、认可度、幸福指数等城镇居民感受和要求的主观性评价指标。城镇化既然以人为核心，就应把老百姓的评价和感受作为衡量城镇化质量的重要标准，而不是仅仅通过客观统计数据进行评价。因为统计口径和计算标准差异，城镇化实际发展情况并不一定与老百姓的亲身感受完全一致。因此，现有指标体系反映城镇化发展质量效益的能力还存在一定的不足，需要进一步优化完善。

（4）城镇化人口统计口径不一致。人口普查是获取城镇化率的主要途径，在非普查年份计算城镇化率时，主要是结合三个因素测算——城镇人口的自然增长、城乡区域之间的人口转移和城镇区域的扩张。前两个因素统称为人口增长对城镇化率的影响，第三个因素则被称为区域扩张对城镇化率的影响。人口增长对城镇化率的影响主要是通过年度人口变动调查、1%人口抽样调查等方式获取的，区域扩张对城镇化率的影响则是通过对城乡分类代码库的维护工作取得。主要表现在三个方面：一是统计口径的差异导致城镇化数据不衔接。在现行的城乡划分办法颁布实施之前，由于城乡划分标准变换频繁，没有一个相对统一的城镇和城镇人口的定义，导致我国的城镇化历史统计数据失去了对比的基础，在很多情况下用历史数据来分析城镇化的发展过程会产生错误的、令人疑惑的判断和结论。尽管在普查数据公布后，一定时期内的城镇化数据都重新进行了修补，但在非普查年份还是为城镇化统计分析工作带来了诸多不便。二是统计口径的演变给城镇化工作带来困扰。由于在2006年之前颁布实施的几个城乡划分标准的着眼点和主要目标就是人口普查工作，并没有硬性要求在统计各有关专业工作中推广

## 第五章 新型城镇化指标体系构建

使用,也没有相应的管理办法出台,一些在建立之初原本口径一致或者类似的专业统计数据,由于城乡划分标准发生变化后有的专业随之调整,而有的专业仍然使用老口径,导致分城乡数据较为混乱。截至 2005 年底,仅国家统计局统计年鉴公布的分城乡数据,涉及各专业的划分城乡标准就多达九种,各专业统计,各行其道,各有各的城乡划分标准,数据之间难以进行同口径比较。2006 年之后,虽然国家推出了相关的管理办法,但也并没有在所有的专业统计工作中得到实施,为城镇化分析研究带来了诸多困扰。三是统计与公安部门数据差异日趋明显。口径变化造成的与公安户籍统计数据的差异,主要表现在两个方面:一是两部门数据的年度变化水平不同;二是两部门数据在全国的位次和发展趋势不同。从历史数据来看,公安部门统计的非农(城镇)人口所占比重(城镇化率),一直与统计部门数据相差 10% 左右,每年的提高幅度也有较大差别。从统计部门的数据来看,由于 2006 年国家统计局开始推行新的《关于统计上划分城乡的暂行规定》,山东省城镇化率提高幅度明显减小。2009 年,国家统计局按照国务院的批复,对全国乡级和村级区域进行了清查,城乡划分办法得到进一步落实,使得城镇统计的标准又进一步缩紧。因此,出现了 2007~2009 年山东省城镇化率提升幅度相对较小的现象。而从公安部门数据来看,2004 年,山东省在全国率先实行了城乡统一的居民户口登记制度,逐步将原先按居民生产、生活方式划分的农业、非农业户籍统计,修改为按照行政区划划分的城镇、农村户籍统计。由于公安部门城镇区域的划分在很大程度上受行政区划变动的影响,因此在实行新制度的 2005 年和有较大行政区划调整的 2007年、2010 年,城镇区域扩大明显,进而致使城镇人口比重显著增加。

## 三、新型城镇化体系的评价方法及运用

### （一）权重确定

**1. 客观评价指标权重确定**

层次分析法（Analytic Hierarchy Process，AHP）是美国运筹学家萨德于20世纪70年代提出来的一种定性分析和定量分析相结合的评价决策方法，其是一种较好计算指标权重的方法。其是一种把复杂问题中的各因素划分成相关联的有序不同的层次，使之条理化的多目标、多准则的决策方法，是一种定量分析与定性分析相结合的有效方法。层次分析法将一些无法测量的因素引入合理的标度，使之度量出各个因素的重要程度，因而被广泛运用于各种类型的评价分析过程中，具有适应性、简洁性、实用性和系统性，为评价提供可靠的依据。

运用层次分析法确定城镇化质量评价体系各指标权重，其步骤如下：

第一步：构造判断矩阵。首先将指标体系进行编号，然后构造二类判断矩阵，分别为A-C（二级指标）、C-D（三级指标），每类判断矩阵再根据具体指标建立相应矩阵，如表7-1所示。

表5-9 评价准则判断矩阵

A-C

| 城镇化质量A | 人口集聚$C_1$ | 经济高效$C_2$ | 生活改善$C_3$ | 环境宜居$C_4$ | 社会发展$C_5$ | 城乡一体$C_6$ |
|---|---|---|---|---|---|---|
| 人口集聚$C_1$ | 1 | | | | | |
| 经济高效$C_2$ | | 1 | | | | |

续表

| 城镇化质量 A | 人口集聚 $C_1$ | 经济高效 $C_2$ | 生活改善 $C_3$ | 环境宜居 $C_4$ | 社会发展 $C_5$ | 城乡一体 $C_6$ |
|---|---|---|---|---|---|---|
| 生活改善 $C_3$ | | | 1 | | | |
| 环境宜居 $C_4$ | | | | 1 | | |
| 社会发展 $C_5$ | | | | | 1 | |
| 城乡一体 $C_6$ | | | | | | 1 |

$C_1$—$D_1$、$D_2$、$D_3$

| 人口集聚指数 $C_1$ | 人口城镇化率 $D_1$ | 户籍人口城镇化率 $D_2$ | 非农产业从业人员比重 $D_3$ |
|---|---|---|---|
| 人口城镇化率 $D_1$ | 1 | | |
| 户籍人口城镇化率 $D_2$ | | 1 | |
| 非农产业从业人员比重 $D_3$ | | | 1 |

第二步：邀请专家对各评价准则的相对重要性进行判断。

笔者邀请了省内外23位专家利用5/5比率标度法（如表6-2所示）对各指标的相对重要性进行判断，其中有18位专家填写了判断矩阵表，这些专家既有经济、社会、地理、统计、规划等研究领域的学者，也有省（市）政府部门的领导，具有较好的代表性。同时，专家在填写判断矩阵表时，符合以下要求：

以 A 符合判断矩阵为例。假设从"城镇化质量"考虑，认为经济发展是一切活动的基础，当"经济高效"与"生活改善"两两比较时，可能认为"经济高效"比"生活改善"要重要，在 A-C 矩阵中第3列第2行中填入数字 2.333 时，表示明显重要。以此类推，直至将上三角形的各栏填满为止。下三角形则为对应的倒数，可以不填。

表 5-10 判断矩阵中两元素重要性两两比较的比例标度

| 取值含义 | 5/5~9/1 标度 |
| --- | --- |
| 两个元素相比,具有同等重要性<br>两个元素相比,前者比后者略微重要<br>两个元素相比,前者比后者明显重要<br>两个元素相比,前者比后者强烈重要<br>两个元素相比,前者比后者极端重要 | 5/5=1<br>6/4=1.5<br>7/3=2.333<br>8/2=4<br>9/1=9 |
| 表示上述相邻判断的中间值 | 6.5/3.5、5.5/4.5、7.5/2.5、8.5/1.5 |
| 若元素 i 与元素 j 的重要性之比为 m,那么元素 j 与元素 i 的重要性之比为 | 1/m |

第三步：对判断矩阵进行一致性检验。使用层次分析法计算评价指标体系的权重，重要的是保持思维逻辑的一致性，即专家在判断矩阵的重要性时，各判断之间应协调一致，不能出现诸如甲比乙重要、乙比丙重要、丙比甲重要的矛盾结果。这就需要对此进行检验，其方法是运用层次分析法的一致性检验。如果判断矩阵通不过一致性检验，就将有关结果反馈给专家，对判断矩阵进行修正，直到通过一致性检验为止。其步骤如下：

为检验判断矩阵的一致性，需要计算它的一致性指标：

$$CI = \frac{\lambda \, man - n}{n-1} \quad (5-1)$$

(5-1) 式中，当 CI=0 时，判断矩阵具有完全一致性。反之，CI 愈大，则判断矩阵的一致性就愈差。

为了检验判断矩阵是否具有令人满意的一致性，则需要将 CI 与平均随机一致性指标 RI 进行比较。一般而言，1 或 2 阶判断矩阵总是具有完全一致性的。对于 2 阶以上的判断矩阵，其一致性指标 CI 与同阶的平均随机一致性指标 RI 之比，称为判断

## 第五章 新型城镇化指标体系构建

矩阵的随机一致性比例，记为 CR。

$$CR = \frac{CI}{RI} < 0.1 \quad (5-2)$$

如果符合（5-2）式，我们可以认为，判断矩阵具有令人满意的一致性。反之，当 CR 大于或等于 0.1 时，就需要调整判断矩阵，直到满意为止。

以 A-C 中第一位教授所作的判断矩阵为例：

$$A_1 = \begin{pmatrix} A & C_1 & C_2 & C_3 & C_4 & C_5 & C_6 \\ C_1 & 1.000 & 0.667 & 1.500 & 1.000 & 1.000 & 1.500 \\ C_2 & 1.500 & 1.000 & 2.333 & 1.000 & 2.333 & 1.000 \\ C_3 & 0.667 & 0.429 & 1.000 & 1.500 & 1.500 & 0.667 \\ C_4 & 1.000 & 1.000 & 0.667 & 1.000 & 1.500 & 1.000 \\ C_5 & 1.000 & 0.429 & 0.667 & 0.667 & 1.000 & 1.000 \\ C_6 & 0.667 & 1.000 & 1.500 & 1.000 & 1.000 & 1.000 \end{pmatrix}$$

利用 Mathcad 2001 求出 $A_1$ 的最大特征值为 $\lambda\,\mathrm{man} = 6.211$，首先对该矩阵作一致性检验，$CI = \frac{\lambda\,\mathrm{man} - n}{n-1} = \frac{6.211 - 6}{6-1} = 0.0422$，当 n=6 时，由表 9 可得 $RI = 1.24$，故 $CR = \frac{CI}{nI} = \frac{0.0422}{124} = 0.03403$ <0.1，所以可以认为该矩阵具有很好的一致性。

表 5-11 平均随机一致性指标

| 阶数 | 1 | 2 | 3 | 4 | 5 | 6 | 7 | 8 | 9 | 10 | 11 | 12 | 13 | 14 | 15 |
|---|---|---|---|---|---|---|---|---|---|---|---|---|---|---|---|
| RI | 0 | 0 | 0.58 | 0.9 | 1.12 | 1.24 | 1.32 | 1.41 | 1.45 | 1.49 | 1.52 | 1.54 | 1.56 | 1.58 | 1.59 |

第四步：计算各指标的权重。数学原理证明：对判断矩阵 B 求最大特征根，通过 BW=W 可获得排序值，归一化后得到各指

标的权重。求解 W 有多种方法，为了追求结果的精确性，我们借用 Mathcad 2001 数学软件，精确计算出了每个判断矩阵的最大特征值 $\lambda_{I,\max}$ 及其对应的特征向量 $\overline{W_I}=(\overline{W_1},\overline{W_2},L,\overline{W_n})^T$，则每一个指标的权重为：$w_i \overline{W_i}/\sum_{i=1}^{n}\overline{W_i}$，其中 $n$ 为判断矩阵的维数。

仍以上述第一位教授的判断矩阵为例，各指标权重计算步骤如下：

计算 $\lambda_{\max}=6.211$ 对应的特征向量并对向量做归一化处理，则有：$w_1=$（17.49、23.20、14.20、16.35、12.41、16.35）$^T$，此即为第一个专家所确定的二级评价指标权重。同理，我们可以计算出 A-C 中其他 21 个专家判断矩阵中各个评价指标的权重 $W_I$（$I=1,2,L N$，$N$ 为专家个数）。最后，对 22 位专家确定的权重求平均值，即可得各指标的最终权重。

2. 城镇化预警指标体系指标权重的确定

预警指标是保障城镇化健康发展的基础性指标，每一项指标数据下滑或不达标都会对城镇化质量产生严重影响，其重要性难分伯仲，宜按相同权重处理。在专家咨询问卷中，笔者为预警指标的权重设置了两种方案（一是相同权重方案；一是依据层次分析法确定各指标权重），一并提交给专家，结果有 17 位专家支持按相同权重设置的方案。因此，各预警指标采用相同权重。

经过以上步骤，最终确定山东省城镇化质量评价体系各级指标权重。

（二）指标目标值确定

1. 目标值确定思路

此次评价指标目标值的确定要解决上版指标体系中目标值

标准混乱、目标年份不一致的问题，应当避免在使用过程中过于频繁调整指标目标值，同时需要增强历史数据的连续性和可比性。在此，首先根据城镇化发展规律，以基本完成城镇化进程的70%作为人口城镇化率的目标值，根据山东省相关规划和预测，大约在2030年可以实现，以此统一确定各指标的目标年份为2030年。完成城镇化进程意味着经济社会基本达到发达国家的现有水平，因此，在目标值确定过程中，主要参考发达国家各指标的现状值，并结合山东省情和未来发展趋势进行一定的调整，以更加符合山东实际，突出引导性和可操作性。而对于像生活垃圾无害化处理率、污水处理厂集中处理率等百分比的指标应基本采用其理想值作为指标标准值。

2. 目标值确定依据

根据以上思路，在构建的全省设区市、县级市和县、建制镇等城镇化质量评价指标体系的基础上，以全省和设区市城镇化质量评价指标体系为基础，逐个指标研究确定其目标值，各指标确定的主要依据如表5-11所示。同时，根据县域城镇和建制镇的职能要求和具体情况，对目标值进行了一定程度的调整。

表5-12 全省及设区市城镇化质量评价指标目标值与权重

| 一级指标 | 二级指标 | 目标值 | 备注 |
| --- | --- | --- | --- |
| 人口集聚（10） | 人口城镇化率（5） | 70% | 国际上一般认为达70%进行城镇化稳定期，完成城镇化进程 |
| | 户籍人口城镇化率（5） | 70% | 人口城镇化应与户籍人口城镇化一致 |
| 就业支撑（20） | 非农产业从业人员比重（5） | 90% | 发达国家该指标均在95%以上，根据山东农业大省实际，确定为90% |

续表

| 一级指标 | 二级指标 | 目标值 | 备注 |
|---|---|---|---|
| | 人均 GDP（6） | 180 000 元 | 发达国家现为 4 万美元，山东完成城镇化初步定为 3 万美元 |
| | 人均地方财政一般预算收入（4） | 18 000 元 | 人均地方财政一般预算收入一般为人均 GDP 的 10% |
| | 第三产业增加值占 GDP 比重（5） | 70% | 发达国家一般在 80% 以上，山东确定为 70% |
| 生活便利（23） | 城镇社会保险覆盖率（4） | 100% | 理想值 |
| | 城镇居民人均可支配收入（5） | 70 000 元 | 国外 10 000 美元人均可支配收入算是比较高的了，根据国家收入倍增计划，并考虑到人民币汇率变化，确定为 70 000 元。 |
| | 万人拥有卫生技术人员数（5） | 75 | |
| | 市政设施普及率（4） | 100% | 理想值 |
| | 万人拥有公交车辆（2） | 20 | |
| | 财政教育支出占公共财政预算支出比重（4） | 4% | |
| 绿色发展（18） | 人均公园绿地面积（4） | 20 平方米 | 中国人居环境奖城市标准为 15 平方米，到 2030 年确定为 20 平方米 |
| | 资源集约利用系数（6） | 100% | 理想值 |
| | 污水处理厂集中处理率（4） | 100% | 理想值 |
| | 生活垃圾无害化处理率（4） | 100% | 理想值 |

续表

| 一级指标 | 二级指标 | 目标值 | 备注 |
|---|---|---|---|
| 城乡协调（9） | 城乡居民收入差异度（9） | <1.2 | 参照国际标准 |
| 人口转移（5） | 城镇户籍人口增长率（5） | 年度最大值 | |
| 土地利用（5） | 城镇建设用地增长率与城镇人口增长率之比（5） | 年度最小值 | |
| 投融资（5） | 城建资金支出占GDP比重（5） | 4% | |
| 环境改善（5） | 主要污染物降幅（5） | 年度最大值 | |

3. 预警指标目标值

预警指标体系的构建目标是划定城镇化健康发展的警戒线、"安全线"，故需要确定该类指标的目标值即约束值。在约束值确定过程中，笔者分别参考了国家、省国民经济和社会发展第十二个五年规划纲要，以及住房保障、环境保护、城乡建设、科技教育等专项规划中相关指标的目标值或约束值。例如，城镇居民可支配收入增速是否超过GDP增速，经济发展的成果能否为全民所享的重要标志，故"城镇居民可支配收入与GDP增速之比"指标约束值取">1"。国家和省在"十二五"规划纲要中均明确要求完成国家下达的节能减排约束性任务，主要污染物排放总量显著减少，因此"主要污染物排放减少"指标约束值为"完成分解任务"。相关评价指标约束值详见表5-13。

表 5-13  全省及设区市城镇化发展预警指标体系

| 序号 | 指标 | 约束值 | 单位 |
|---|---|---|---|
| 1 | 城镇登记失业率 | <4 | % |
| 2 | 建筑节能强制执行率 | 100 | % |
| 3 | 单位 GDP 能耗降低 | 完成分解任务 | — |
| 4 | 用水普及率 | 100 | % |
| 5 | 住房保障任务完成率 | 100 | % |
| 6 | 九年义务教育巩固率 | >95 | % |
| 7 | 居民消费价格指数（CPI） | <3 | % |
| 8 | 城镇居民可支配收入与 GDP 增速之比 | >1 | — |
| 9 | 集中式饮用水水源地水质达标率 | 100 | % |
| 10 | 主要污染物排放减少 | 完成分解任务 | — |

（三）评价模型构建

1. 城镇化质量评价模型的计算方法

城镇化质量评价指标体系共有三级指标，对于二级指标而言，其指数计算公式为：

$$y_{iN} \sum_{n=1}^{m} a_{ij} \overline{X}_{ij} \Big/ \sum_{n=1}^{m} a_{ij} \qquad (5-3)$$

其中：$y_{iN}$ 表示第 $i$ 个城市第 $N$ 项二级指标的要素指数；

$a_{ij}$ 表示第 $i$ 个城市第 $j$ 项三级指标的权重；

$m$ 表示该三级指标所包含的子指标（三级指标）个数。

对于一级指标城镇化质量指数而言，其值为六个要素指数与其权重乘积之和，即

$$Y_{in} = \sum_{n=1}^{m} A_{ij} y_{iN} \qquad (5-4)$$

其中，$Y_{in}$表示第$i$个城市的城镇化质量指数；$A_{ij}$表示第$j$项二级指数的权重。

2. 基于预警指标的城镇化质量指数修正

为直观展现出基础性指标的预警性功能，强化预警评价对城镇化健康发展的导向性，预警指标体系采用"红绿灯信号系统"[1]监控方式进行评价，若某项指标不达标则显示红灯预警，达标则显示绿灯。

由于预警性指标是城镇化质量的重要基础，因此，笔者将预警指标评价作为城镇化质量评价的前置条件，纳入城镇化质量评价体系。鉴于各指标达标是城镇化质量的基本要求，预警性指标体系与质量评价指标体系相结合时，不宜采用两指数相加的方法，而是采用减法原则，即如果有一项预警指标不达标，则相应扣减城镇化质量指数1分，指标达标不减分也不加分，以突出预警指标的在城镇化质量评价中的基础性地位。对于各设区市的评价，若其不达标预警指标超过6项，则表明该市城镇化发展存在非常严重的问题，整个预警指标体系将亮出红灯，该市随即被取消了参与全省城镇化质量评价的资格；若红灯指标不超过6项，表明该市在城镇化某些方面存在一定问题，对城镇化健康状况造成了不利影响，需要对原有城镇化评价结果进行修正，相应扣减城镇化质量指数1%，根据预警红灯总数相应扣减城镇化质量指数，指标达标不减分也不加分，即：

$$Y' = \begin{Bmatrix} Y_{iu}-N, & N \leq 6 \\ 0, & N > 6 \end{Bmatrix} \qquad (5-5)$$

其中：$Y'$为修正后的城镇化质量指数；

$Y_{iu}$为初始城镇化质量指数；

---

[1] 崔保山、杨志峰："湿地生态系统健康评价指标体系 II——方法与案例"，载《生态学报》2002年第22期。

$N$ 为预警红灯个数;

以此影响其城镇化质量排名和考核结果,使城镇化质量评价真正起到正视问题、警示发展、引领方向的作用。经过上述调整修正,城镇化质量评价体系包括两个子系统:一是城镇化质量预警指标体系;二是城镇化质量评价指标体系,预警指标体系作为评价指标体系的前置条件,直接影响质量评价结果,二者互补融合,可有效弥补质量评价的先天不足,强化城镇化质量监测评价的预警功能,增强监测评价的针对性、可靠性和科学性。

(四)原始数据标准化

城镇化质量评价不仅要评价现在的发展水平,还要评价今后的发展潜力,所以选择数据标准化方法时必须考虑到评价指标的历史比较和横向比较问题,从现有的几种数据无量纲化方法看,标准化方法、极值化方法等均不便于历史比较。标准化处理法与极值处理法受当年极大值与极小值的影响,不能进行数据的纵向对比。标准值标准化与功效系数相比,简单易行,而且可以明显地看出其与目标值的距离,更易于被人们所接受,有利于将城镇化质量评价结果向社会普及和推广。因此,本书选用标准值标准化方法对数据进行无量纲处理。

对于正向指标,即指标值越大,对系统的贡献越大,则有:

$$x_{ij} = x'_{ij} / x_{0j} \tag{5-6}$$

对于逆向指标,即指标值越大,对系统的贡献越小,则有:

$$x_{ij} = x_{0j} / x_{ij} \tag{5-7}$$

对于适度性指标,即指标值适当,对系统的贡献越大,偏离适度区间越远,对系统贡献越小。

## 第五章　新型城镇化指标体系构建

$$\bar{x}_{ij} = \begin{cases} x_{ij}/x_{0j} & x_{ij} < x_{0j1} \\ 1 & x_{0j1} \leqslant x_{ij} \leqslant x_{0j2} \\ x_{0j}/x_{ij} & x_{ij} > x_{0j2} \end{cases} \tag{5-8}$$

其中，$x_{ij}$ 表示城镇化发展第 $i$ 个领域第 $j$ 项指标标准化值，$x_{ij}$ 表示城镇化发展第 $i$ 个领域第 $j$ 项指标的实际值，$x_{0j}$ 表示第 $j$ 项指标的目标值，$x_{ij}$ 阿特金森模型处理过的贡献率。

从指标的数学特性看，对于某些指标，实际值的变化对城镇化水平的影响并非是简单的线性关系，认为实际值达到目标值后不再对城镇化水平产生贡献，超出部分对城镇化水平不产生作用，与实际情况不符。对于这类指标，可根据阿特金森模型[1]，分段计算超出目标值部分的"贡献"，对于正向指标，其计算公式如下：

$$x'_{ij} = (x_{ij})^{1-\varepsilon} \tag{5-9}$$

式中：$x_{ij}$ 为某区域的指标实际值，$x_{ij}$ 是对系统的贡献率，当实际值超过标准值（$x_{0j}$）时，应分段计算高出部分对系统的贡献。$x_{ij}$ 应落在 $[0, x_{0j}]$ $[x_{0j}, 2x_{0j}]$ $[2x_{0j}, 3x_{0j}]$ … $[nx_{0j}, (n+1)x_{0j}]$ 中的一个区间，当 $nx_{0j} \leqslant x_{ij} \leqslant (n+1)x_{0j}$ 时，令 $n/(n+1)$，（$n = 0, 1, 2, 1……n$），显然，$\varepsilon$ 作为参数，其值在半开区间 $[0, 1)$ 之间。若 $\varepsilon = 0$，则：$x_{ij} = (x_{ij})$。一般情况下有：

$x_{ij} = (x_{ij})$，当 $(0 < x_{ij} < x_{0j})$

$= x_{0j} + 2(x_{ij} - x_{0j})^{1/2}$，当 $(x_{0j} < x_{ij} < 2x_{0j})$

$= x_{0j} + 2(x_{ij} - x_{ij})^{1/2} + 3(x_{ij} - 2x_{0j})^{1/3}$，当 $(2x_{0j} < x_{ij} < 3x_{0j})$

……

$x_{0j} + 2(x_{ij} - x_{0j})^{1/2} + …… + (n+1)(x_{ij} - n2x_{0j})^{1/(n+1)}$，当

---

[1] 王德利等："首都经济圈城市化质量测度"，载《城市问题》2011 年第 12 期。

$[nx_{0j} < x_{ij} < (n+1)\ x_{0j}]$

### 四、山东省城镇化发展质量的分析判断

#### (一) 山东省城镇化发展阶段的判断

根据上面的三个宏观判据，我们可以对山东省城镇化质量发展阶段进行一个宏观判断：

首先，检验动力特征的倒U型曲线。利用1952~2015年工业增加值占GDP比重表示山东省工业化水平，以人口城镇化率指标代表城镇化水平，对山东省城镇化质量进行第一宏观判据的实证分析，结果如图5-2所示。总体来看，山东省城镇化依然以工业化为主推动，仍然处于倒U型曲线的上升位置。尽管2008年以来，山东省工业增加值比重持续下降，但如果因此而判断已实现了倒U型曲线由左侧向右侧的转变为时尚早，因为从历史来看，1952年以来，也曾有几次出现过短暂的波动，但总体上工业增加值比重仍呈上升态势。

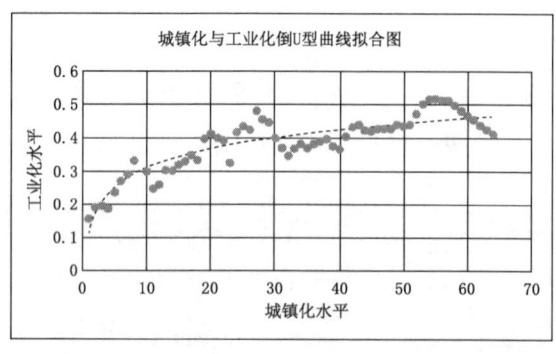

**图5-2　城镇化与工业化倒U型曲线拟合图**

其次，检验城镇化公平特征的倒U型曲线。利用1984~2015年城乡收入差异度表示城乡差距，人口城镇化率代表城镇

化水平，结果如图 5-3 所示。总体来看，虽然近年山东省城乡收入差距连续下降，但总体来看并没有实现倒 U 型曲线由左侧向右侧的转变，仍然处于总体上升期。

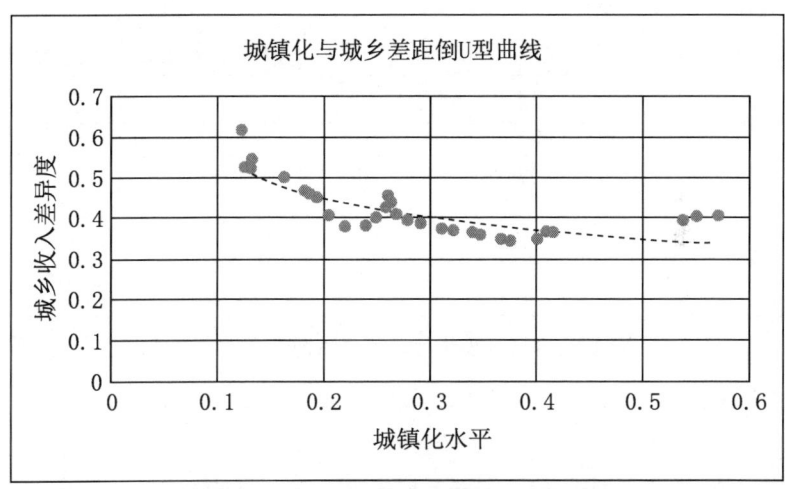

图 5-3　城镇化与城乡差距倒 U 型曲线

最后，检验城镇化环境倒 U 型曲线，利用 1981 年以来山东省二氧化硫排放量、废水排放量（取对数）、工业固体废物产生量（取对数）等衡量环境质量，以人口城镇化率表示城镇化水平，进行实证分析，结果如图 5-4~图 5-6 所示。总体来看，山东省二氧化硫排放已实现了环境倒 U 型曲线由左侧向右侧的转变，而废水排放、工业固体废物产生量等均未实现倒 U 型曲线由左侧向右侧的转变。

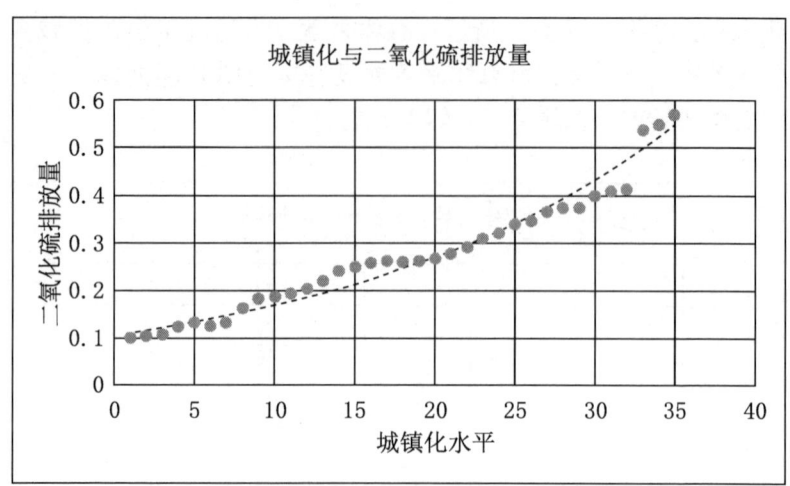

图 5-4　城镇化与二氧化硫倒 U 型曲线

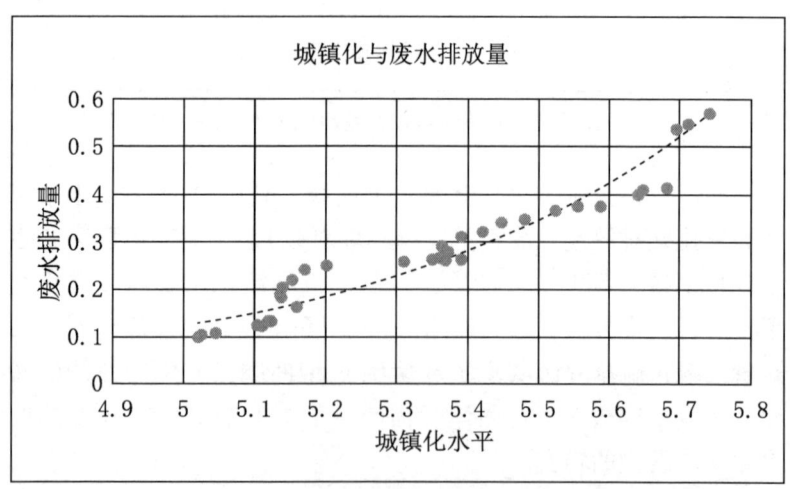

图 5-5　城镇化与废水排放量倒 U 型曲线

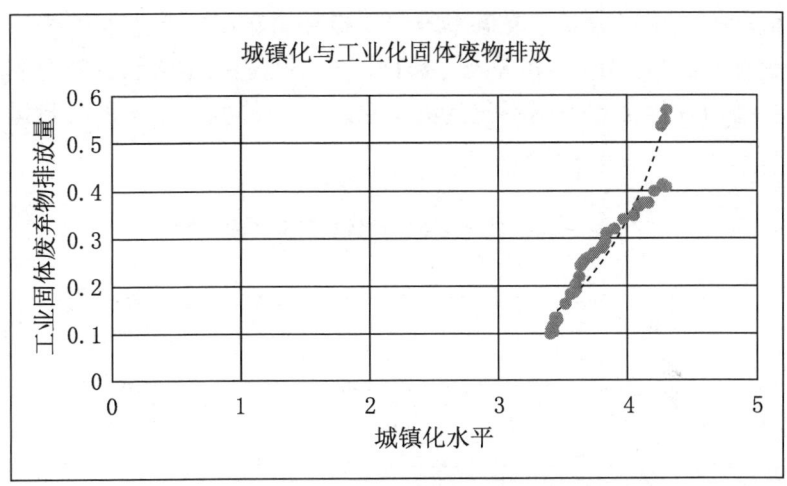

**图 5-6　城镇化与工业固体废物排放倒 U 型曲线**

由上图可以看出，当前推动山东省城市化的主要动力依然是工业化，随着人均 GDP 的增加，城乡差距和区域差异正在不断扩大。因此，山东省城镇化整体仍处于倒 U 型曲线左侧的上升位置，这种位置的移动方向和速度精确对应着山东省城镇化的进程，是对山东省城镇化发展阶段的基本判断，这充分表明了山东省城镇化巨有较大差距，仍处于较低的发展阶段。这是判断山东省城镇化发展质量的基础，任何对山东省城镇化的质量判断均不应脱离这个基础，单纯通过综合指标的加权而得到的质量指数也必须服从于这个判断，否则便将会陷入数字游戏的怪圈。

（二）山东省新型城镇化发展质量在全国的定位

全省的城镇化发展质量必须要放在全国的坐标系中来进行定量评价。因此，本书以前面构建的全省及设区市城镇化发展质量评价指标体系为依据，结合《中国统计年鉴》《中国城市统计年鉴》《中国人口与就业统计年鉴》，城镇居民人均住宅建筑面积、城镇住房保障覆盖率等四项指标由于缺乏数据而不得不舍弃,利用2015年相关统计数据,按照前述技术方法,对全国各省市(因数据限制不包括港澳台地区)的城镇化发展质量进行评价,结果如表5-14所示。

表5-14 全国各省市城镇化发展质量指数

| | 人口聚集 | 就业支撑 | 生活便利 | 绿色发展 | 城乡协调 | 人口转移 | 土地利用 | 投融资 | 环境改善 | 城镇化质量指数 | 排名 |
|---|---|---|---|---|---|---|---|---|---|---|---|
| 北京市 | 100 | 87.75 | 88.27 | 75.38 | 69.18 | 10.49 | 100.00 | 100.00 | 78.61 | 82.10 | 1 |
| 上海市 | 100 | 91.89 | 80.28 | 71.80 | 75.03 | -26.90 | 0.00 | 100.00 | 79.60 | 74.16 | 2 |
| 天津市 | 100 | 80.78 | 71.88 | 72.02 | 71.59 | 24.65 | 54.84 | 100.00 | 100.05 | 70.59 | 3 |
| 浙江省 | 94.00872 | 65.36 | 82.26 | 74.55 | 76.86 | 20.67 | 15.19 | 31.55 | 75.77 | 68.89 | 4 |
| 内蒙古自治区 | 86.13529 | 59.99 | 63.17 | 80.72 | 70.85 | 15.82 | 64.65 | 78.54 | 66.19 | 67.31 | 5 |
| 江苏省 | 95.03511 | 68.21 | 67.75 | 77.71 | 75.03 | 22.72 | 19.42 | 54.75 | 88.95 | 66.82 | 6 |
| 安徽省 | 72.14937 | 49.40 | 93.26 | 75.44 | 76.95 | 38.76 | 16.27 | 69.26 | 56.14 | 66.44 | 7 |
| 重庆市 | 87.03064 | 58.69 | 73.09 | 78.18 | 73.61 | 31.64 | 34.26 | 99.86 | 65.70 | 66.10 | 8 |
| 宁夏回族自治区 | 78.9136 | 54.39 | 73.64 | 79.12 | 68.47 | 40.45 | 6.74 | 100.00 | 59.79 | 65.79 | 9 |
| 山东省 | 81.44613 | 58.11 | 73.74 | 78.83 | 73.77 | 43.62 | 8.86 | 36.53 | 62.00 | 64.23 | 10 |
| 辽宁省 | 96.23786 | 57.78 | 63.69 | 74.39 | 70.46 | 2.79 | 75.26 | 43.11 | 45.50 | 63.89 | 11 |
| 广东省 | 98.15256 | 63.92 | 74.14 | 77.84 | 71.20 | 22.79 | 69.19 | 40.31 | 77.02 | 63.62 | 12 |
| 湖北省 | 81.21765 | 54.54 | 61.67 | 70.55 | 73.36 | 28.19 | 70.76 | 46.12 | 71.24 | 63.33 | 13 |
| 新疆维吾尔自治区 | 67.49395 | 52.15 | 69.33 | 69.45 | 68.45 | 54.24 | 12.14 | 86.61 | 98.69 | 63.16 | 14 |
| 陕西省 | 77.02158 | 53.52 | 77.14 | 73.54 | 69.88 | 31.00 | 40.22 | 56.32 | 71.69 | 61.61 | 15 |
| 山西省 | 78.60262 | 54.79 | 61.39 | 73.81 | 28.23 | 19.77 | 50.03 | 85.45 | 59.66 | | 16 |
| 黑龙江省 | 83.98291 | 53.09 | 61.84 | 75.04 | 71.36 | 7.84 | 13.83 | 58.10 | 63.76 | 58.96 | 17 |

· 262 ·

续表

| | 人口聚集 | 就业支撑 | 生活便利 | 绿色发展 | 城乡协调 | 人口转移 | 土地利用 | 投融资 | 环境改善 | 城镇化质量指数 | 排名 |
|---|---|---|---|---|---|---|---|---|---|---|---|
| 湖南省 | 72.70277 | 52.01 | 61.43 | 70.76 | 74.98 | 40.78 | 0.64 | 47.68 | 61.72 | 58.76 | 18 |
| 四川省 | 68.12008 | 51.27 | 62.56 | 71.81 | 72.38 | 38.91 | 13.71 | 42.76 | 84.68 | 58.53 | 19 |
| 河北省 | 73.32371 | 50.03 | 57.96 | 74.46 | 73.58 | 47.59 | 15.20 | 39.97 | 74.01 | 58.01 | 20 |
| 广西壮族自治区 | 67.22864 | 48.23 | 59.24 | 75.12 | 72.42 | 32.83 | 30.46 | 47.24 | 106.82 | 57.86 | 21 |
| 福建省 | 89.42061 | 58.53 | 63.48 | 73.09 | 73.83 | 22.24 | 66.33 | 36.44 | 54.88 | 57.41 | 22 |
| 贵州省 | 60.01619 | 50.74 | 58.28 | 71.39 | 71.86 | 57.71 | 23.05 | 30.40 | 95.00 | 56.87 | 23 |
| 青海省 | 71.91448 | 51.71 | 63.48 | 68.29 | 68.08 | 21.22 | 65.84 | 100.00 | 61.87 | 56.42 | 24 |
| 吉林省 | 79.03067 | 52.34 | 62.51 | 71.91 | 72.68 | 9.52 | 50.45 | 60.77 | 47.13 | 55.58 | 25 |
| 河南省 | 66.92285 | 49.41 | 56.45 | 69.29 | 73.04 | 42.32 | 17.63 | 43.59 | 66.36 | 55.34 | 26 |
| 江西省 | 73.74382 | 50.36 | 57.61 | 72.56 | 72.96 | 34.17 | 36.08 | 49.55 | 42.06 | 54.81 | 27 |
| 云南省 | 61.90878 | 50.16 | 57.08 | 68.22 | 68.06 | 45.89 | 19.63 | 33.71 | 76.96 | 54.60 | 28 |
| 甘肃省 | 61.7033 | 50.11 | 55.94 | 66.50 | 64.94 | 40.84 | 5.81 | 44.77 | 35.08 | 52.62 | 29 |
| 海南省 | 78.7204 | 58.48 | 70.50 | 75.22 | 73.83 | 33.77 | 100 | 56.06 | 27.77 | 51.83 | 30 |
| 西藏自治区 | 39.68254 | 54.25 | 53.28 | 49.07 | 55.56 | 100.00 | 18.45 | 100.00 | 100.00 | 42.49 | 31 |

总体来看,山东省城镇化发展质量总体较好,质量指数达64.23%,虽然与北京、上海、天津等差距明显,但在全国排第10位,明显高于人口城镇化率在全国的排名(第12位),这与多年来省委、省政府高度重视城镇化发展质量的理念密切相关。

(三) 山东省新型城镇化发展质量的投入产出效率

全省城镇化综合效率为1.00,纯技术效率1.00,规模效率1.00,规模收益结果为VRS。

1.全省城镇化建设投入产出效率分析

本书利用DEA方法评价结果,从资源配置效率水平、经营管理效率水平、规模效率水平等三方面对山东省城镇化建设的投入产出效率进行了分析。

（1）综合效率水平分析。综合技术效率是对决策单元的资源配置能力、资源使用效率等多方面能力的综合衡量与评价，反映的是要素资源配置效率的高低水平，技术效率值越高，说明资源配置效率越高、效果越好，反之亦然。因此，该指标可以综合反映城镇化建设的效率水平。本书利用 DEA 方法分析得出，2015 年山东省综合技术效率为 1.00，综合效率无效，这表明山东城镇化相关领域实现了充分的投资效率。

（2）纯技术效率水平分析。若纯技术效率值等于 1，说明 DMU 在现有投入水平下实现了产出的最大化；若技术效率值小于 1，则说明 DMU 的实际产出和理想产出之间还存在差距，没有位于生产前沿面上。技术效率反映了决策单元在给定投入情况下获取了最大产出的潜力。对城镇化建设而言，纯技术效率可以反映城镇化建设中的经营管理效率水平。纯技术效率指数由变动规模报酬的 BCC 模型可以求得。本书用其来衡量城镇化建设经营管理效率水平低下（技术无效率）到底有多少是由于纯技术无效率造成的。山东省 2015 年纯技术效率为 1.000，以 1、0.9、0.75 为界可将纯技术效率分为效率最优、相对高效、相对低效、基本无效四类，山东省城镇化建设纯技术效率处于效率最优区间，说明山东省各部门在城镇化建设方面管理水平较高。

（3）规模效率水平分析。规模效率是在 CCR 效率和 BCC 效率的基础上定义的。在库珀等（2000 年）的著作中，CCR 效率值称为全局技术效率，BCC 效率值称为局部纯技术效率，两者的比值称为规模效率，即 DMU 在规模报酬不变下的技术效率和规模报酬可变下的技术效率的比值。同样，规模效率值等于 1，说明决策单元是规模有效的；规模效率值小于 1，说明决策单元是规模无效的。山东省 2015 年规模效率为 1，说明山东省城镇化建设在规模上有效。

2. 规模收益分析

规模收益（Returns to Scale，RTS）是决策单元投入规模的变化与其引起的产量变化之间的关系包括规模收益不变、递增和递减三种情况。其中不变表示增加 k 倍的投入可以获得相同 k 倍的产出增加，递增可获得大于 k 倍的产出增加，递减可获得小于 k 倍的产出增加。递增的决策单元可扩大投入规模从而获得更多的产出，递减的决策单元则没有扩大投入的必要，只有规模收益不变的决策单元才是最理想的生产状态。[1]总体来看，山东省城镇化处于规模收益不变的状态，即产出增加的比例等于投入要素增加的比例，是一种规模有效状态，今后在城镇化建设过程中应合理控制城镇规模，防止土地的盲目扩张和建设用地的过度浪费，应在现有规模的基础上注重技术水平的提高，使技术水平与规模相适应，从而实现综合效率有效。

## 第四节 启 示

新型城镇化发展水平和发展程度直接影响经济社会发展的全局。构建科学合理的新型城镇化发展质量和水平的评价体系更为重要。随着当前经济社会发展格局的变化，新发展理念和发展思路也在调整。进入经济新常态后，山东省处在"三期叠加"的重要关键时期，需要理性、全面、科学地分析影响新型城镇化发展质量的各个要素，树立创新、协调、绿色、开放、

---

〔1〕 张晓瑞、宗跃光："城市开发的资源利用效率测度与评价"，载《中国人口·资源与环境》2010 年第 20 期。

共享的发展理念,采取有效措施,真正地发挥指标体系引领发展导向作用。

## 一、以"五大发展理念"指引新型城镇化指标体系研究

十三五发展规划明确提出,要牢固树立创新、协调、绿色、开放、共享的发展理念。这不仅是对经济社会发展的客观要求,也是新型城镇化建设的必然。在对新型城镇化指标体系的研究中,必须坚持五大发展理念,挖掘城镇发展潜力,厚植新型城镇化发展优势,促进新型城镇化健康发展。一是要注重新型城镇化发展指标多维度建构。五大发展理念是指导当前经济社会发展的重要指导思想,这种发展理念会渗透到新型城镇化建设的方方面面,影响城镇发展的整体格局和变化。所以,城镇化发展指标体系应当顺应经济社会发展的整体变化和趋势,用五大发展理念来指导新型城镇化指标体系的构建和设计,在以往经济发展、基础建设、公共服务、生态质量等方面指标体系基础上,从经济持续发展、人民民主不断扩大、文化软实力显著增强、人民生活和社会事业水平全面提高、资源节约型、环境友好型社会建设等多个维度,对新型城镇化指标体系进行全面梳理和分析,逐步深化对新型城镇化发展规律的认识。二是应注重新型城镇化质量水平的全面评估。这就需要将五大发展理念融入新型城镇化指标评价体系中,同时要把理论研究和实际工作紧密结合起来。一方面,加大新型城镇化指标体系的理论研究,通过召开评审研讨会、专家讨论、评审研讨会优化评价指标体系,使科学发展指标研究更加科学严谨、可操作性。另一方面,应当加大对基层城镇发展情况的调查研究,通过在全省各地的调研基地,深入典型城镇发展地区,利用座谈、走访等多种形式,深入基层实施,全面评估和分析城镇化指标评价

存在的问题和不足。三是注重新型城镇化评价体系的客观指标加大权重。新型城镇化指标体系是一个不断完善、发展的过程，需要坚持传承与创新、重点与全面、个性与共性结合，利用多种结构性的指标方法，重视生态环境和民生改善相关指标，加大非经济指标的权重，引导在新型城镇化建设中树立科学的政绩观、发展观。在城镇化综合实力比较中，应当重视结构性指标、人均指标和相对指标，弱化绝对指标的权重，达到以客观数据为基础，还需要对新型城镇化发展状态和发展水平进行动态监测，为相关决策部门提供重要参考。

## 二、重视新型城镇化发展指标的动态管理和跟踪

发挥新型城镇化指标体系作用，关键在于准确掌握全省各级城镇化发展动态，搜集准确有效信息，及时采取针对性措施，以促进新型城镇化科学发展、健康发展、和谐发展。一是建立城镇化监测评价制度。目前，全省和部分设区市建立了较为完善的城镇化监测评价制度，于每年开展一次监测评价，并且编写城镇化发展报告，取得了良好效果。但多数城市，特别是县级市和县，以及小城镇并未建立城镇化监测评价制度，不仅本级城镇化质量评价无从谈起，也在一定程度上影响了全省城镇化质量评价。因此，为了保证该项工作的持续开展，必须进一步完善省级城镇化监测评价制度，全面建立市、县、镇城镇化监测评价制度。设区城市、县和县级市以及广大小城镇要按照全省统一的标准，这就需要统一城镇化监测评价的指标体系、统一监测评价的方法步骤，并且统一监测评价的数据口径和监测评价的时间进度等，同时要全面建立城镇化监测评价制度，每年开展至少一次城镇化质量评价，同样需要编写本级城镇化发展报告，其所需要经费由本级财政列支。二是完善新型城镇

化质量评价工作协调机制。需要省市各级由建设部门与统计部门共同牵头，统计部门主要负责城镇化质量数据统计审核，住房城乡建设部门主要负责综合协调和评价分析，并且组织编写《城镇化质量发展评估报告》。同时，省级和市县要建立协调联动机制，建立起定期沟通制度，加强信息交流，省级部门对地市城镇化发展质量评价的业务指导和督查，各市要主动与省里沟通联系，并且严格按照全省城镇化发展质量评价工作进度安排、报送渠道和评价标准，及时组织专项统计，科学编制发展报告，确保数据上得来、评价靠得住、报告有分量、工作见实效，为推进城镇化监测评价工作创造良好条件，提供有力保障。县级城镇和小城镇要借鉴省市经验，确定城镇化监测评价的牵头部门，解决工作经费，明确各组成部门职责，并落实到人，同时要根据省里的要求开展本级城镇化监测评价，编写本级城镇化发展报告。三是完善城镇化质量评价数据报审制度。畅通城镇化相关部门数据提报，明确城镇化质量评价，完善城镇化监测数据收集提供办法，明确各相关部门的职责分工，确定数据报送的联络人，确保数据及时报送。这就需要严格数据审核，严把数据质量关，应进一步明确各市统计部门职责所在，按照"谁填报，谁负责"的原则，建立数据质量责任制及数据质量追究责任制，一旦出现问题，可以直接追查相关填报和审核人员责任，并在全省进行通报。在数据分析及评价环节，要进一步对相关数据进行校验，对偏离常态的数据，由统计部门再次核实，从最后环节尽可能地减少数据失真的比率。

## 三、充分利用新型城镇化复合型指标评价分析成果

为了确保科学把握新型城镇化发展质量和水平，需要充分利用新型城镇化复合型指标评价成果，最大限度地提高数据的

科学性和有效性。一是建立网络化的城镇化质量评价数据平台。通过建立城镇化质量评价数据库，打造全方位、多层次的网络化数据共享平台，解决数据渠道不畅、部门数据撞车的问题，使各级政府或研究机构能方便、快捷地获取城镇化的相关数据，为城镇化研究和决策提供高质量的服务，最大限度地发挥好城镇化质量评价的社会应用价值。二是建立城镇化质量评价报告制度。根据评价结果撰写专门分析报告，建立质量评价结果使用制度，评价结果使用对象包括各级党委、政府、政协、人大等四大班子，城镇化领导小组各成员单位等。质量评价结果要作为考核和改进相关部门城镇化工作及财政预算的主要依据，各级党委政府和省直部门须避免过多关注结果间的横向排名，重要的是根据质量评价的结果查找城镇化发展的薄弱环节，及与其他兄弟城镇的差距，制定具有针对性的对策措施，弥补短板、提升质量。建立评价结果扩散制度，通过赠阅、订购、新闻发布会等形式，向大专院校及研究机构、社会团体、广大市民等全社会推介城镇化质量评价的结果，让社会各界充分了解全省城镇化发展基本情况，积极引导社会各界参与城镇化建设，形成多主体推进模式。三是建立以指标体系为引领的城镇化模式。各级各部门要以指标体系为依据，研究制定远期规划目标，并分解落实到不同阶段，制定详细的近期行动计划。依据指标体系建立执行机制，把每一项指标落实到各级党政部门，明确责任，确保目标的正确执行，使执行体系高度整合化，形成部门推进合力。

## 第六章
# 中国新型城镇化发展道路趋势展望

城镇化是当今时代发展的必然趋势，也是世界各国发展不可阻挡的历史潮流。所以，推进新型城镇化建设对中国来说具有重要的意义。美国经济学家约瑟夫·斯蒂格利茨曾经预言："21世纪对全人类影响最深的两件大事，一个是美国的高科技产业，另一个是中国的城市化。"特别是进入21世纪以来，中央把发展新型城镇化建设作为重要的时代课题，并把它作为加快经济社会发展的重要动力，提出了新型城镇化的发展理念：强调城镇化与工业化良性互动，城镇化与现代农业的相互协调，促进工业化、信息化、城镇化、农业现代化"四化"同步发展。这为中国新型城镇化发展指明了方向，为未来城镇化发展规划了蓝图。2013年底，中央经济工作会议强调走低碳新型城镇化道路，把生态文明理念和原则融入城镇化建设的全过程，走"集约、低碳、智能、绿色"的新型城镇化发展道路，为中国新型城镇化发展制定了新时期的发展理念。随着工业化、产业化、信息化和农业现代化的发展，和中国经济的强力推进，中国城镇化建设出现了新的发展趋势。

### 一、城乡一体化的趋势显著

城乡发展的一体化是世界城镇化发展的必然趋势。当前，我国已步入工业化、农业现代化发展阶段，城乡一体化的趋势日益明显。城乡一体化在生产力高速发展的基础上充分集聚了城乡人口、技术、资源、资本等综合生产要素，达到了相互融合、相互补充的目的,从而为实现城乡经济社会协调发展奠定了坚实基础。城乡一体化有助于改变长期以来形成的二元结构,实现城乡间的共同繁荣、产业的相互融合、生活环境的普遍改善、国民待遇的更加平等,使更多的城乡居民可以共享改革发展的成果。

城镇一体化并不是消灭农村,而是要实现城乡的高度融合。城乡一体化是城镇化发展的必然规律。在工业化初期,基础发展薄弱,工业发展需要其他产业的支撑。在这一时期,农业哺育工业,为工业的发展提供了积累,城乡差别明显扩大。进入工业革命时代以后,工业得到了很大的发展,经济实力得到了增强,工业利用积累的资金和技术为农业提供支持,出现了工业反哺农业,城市支持农村的现象。这是世界许多国家城镇化建设方面的共同经验。中国新型城镇化已经到了工业反哺农业、城市支持农业的发展阶段,经济发展的战略要从以工业化为主导向以城镇化为主导转变,这对顺应时代发展要求,推进城乡一体化具有重要的意义。

城乡融合要求实现功能定位和发展目标的融合。从功能定位上看:首先,要实现城市和乡村之间各种要素的自由流动,特别是城乡之间的技术、资源、资本等要素要能够相互融合与补充,逐步达到城乡经济协调发展的过程,形成以城带乡、以乡促城、城乡协调发展的新格局。其次,城乡一体化的发展规划,不能脱离开农村单搞城市规划,要把农民的长远发展与近期发展结合起来,实现城乡一体化的规划。最后,城乡之间要有统一的政策目标,应当实现城乡之间的共同发展,不能使得城市一个目标而农村又是另一个目标。从发展目标上看,在政治上,城乡之间要有平等的权利,不能有差别性待遇和权利,保障进城农民工与城市居民享有同等的权益和服务。在经济上,通过区域经济的不断发展使城乡之间都能够同样享受到社会经济发展的成果，基础设施大体能够达到平衡，实现城乡公共服务一体化的目标。

城乡一体化的实现最终靠的是产业带动、产业融合，通过工业带动农业、城市带动农村的体制和机制。应注重培育城镇的产业群：随着新型工业化、城镇化的推进，鼓励小城镇经济向着专业化、特色化的方向发展，形成有技术、资源优势的产业集群，达到农业与工业的相互依赖、农村与城镇相互融合的目的。产业带动和市场推动的相互作用可以使农民的收入得到显著增加，使农民的社会地位得到普遍提高，使城乡人们的思想观念、精神文化、生活方式以及城乡人民的生活水平的差距逐步缩小。

## 二、城乡居民生活水平提高

中国新型城镇化发展带动城镇居民生活水平不断提高。随着信息技术、特色产业的快速发展，居民生产生活方式也发生了较大改变，特别是对物质生活条件、思想观念、生活习惯产生了巨大的影响。文明、健康、科学、理性、自由、开放、和谐的生活方式进入城镇人们的生活，可以影响城镇居民生活的方方面面。具体表现以下几个方面：从消费意识上，居民的消费水平和消费结构发生了较大的改变。随着居民收入水平的提高，居民在消费的质量和档次上有了更高要求，实现了从以吃、穿等基本生存资料为主向以用、住、行等发展和享受资料为主的转变。随着信息技术的快速发展，移动电话、网络的广泛普及，现代社会已进入了互联网时代，微信、微博等开始成为人们广泛便捷交流的平台。交通方式和交通条件不断改善，特别是汽车，已然成为新时期人们消费的时尚。在工作方式上，随着科学技术的提高和信息传播手段的改进，我国的生产形式有了巨大的改变，工作方式和工作环境也越来越人性化，主要表现在工作时间缩短、职业流动性增强、自我实现的满足方面重视加大。知识已成为工作的主要资源，终身学习、主动充电已成为新型城镇居民的必然选择。人们要想在城镇中更好地生活和生存下去，跟上时代发展的步伐，需要不断地更新知识结构，提高对现实和未来发展的把握能力。在社会交往方面，新型城镇化发展使得社会交往出现了全方位、多层次的网络形式。手机、短信等新兴网络媒体成了交流交往的主要方式，寻求解脱或是满足好奇心，缓解现实社会生活的压力，已成为社会交流的重要内容。虽然人与人之间面对面的交往仍然存在，但是社会关系的紧密程度趋于疏远。在社会休闲方面，新型城镇化发展提高了人们的生产方式，也改变了人们休闲娱乐的形式，旅游、文娱体育活动已成为新时期休闲娱乐的重要内容。人们更多地重视健康、绿色、低碳的环保理念，越来越多的人开始热衷于身体锻炼和健康保健，用在各种运动器材和服务方面的支出大大增加，用在运动方面的时间也越来越多。在饮食方面，人们对食品的要求也是越来越高，健康食品、有机食品备受青睐，饮食观念从以前"吃得饱"向"吃得好"方面转变。在节日活动方面，人们从以前重视中国端午、春节等传统节日转变为越来越热衷于西方的情人节、圣诞节、母亲节等节日。文化的丰富化和多样化成了新时期居民精神需要的重要特征。

  新型城镇化发展不仅提高了社会生产力发展水平，也促进了居民生活方式的现代化。城镇现代化促进了城镇经济的发展、城市基础设施的改善、城镇文化建设的提升，为居民提供了最佳的工作、学习、生活的环境。所以说，城镇现代化不仅仅是经济、社会结构、科学技术的发展，更是人的全面发展，包括人的素质提升、生活质量改善，身心健康的需要，文化交流等方面的满足。所以说，新型城镇化的发展最终目的还是更好地满足城镇居民生活需要。

**三、特色城镇趋势更为突出**

特色城镇是中国新型城镇化发展的必然趋势。从城镇发展本身来讲，千篇一律的城镇发展模式并不能成为现代城镇发展的趋势，不同城镇要依靠不同历史特色来实现城镇化的发展。在城镇化过程中，必须考虑到不同时代背景、现实条件、地理特点等因素，制定适合地区发展的城镇发展模式。

特色城镇发展要围绕着城镇的个性和特色。城镇的个性和特色是城镇发展的生命力和竞争力。没有个性和特色的城镇化建设，就不会有强大的吸引力。在新型城镇化建设中，要注重对传统文化的吸收、挖掘和传承。同时，城镇发展也要根据区位特点、自然环境、产业基础、资源状况、文化历史渊源来确定城镇发展战略和发展目标。充分利用本地的地理、生态、历史文化和环境优势，在特色城镇上下功夫，重视城镇发展的历史和区域文化，保护好自然遗产和历史文化遗产，保护好各种具有个性特色的生态和环境风貌，以及具有历史、科学、文化艺术价值的传统城镇、街道和古老建筑，让城镇建设打上了地方文化的烙印，留得住城镇独特的记忆，留下古城那份深深的乡愁。

特色城镇重视城镇文化资源的挖掘。特别是城镇长期以来形成的文化传统、历史古迹、民族宗教、社会风貌、传媒娱乐、时尚文化等，这都将成为城镇发展的宝贵资源。优秀的传统文化和先进的现代文明相互作用、相互影响，增添了城镇文化发展的新亮点。城市文化也展示了城市的风貌和品格，凸显了城镇发展的个性和民族特色。

特色城镇重视城镇建筑风格的特色。新型城镇化的建设和发展，应该从一开始就注重不要形成"百城一貌，千镇一面"，要保证城镇的历史传承，发展自身的文化特色。[1]国外很早就开始重视城镇建设的特色，注重城镇的个性。它们的城镇建筑形式多样、色彩丰富，并且会对旧建筑进行保护和维修，在维修传统建筑物时，不仅保护了城市建筑的传统外观，还注意到了保留传统的室内装饰。[2]

特色城镇发展与经济产业结构有密切的联系。特色资源的开发往往受制于产业结构、经济发展水平、资源特色、地方文化等要素，也受制于国家发展战略和宏观政策的影响。所以说，特色城镇发展不能脱离具体的历史条件和社会环境，同时也离不开地方政府对特色城镇的定位和发展理念，只有从文化资源与现实政策相结合才能找到特色城镇的着力点。未来的新型城镇化发展要在已有的发展条件和发展环境上挖掘地方资源、塑造城镇发展特色，形成独有的城镇发展亮点，这成了国外城镇快速发展的宝贵经验。

### 四、智慧城镇导向逐步明显

智慧城镇是人类从传统农业社会到工业社会，再到后工业社会发展的必然产物，是解决城镇化带来一些问题的可行性探索，也是中国新型城镇化发展的必然趋势。智慧城镇已成为现代信息化建设的热点，成为提供城镇综合能力的重要载体。智

---

[1] 吴季松:《新型城镇化的顶层设计、路线图和时间表——百国城镇化实地考察》，北京航空航天大学出版社2013年版，第45页。

[2] 李从军:《迁徙风暴，城镇化建设启示录》，新华出版社2013年版，第63页。

慧城镇是通过信息化解决城镇规划与设计、交通与物流、资源与环境保护等方面的问题，推动城镇管理向着智能化、高效化、便捷化的方向发展，从而为城镇经济的发展注入新的活力，使城镇居民的生活更为幸福的。

智慧城镇发展理念会对未来城镇发展产生重要的影响。在城镇运行方面，以信息技术为基础的物联网与全新城镇运营理念的高度融合，更好、更快、更智能地实现政府从管理到服务、从治理到运营的跨越。从更深入的智能化、更全面的互联互通、更有效的交换共享、更协作的关联应用，实现城镇化的健康有序发展。智慧城镇是在物联网、云计算等现代信息技术基础上建立的，物联网是一个大集成、大规模产业链的行业，特别是在物联网设备终端制造业、物联网网络服务业、基础设施服务业、应用服务业等方面，具有强大的带动作用。随着智慧城镇的发展，相关物联网产业链将会快速发展起来，这意味着为上游的传感器制造业提供了广阔的市场。智慧城镇建设改变了人与物、物与物之间的联系方式，深刻地影响了人们生活、娱乐、教育等方方面面的行为方式。智慧医疗系统使得居民看病就医更为便捷，使居民的身心健康可以得到及时、有效的护理；智能化交通系统可以缓解交通拥堵的压力，使得交通出行更为顺畅，进而高效地利用城镇的道路资源；智慧食品采购链也使得居民能够吃上放心菜、喝上干净水，为城镇居民健康生活提供保障；智能化的家居生活可以营造一个安全、智能、舒心惬意的生活环境；智慧城镇安全管理系统可以有效地监控城镇治安状况，从而及时、有效地处理城镇犯罪和突发事件，营造平安的城镇生活环境。所以说，智慧城镇可以创造美好生活。

智慧城镇的目标是真正地为民方便、让民舒心，塑造高素质的城镇居民。智慧城镇依靠科技智能信息的管理技术，可以实现政府与居民的自我管理、自我调控，使得城镇生活更为协调平衡，这是城镇可持续发展的重要保障。智慧城镇是适应信息技术、智能化技术迅速发展的内在要求，可以满足城镇居民对美好生活的热切期待，其代表了城镇发展的崭新理念和发展方向。随着城镇化进程的加快，智慧城市的发展理念、发展模式会越来越多地应用到城镇的建设之中，为下一步城镇化的发展提供动力支持。

随着智慧城镇的发展，与智慧城镇相关的政策、资金、人才、基础设施等都将得到逐步完善。在政策方面，鼓励社会各方面力量关注智慧城镇的发展，特别给予智慧城镇建设提供相关产业优惠政策。在资金支持方面，国家要加大对智慧城镇的投资和关注，制定智慧城镇的长远发展规划，作为新兴的朝阳产业给予扶持，鼓励更多的金融机构和社会资金投入到智慧城镇建设中。在人才储备方面，应适应现代智能化、物联网等技术的浪潮，在高校和职业院校给予智慧产业应有的关注。例如，在专业设置、学科培养方面加大投入。国家从宏观政策方面鼓励越来越多高学历、懂技术的信息化人才集中到这个行业，为未来智慧城镇发展做好人才储备；在基础设施方面，为适应智慧城镇发展，对基础设施的投资将进一步扩大，满足公众的对信息技术的需求，确保信息网络能够畅通无阻，确保信息终端都能在任何地方都能够享受到高质量的网络和服务。要让更多便捷、个性服务进入城镇居民生活：随着新一代信息技术以及应用平台在医疗、教育、社保等社会领域等进一步渗透，便捷性服务得到了极大的提升。互联网、传感网、融合网等传输渠道的普及，为公共服务无障碍的安全传输提供了便捷、快速的渠道；智能手机终端、电脑等产品的推进与使用，使公众能随时随地获取所需的服务。透明、精细、科学的管理手段提高了城镇管理的效率和水平。在强大数据库和应用平台支撑下,智慧城镇的城镇资源将进一步得到共享共用,部门之间、地区之间将会有更多的协同办公,相互交流,从而有效地提升城镇管理的运行效率。在各种准确、便捷的数据报表面前,通过智能检测系统的支撑,增强了城镇突发事件预防检测的能力,提高了城镇的经济运行效率,使城镇管理者的决策更加科学和有效。

**五、生态城镇化的步伐加速**

生态城镇化是以实现自然生态系统良性循环为前提的,并且以生态经济体系为核心,以实现社会可持续发展为目标,以实现城镇经济、社会、生态效益协调发展为目的。中国城镇化正处在快速发展时期,为了避免西方发达国家"城市病"的出现,我们必须要寻求城镇经济发展与自然环境保护相结合的发展思路,在这种情况下,保护城镇生态环境,提高城镇与自然环境的承载能力,实现城镇的可持续发展,已成为当今中国新城镇化发展的重要目标。

生态城镇化把可持续发展放在了非常重要的位置。实现城镇可持续发展就是要走良性循环、协调发展的道路,着力营造宜居、宜业、宜游的生态环境,维护人类生存发展的环境,建设以保护人体健康为目标的生态城市。[1]城镇的可持续发展要处理几个关系:一是城镇建设与生态环境改善的关系。需要改变过去先污染、后治理的思想观念和发展模式,根治企业污水、废气乱排乱放的问题,加快技术革新,并且利用生态技术促进污水和垃圾的无害化处理。从企业角度来讲,应当利用生态技术体系来保证生产环节的质量控制;利用绿色环保技术尽可能

---

[1] 尚娟:《中国特色城镇化道路》,科学出版社 2013 年版,第 110 页。

做到能源的节约利用,提高能源的利用率,将废物尽量做到减量化、循环化和无害化处理,通过合理地组织生产,提高资源的利用率。城镇的可持续性还要求尽量减少温室气体的排放,降低能源消耗、减少环境污染,减少人们对资源的不必要消耗。二是实现城镇建设与资源保护的有机结合。这就需要创新合理的资源开发模式,避免资源的浪费和环境的污染,减少对耕地的占用,保证耕地的动态平衡,并且利用绿色生态技术,追求不可再生能源利用的最大化。还应以提高能源的利用率为目标,通过技术革新,尽可能地将能耗降到最小,将废物减量化、无害化处理,真正实现经济发展与自然和谐相处的内在统一。三是实现城镇建设与个性特色的有机结合。充分利用本地的地理、生态、历史文化和环境优势,发掘城镇的特色的地理资源和历史资源,保护好城镇的个性特色和环境风貌,让城镇建设打上地方文化的烙印,留下历史文化的独特记忆。生态城镇重视生态环境治理与保护,把生态环境建设放在首要的位置上,注重实现"发展"的城镇化系统与"稳定"的生态环境系统之间和谐平衡,走出一条生态、低碳、人与自然和谐的城镇化发展道路。生态城镇建设还要充分评估生态环境的承载能力,同步推进城镇化发展与生态环境保护、治理和建设,走上生态化的发展道路,这是中国新型城镇化发展的重大战略,也是未来城镇化发展的必然趋势。

生态城镇化建设要从三个层面着手。从发展方式方面,生态城镇建设要发展集约型的生产方式,实现低消耗、低排放、低效率及和谐有序的新型城镇发展模式,减低碳排放,使二氧化碳的排放量达到比较低的水平,走低消耗、低污染、低排放、高效率经济发展之路。还应调整产业结构,加快新能源、清洁能源、可再生能源和节能减排等低碳产业的发展,大力发展低碳高新技术产业和战略新兴产业，并且利用高新技术对传统产业的改造升级，严格控制高消耗、高污染、低排放、低效益的产业，积极发展低耗能建筑，降低居民能源消耗和碳排放量。在产业发展方面，要把经济发展质量、生态环境质量和人的生活生命质量作为城镇发展重要标准，产业发展理念从能源消耗转向依靠科技进步、劳动者素质提高和管理创新等角度转变，实现资源节约、环境友好、人与自然和谐相处。积极促进生产要素的集聚，发展产业集群，以节约土地、能源，发展循环经济，提高能源资源利用效率，改善生态环境。充分利用低碳经济为纽带建设生态共同体促进产业结构的优化升级。中国新型城镇化发展的方向是"生态+智能"，需要加快低碳生态城镇和智能产业的发展。在空间布局上，生态城镇要避免以房地产支撑的"空城""鬼城"，应当倡导绿色发展理念，提高城镇的复合型功能，把生产、生活、娱乐、购物等功能紧密结合起来，减少人们的交通出行，提高城镇的运行效率。城镇规划要结合绿色理念，扶持绿色产业体系，发展低碳产业，使生态城真正建成绿色之城，宜居之城。

国家新型城镇化规划（2014~2020年）提出要把生态文明理念全面融入城镇化进程，着力推进绿色发展、循环发展、低碳发展，加强生态环境的保护和自然生态的修复，在全社会推动绿色低碳的生产生活方式。这是党中央对城镇化发展规律和人类社会文明发展趋势做出的重大决策，同时也为下一步中国新型城镇化建设指明了方向。生态文明是继工业文明之后的一种新的文明形态，强化生态文明的理念，实质上中国城镇发展思路和发展模式的转型。工业文明是征服自然、改造自然的过程，所以，工业文明的发展造成了人与自然关系的紧张，生态文明倡导人与自然和谐共生的发展理念，经济社会发展不能以牺牲环境为代价,实践中必须坚持的原则是以自然生态环境承受能力为基础,以遵循自然规律为核心,以绿色生态技术为动力,保护环境优先,开发有序,合理划分功能区,实现城镇化建设与生态文明的共同进步。[1]

当前,我国生态化城镇日益明显,其标志是生态城镇在全国的全面展开。截至 2008 年 11 月,全国有二百多个城市都提出了生态城市的设想。随着城镇发展规划的实施,国内生态城镇建设中以行政区域为主体的梯级体系初步形成,从空间布局来看,以点带线、线面结合的生态城镇格局正在形成。

---

[1] 俞可平:《生态文明与马克思主义》,中央编译局出版社 2008 年版,第 138 页。

# 参考文献

**说明**：列出本书写作过程中参阅过的全部文献，而不局限于直接引用文献，以便使本书写作过程中可能对作者产生潜在影响的著述均得以呈现。分类排列，以内容为序。

## 中文部分

### 一、马克思主义经典著作类

[1]《马克思恩格斯选集》（第1~4卷），人民出版社1995年版。
[2]《马克思恩格斯全集》（第1卷），人民出版社1956年版。
[3]《马克思恩格斯全集》（第3卷），人民出版社1960年版。
[4]《马克思恩格斯全集》（第18卷），人民出版社1964年版。
[5]《马克思恩格斯全集》（第19卷），人民出版社1963年版。
[6]《马克思恩格斯全集》（第20卷），人民出版社1971年版。
[7]《马克思恩格斯全集》（第21卷），人民出版社1965年版。
[8]《马克思恩格斯全集》（第23卷），人民出版社1972年版。
[9]《马克思恩格斯全集》（第25卷），人民出版社1974年版。
[10]《马克思恩格斯全集》（第26卷），人民出版社1972年版。
[11]《列宁选集》（第1~4卷），人民出版社1995年版。
[12]《毛泽东选集》（第1~4卷），人民出版社1991年版。
[13]《邓小平文选》（第1~2卷），人民出版社1994年版。
[14]《邓小平文选》（第3卷），人民出版社1993年版。

### 二、基本著作

[1][美]赫茨勒：《世界人口的危机》，何新译，商务印书馆1963年版。

[2] [美]保罗·诺克斯、琳达·麦克卡西:《城市化》,顾朝林等译,科学出版社 2011 年版。

[3] [法] H. 孟德拉斯:《农民的终结》,李培林译,中国社会科学出版社 1991 年版。

[4] [美]刘易斯·芒福德:《城市发展史——起源、演变和前景》,宋俊岭、倪文彦译,中国建筑工业出版社 2011 年版。

[5] [美] D. 盖尔·约翰逊:《经济发展中的农业、农村、农民问题》,林毅夫、赵耀辉编译,商务印书馆 2004 年版。

[6] [美]刘易斯·芒福德:《城市文化》,宋俊岭等译,中国建筑工业出版社 2012 年版。

[7] [美]乔尔·科特金:《全球城市史》,王旭等译,社会科学文献出版社 2010 年版。

[8] [美]安德鲁·利斯:《城市观察:1820~1940 年欧洲和美国的城市社会》(英文版),哥伦比亚大学出版社 1985 年版。

[9] [美]马里尤斯·B. 詹森:《剑桥日本史·卷五·19 世纪》(英文版),剑桥大学出版社 1988 年版。

[10] [德]马克斯·韦伯:《儒教与道教》,洪天富译,江苏人民出版社 1997 年版。

[11] [美]约翰·罗尔斯:《正义论》,何怀宏等译,中国社会科学出版社 1988 年版。

[12] [德]康德:《法的形而上学原理》,沈叔平译,商务印书馆 1991 年版。

[13] [法]雅克·埃吕尔:《城市的意义》,丹尼斯·帕迪译,威廉斯·厄德曼斯出版社 1970 年版。

[14] [美]罗纳德·德沃金:《认真对待权利》,信春鹰、吴玉章译,中国大百科全书出版社 1993 年版。

[15] [美]简·雅各布斯:《城市经济》,项婷婷译,中信出版社 2007 年版。

[16] [美]贝塔朗菲:《一般系统论》,林京义、魏宏森译,清华大学出版社 1987 年版。

[17]［英］彼得·斯坦、约翰·香德:《西方社会的法律价值》,王献平译,中国人民公安大学出版社 1999 年版。

[18]［美］约翰·S. 戈登:《伟大的博弈》,祁斌译,中信出版社 2005 年版。

[19]［德］马克思·韦伯:《经济与社会》(第 2 卷·下册),阎克文译,上海世纪出版集团 2011 年版。

[20]［美］西蒙·库兹涅茨:《现代经济增长》,戴睿、易诚译,北京经济学院出版社 1989 年版。

## 三、主要参考文献（著作）

[1] 许学强:《现代城市地理学》,中国建筑工业出版社 1989 年版。

[2] 新玉言:《国外城镇化比较研究与经验启示》,国家行政学院出版社 2013 年版。

[3] 叶连松等:《中国特色城镇化》,河北人民出版社 2003 年版。

[4] 国务院发展研究中心课题组:《中国城镇化:前景、战略与政策》,中国发展出版社 2010 年版。

[5] 谢文蕙、邓卫:《城市经济学》,清华大学出版社 1999 年版。

[6]《辞海》编辑委员会编:《辞海》,上海辞书出版社 1989 年版。

[7]《汉语大词典》编辑委员会编:《汉语大词典》,汉语大辞典出版社 1988 年版。

[8] 朱铁臻:《中国城市手册》,经济科学出版社 1987 年版。

[9] 苏新春:《字词辨析词典——同义词》上海辞书出版社 2002 年版。

[10] 中国（海南）改革发展研究院:《人的城镇化》,中国经济出版社 2013 年版。

[11] 傅崇兰等:《中国城市发展史》,社会科学文献出版社 2009 年版。

[12] 薛凤旋:《中国城市及其文明的演变》,世界图书出版公司 2012 年版。

[13] 中国社会科学院人口所:《中国人口年鉴（1987 年）》,经济管理出版社 1988 年版。

[14]《〈中共中央关于制定国民经济和社会发展第十一个五年规划的建议〉辅导读本》编写组编:《〈中共中央关于制定国民经济和社会发

展第十一个五年规划的建议〉辅导读本》,人民出版社 2005 年版。

[15] 蒙世军:《城镇化与民族经济繁荣》,中央民族大学出版社 1998 年版。

[16] 马力宏:《农村城镇化问题研究》,杭州大学出版社 1997 年版。

[17] 袁以星、冯小敏:《上海城乡一体化建设》,上海人民出版社 2002 年版。

[18] 中共中央文献研究室编:《十六大以来重要文献选编》(下),中央文献出版社 2008 年版。

[19] 王沪宁:《当代中国村落家庭文化》,上海人民出版社 1991 年版。

[20] 尚娟:《中国特色城镇化道路》,科学出版社 2013 年版。

[21] 仇保兴:《和谐与创新——快速城镇化进程中的问题、危机与对策》,中国建筑工业出版社 2006 年版。

[22] 国家行政学院进修班:《中国城镇化建设读本》,国家行政学院出版社 2012 年版。

[23] 李从军:《中国新城镇化战略》,新华出版社 2013 年版。

[24] 郑永年:《保卫社会》,浙江人民出版社 2011 年版。

[25] 阮青:《价值哲学》,中共中央党校出版社 2004 年版。

[26] 范恒山、陶良虎:《中国城市化进程》,人民出版社 2009 年版。

[27] 费孝通:《中国城镇化道路》,内蒙古人民出版社 2010 年版。

[28] 李从军:《迁徙风暴,城镇化建设启示录》,新华出版社 2013 年版。

[29] 国务院发展研究中心课题组:《中国城镇化:前景、战略与政策》,中国发展出版社 2010 年版。

[30] 钟明钊:《社会保障法律制度研究》,法律出版社 2000 年版。

[31] 辜胜阻:《人口流动与农村城镇化战略管理》,华中理工大学出版社 2000 年版。

[32] 仇保兴:《中国城镇化——机遇与挑战》,中国建筑工业出版社 2004 年版。

[33] 宋俊岭:《中国城镇化知识 15 讲》,中国城市出版社 2001 年版。

[34] 陈甫军、陈爱民:《中国城市化:实证分析与对策研究》,厦门大学出版社 2002 年版。

[35] 朱铁臻:《城市现代化研究》,红旗出版社 2002 年版。

[36] 李树琮:《中国城市化与小城镇发展》,中国财政经济出版社 2002 年版。

[37] 杨重光、刘维新:《社会主义城市经济学》,中国财政经济出版社 1986 年版。

[38] 杨春贵、张绪文、侯才:《马克思主义哲学教程》,中共中央党校出版社 2002 年版。

[39] 姚士谋:《中国城市群》,中国科学技术大学出版社 2005 年版。

[40] 苗长虹:《中国城市群发育与中原城市群发展研究》,中国社会科学出版社 2007 年版。

[41] 刘传江:《中国城市化的制度安排与创新》,武汉大学出版社 2000 年版。

[42] 李树琮:《中国城市化与小城镇发展》,中国财政经济出版社 2002 年版。

[42] 衣俊卿:《文化哲学》,云南人民出版社 2005 年版。

[43] 中国改革年鉴编纂委员会编:《中国改革年鉴 2007~2008 年》,北京嘉业印刷厂 2008 年版。

[44] 杨春贵:《马克思主义哲学发展史教程》,中共中央党校出版社 2003 年版。

[45] 王玉樑:《21 世纪价值哲学:从自发到自觉》,人民出版社 2006 年版。

[46] 韩树英:《马克思主义哲学纲要》,人民出版社 2004 年版。

[47] 薛凤旋:《中国城市及其文明的演变》,世界图书出版社 2012 年版。

[48] 陈彦等主编:《城镇化 中国与欧洲》,金城出版社 2013 年版。

[49] 李德顺:《价值论》,中国人民大学出版社 2007 年版。

[50] 费孝通:《中国城镇化道路》,内蒙古人民出版社 2010 年版。

[51] 刘平量等:《城市化:制度创新与道路选择》,湖南人民出版社 2006 年版。

[52] 李铁:《我所理解的城市》,中国发展出版社 2013 年版。

[53] 顾朝林:《城市经济区》,吉林科学技术出版社 1991 年版。

[54] 傅崇兰、周明俊：《中国特色城市发展理论与实践》，中国社会科学出版社2002年版。

[55] 周牧之：《托起中国的大城市群》，世界知识出版社2004版。

[56] 赵黎明等：《城市创新系统》，天津大学出版社2002年版。

[57] 宋永昌等：《城市生态学》，华东师范出版社2000年版。

[58] 曾明德：《战略思维》，重庆出版社2002年版。

[59] 宋俊岭、黄序：《中国城镇化知识巧讲》，中国城市出版社2001年版。

[60] 吴良镛：《人居环境科学导论》，中国建筑工业出版社2001年版。

[61] 钱学森：《地理科学》，浙江教育出版社1994年版。

[62] 陈颐：《中国城市化和城市现代化》，南京出版社1998年版。

[63] 辜胜阻：《非农化及城镇化理论与实践》，武汉大学出版社1999年版。

[64] 韩军：《农民工市民化：现状、前景与路径选择》，中国统计出版社2010年版。

[66] 刘传江、郑凌云：《城镇化与城乡可持续发展》，科学出版社2004年版。

[67] 葛剑雄：《历史上的中国：中国疆域变迁》，上海锦绣文章出版社2007年版。

[68] 顾朝林：《中国城镇体系——历史·现状·展望》，商务印书馆1992年版。

[69] 曹宗平：《中国城镇化之路》，人民出版社2009年版。

[70] 陈甬军、陈爱民：《中国城市化：实证分析与对策研究》，厦门大学出版社2002年版。

[71] 牛凤瑞、潘瑞华、刘治彦：《中国城市化30年发展（1978年~2008年）》，社会科学文献出版社2009年版。

[72] 高佩一：《中外城市化比较研究》，南开大学出版社1991年版。

[73] 王茂林：《新中国城市经济50年》，经济管理出版社2000年版。

[74] 鲜祖德主编：《小城镇建设与农村劳动力转移》，中国统计出版社2001年版。

[75] 陆大道：《2006年中国区域发展报告——城镇化进程及空间扩张》，商务印书馆2007年版。

［76］李树琮：《中国城市化与小城镇发展》，中国财政经济出版社2002年版。

［77］叶堂林：《小城镇建设的规划与管理》，新华出版社2004年版。

［78］辜胜阻：《非农化与城镇化研究》，浙江人民出版社1991年版。

［79］王梦奎、冯并、谢伏瞻：《中国特色城镇化道路》，中国发展出版社2004年版。

［80］刘传江等：《城镇化与城乡可持续发展》，科学出版社2003年版。

［81］樊纲：《城市化：一系列公共政策的集合》，中国经济出版社2009年版。

［82］张永贵：《加快城镇化的战略选择》，中国计划出版社2005年版。

［83］姚士谋：《中国城市群》，中国科学技术大学出版社2008年版。

［84］陶良虎主编：《区域经济管理学》，武汉理工大学出版社2003年版。

［85］姜爱林：《城镇化、工业化与信息化协调发展研究》，中国大地出版社2004年版。

［86］严书翰、谢志强：《中国城市化进程》，中国水利水电出版社2006年版。

［87］顾朝林：《城镇体系规划：理论·方法·实例》，中国建筑工业出版社2005年版。

［88］成咸宁：《城镇化与经济发展——理论、模式与政策》，科学出版社2004年版。

［89］陈颐：《中国城市化和城市现代化》，南京出版社1998年版。

［90］李惠斌等：《生态文明与马克思主义》，中央编译局出版社2008年版。

## 四、主要参考文献（期刊类）

［1］陈金美："马克思的基本精神与哲学创新"，载《江汉论坛》2005年第8期。

［2］向春玲："城市化：中国新世纪的战略性课题"，载《中国党政干部论坛》2002年第2期。

［3］康就升："中国特色城镇化的理念创新和体系构思"，载《南方经济》

2004 年第 10 期。

［4］周如昌："对我国乡村城镇化的一些看法"，载《中国农村经济》1985 年第 12 期。

［5］李梦白："乡村城市化——不可阻挡的历史潮流"，载《城市发展研究》1995 年第 4 期。

［6］牛文元："中国新型城市化战略的设计要点"，载《中国科学院院刊》2009 年第 2 期。

［7］辜胜阻、李永周："我国农村城镇化的战略方向"，载《中国农村经济》2000 年第 6 期。

［8］杜丽红："成都市人口和谐城镇化的问题与对策"，载《软科学》2009 年第 10 期。

［9］彭红碧、杨凤："新型城镇化道路的科学内涵"，载《理论探索》2010 年第 4 期。

［10］刘嘉汉、罗蓉："以发展权为核心的新型城镇化道路研究"，载《经济学家》2011 年第 5 期。

［11］李国庆："中国特色和谐型城镇化战略与路径"，载《中共福建省委党校学报》2012 年第 10 期。

［12］陆大道、宋林飞、任平："中国城镇化发展模式：如何走向科学发展之路"，载《苏州大学学报（哲学社会科学版）》2007 年第 2 期。

［13］王亚鹏："马克思恩格斯城乡融合思想探析"，载《经济研究导刊》2010 年第 7 期。

［14］杨新房、任丽君："正确把握农村小城镇建设的发展方向"，载《调研世界》2003 年第 1 期。

［15］辜胜阻："中国二元城镇化战略构想"，载《中国软科学》1995 年第 6 期。

［16］洪银兴、陈雯："城市化模式的新发展"，载《经济研究》2000 年第 12 期。

［17］周毅："城市化释义"，载《锦州师范学院学报》2003 年第 9 期。

［18］冯兰瑞："城镇化何如城市化"，载《经济社会体制比较》2001 年第 6 期。

[19] 冯兰瑞:"21世纪加快城市化的明智选择",载《战略与管理》2004年第1期。

[20] 顾朝林:"论中国建制镇发展、地域差异及空间演化:兼与'中国反城市化论'者商榷",载《地理科学》1995年第3期。

[21] 曹广中、周一星:"中国城市经济增长因素分析",载《经济地理》1999年第2期。

[22] 杨风、陶斯文:"中国城镇化发展的历程、特点与趋势",载《兰州学刊》2010年第6期。

[23] 陆大道:"我国的城镇化进程与空间扩张",载《中国城市经济》2007年第11期。

[24] 贾绍凤:"人口城镇化不是农村工业化、乡村城镇化",载《人文地理(西安)》1998年第2期。

[25] 林拓:"城市社会空间形态的转变与农民市民化",载《华东师范大学学报(哲学社会科学版)》2004年第3期。

[26] 郑杭生:"农民市民化:当代中国社会学的重要研究主题",载《甘肃社会科学》2005年第4期。

[27] 温铁军、温厉:"中国的'城镇化'与发展中国家城市化的教训",载《中国软科学》2007年第7期。

[28] 曲晓杰、王理平:"我国城镇化进程的模型分析",载《安徽农业科学》2005年第33期。

[29] 邓文钱、阮青:"从新视角看中国农业发展的三个阶段",载《哈尔滨市委党校学报》2012年第3期。

[30] 周国民:"浅议智慧农业",载《农业网络信息》2009年第10期。

[31] 孔令宏:"建设性的后现代主义与庄子思想",载《求是学刊》1998年第3期。

[32] 陈忠:"特色化是我国城镇化的根本方向",载《农村工作通讯》2009年第21期。

[33] 路富裕:"把特色产业做大做强",载《探索与求是》2001年第11期。

[34] 李强:"主动城镇化与被动城镇化",载《西北师大学报》2013年第

6期。

[35] 徐宪平："面向未来的中国城镇化道路"，载《求是》2012年第5期。

[36] 刘鸿渊、陈怡男："论中国城镇化困境与发展新思维"，载《求实》2012年第5期。

[37] 方立、薛恒新："略论城市文明与市民道德素质"，载《道德与文明》2009年第1期。

[38] 林国先："城镇化道路的制度分析"，载《福建农林大学学报（哲学社会科学版）》2002年第3期。

[39] 农业部课题组："21世纪初期我国农村就业及剩余劳动力利用问题研究"，载《中国农村经济》2000年第5期。

[40] 仇保兴："中国的新型城镇化之路"，载《中国发展观察》2010年第4期。

[41] 辜胜阻："论中国城镇化发展观"，载《人口学刊》1991年第6期。

[42] 黎石秋："新型城镇化应是人本城镇化"，载《中国乡村发现》2013年第2期。

[43] 陈锋："城市规划理想主义和理性主义之辩"，载《城市规划》2007年第2期。

[44] 张同升："中国城镇化发展的现状、问题与对策"，载《城市问题》2009年第8期。

[45] 辜胜阻："中国城镇化机遇、问题与路径"，载《中国市场》2013年第3期。

[46] 文军："城市文明：内涵和谐价值理念"，载《理论视野》2007年第6期。

[47] 张少彤、王芳、王理达："智慧城市的发展特点与趋势"，载《电子政务》2013年第4期。

[48] 邱爱军："中国城镇化发展与智慧城市的建设"，载《低碳世界》2012年第5期。

[49] 辜胜阻、王敏："智慧城市建设的理论思考与战略选择"，载《中国人口·资源与环境》2012年第5期。

[50] 向春玲:"在城镇化进程中坚持统筹与均衡",载《唯实》2013年第2期。

[51] 袁建新、郭彩琴:"新型城镇化:内涵、本质及其认识价值——十八大报告解读",载《苏州科技学院学报(社会科学版)》2013年第3期。

[52] 杨仪青:"新型城镇化发展的国外经验和模式及中国的路径选择",载《农业现代化研究》2013年第4期。

[53] 阮青、邓文钱:"发展智慧农业问题研究——以广西为例",载《桂海论丛》2013年第2期。

[54] 胡宝荣:"论户籍制度与人的城镇化",载《福建论坛(人文社会科学版)》2013年第12期。

[55] 曹景椿:"加强户籍制度改革,促进人口迁移和城镇化进程",载《人口研究》2001年第5期。

[56] 李忠:"城镇化和土地制度问题研究",载《经济研究参考》2005年第48期。

[57] 杨真贵:"新型城镇化中的土地制度改革",载《中国地产市场》2013年第7期。

[58] 骆小平:"'智慧城市'的内涵论析",载《城市管理与科技》2010年第6期。

[59] 叶连松:"中国特色城镇化发展趋势",载《环渤海经济瞭望》2012年第1期。

[60] 李海青:"困境中的马克思主义哲学研究——一种反思视角",载《哲学研究》2012年第3期。

[61] 刘维奇、焦斌龙:"城市及城市化的重新解读",载《城市问题》2006年第6期。

[62] 刘慧勇:"论市政建设债",载《城市》2001年第3期。

[63] 仇保兴:"当前经营城市的基本矛盾及对策研究",载《城市发展研究》2001年第3期。

[64] 邓静、孟庆民:"新城市发展理论评述",载《城市发展研究》2001年第1期。

[65] 徐良文、何建文:"经营城市的筹资思路",载《经济理论与经济管理》2001年第9期。

[66] 周诚君等:"经营城市:功能导向与制度创新",载《城市发展研究》2002年第1期。

[67] 黄汉权:"美国、巴西城市化和小城镇发展的经验及启示",载《中国农村经济》2004年第1期。

[68] 王如松:"转型期城市生态学前沿研究进展",载《生态学报》2000年第5期。

[69] 韩新辉等:"西部地区城镇体系宏观布局的生态化研究",载《西北农业科技大学学报(社会科学版)》2004年第6期。

[70] 向德平、牟坚:"城市生态化与生态城市建设",载《城市开发》2004年第1期。

[71] 田涛、李言:"用城建推动经济发展,全面提高城市综合竞争力",载《城市建设》2001年第1期。

[72] 吴易明:"循环经济是实现可持续发展经济的必然途径",载《凉山大学学报》2002年第4期。

[73] 陈学斌:"大力发展小城镇经济,加速推进农村城镇化进程",载《宏观经济管理》2000年第3期。

[74] 陈忠:"城市制度:城市发展的核心框架",载《城市问题》2003年第4期。

[75] 仇保兴:"城镇化的挑战与希望",载《城市发展研究》2011年第8期。

[76] 仇保兴:"我国城镇化的特征、动力与规划调控",载《城市发展研究》2003年第8期。

[77] 李长虹:"信息化与城市空间的创新",载《中国软科学》2003年第1期。

[78] 李树琮:"推进我国城市化的再思考",载《中国城市经济》2008年第1期。

[79] 刘传江:"论中国城市化发展的制度创新",载《理论与改革》2001年第9期。

[80] 厉以宁:"走向城乡一体化:建国60年城乡体制的变革",载《北京大学学报(哲学社会科学版)》2009年第6期。

[81] 林杰、申波:"日本城镇化发展的经验借鉴与启示",载《日本问题研究》2007年第3期。

[82] 温铁军:"中国的城镇化道路与相关制度问题",载《开放导报》2000年第5期。

[83] 辜胜阻、李正友:"中国自下而上城镇化的制度分析",载《中国社会科学》1998年第2期。

[84] 周一星:"关于中国城镇化速度的思考",载《城市规划》2006年第1期。

[85] 李克强:"协调推进城镇化是实现现代化的重大战略选择",载《行政管理改革》2012年第11期。

## 五、主要参考文献(报纸论文)

(一)报纸类

[1] 陈忠:"社会理论的空间转向与中国城市哲学的构建",载《中国社会科学报》2012年3月28日。

[2] 李永中:"'新城镇化'应基于人的价值实现",载《光明日报》2013年3月15日。

[3] 苗光新:"城镇化进程中出现的问题与对策",载人民网:http://people.com.cn,2011年4月15日访问。

[4] 李强:"城镇化的关键是农民市民化",载《人民日报》2013年8月11日访问。

[5] 谢彩文、陆小平:"广西水果总产量居全国第五 总产值达114.87亿元",载广西新闻网:http://www.gxnews.com.cn,2008年10月12日访问。

[6] 辜胜阻:"城镇化要坚持'市场主导,政府引导'发展模式",载人民网:http://people.com.cn,2013年11月29日访问。

[7] 万建民:"大力推进'智慧城市'建设",载《经济日报》2011年2

月 18 日。

[8] 冯云廷:"城乡统筹中的城市化模式变革",载《长江日报》2005 年 12 月 15 日。

[9] 陈忠:"城市社会正在来临",载《中国社会科学报》2011 年 10 月 20 日。

[10] 薛蒙林:"城镇化背景下的'三农'逻辑",载《学习时报》2013 年 1 月 7 日。

[11] 李永中:"'新城镇化'应基于人的价值实现",载《光明日报》2013 年 3 月 10 日。

[12] 刘勇:"我国城市化回顾与展望",载《中国经济时报》1999 年 4 月 14 日。

[13] 邓文钱:"韩国新村运动的成功经验",载《学习时报》2013 年 12 月 18 日。

[14] 韩俊:"农民工市民化实质是公共服务均等化",载《经济参考》2013 年 2 月 4 日。

[15] 中共广西壮族自治区委员会、广西壮族自治区人民政府:《关于实施农户"万元增收工程"的意见》,2011 年 7 月 3 日。

## (二) 学位论文及会议论文

[1] 胡际权:"中国新型城镇化发展研究",西南农业大学 2005 年博士学位论文。

[2] 石永林:"基于可持续发展的生态城市建设研究",哈尔滨工业大学 2006 年博士学位论文。

[3] 范卿泽:"基于中小企业集群的西部城镇化路径研究",重庆大学 2008 年博士学位论文。

[4] 杜宇能:"工业化城镇化农业现代化进程中的国家粮食安全问题",中国科技大学 2013 年博士学位论文。

[5] 成德宁:"城镇化与经济发展",武汉大学 2000 年博士学位论文。

[6] 李邦铭:"马克思恩格斯城乡关系思想及其当代价值",中南大学 2012 年博士学位论文。

[7] 许才山:"中国城镇化的人本理念与实践模式研究——在马克思主义及其人本思想视域上",东北师范大学 2008 年博士学位论文。

[8] 王士兰等:"当代小城镇规划背景和理念",载《中国城市规划学会 2001 年年会论文集:住宅与社会规划》2001 年。

[9] 江泽民:"全面建设小康社会 开创中国特色社会主义事业新局面",载《中国共产党第十六次全国代表大会报告》2002 年。

[11] 胡锦涛:"高举中国特色社会主义伟大旗帜 为争取全面建设小康社会新胜利而奋斗",载《中国共产党第十七次全国代表大会报告》2007 年。

## (三) 外文部分

[1] Christopher Wilson, *The Dictionary of Demography*, Oxford: Basil Blackwell Ltd, 1986.

[2] Louis Wirtih., "Urbanism as a Way of Life", *American Journal of Sociology*, 1989, 29.

[3] Gordon Childe, *What Happened in History*, London: Penguin, 1957.

[4] R. Dahrendorf, *Class Conflict in Industrial Society*, Stanford: University Press, 1959.

[5] Patrick Collinson, "Property: A Slowdown Will Mean a Steadier Market", *Guardian Newspaper*, 2000.

[6] L. John and Barbara Hammond, *The British Industrial Revolution: Triumph or Disaster?* Boston: D. C Heath & Compay, 1958.

[7] Alexis de Tocqueville, *Poor Essays*, New York: Harper Torchbooks, 1968.

[8] Gavin W. Jones and Pravin Visaria, *Urbanization in Large Developing Countries: China, Indonesia, Brazil, and India, Series Theme: International Studies in Demography*, Publishing Company: Oxford: Clarendon Press, 1997.

[9] Richard Rodger, *A Consolidated Bibliography of urban History*, Publishing Company: England: Scolar Press, 1996.

[10] Josef Gurgler, *Cities in the Developing World: Issues, Theory, and Policy*, Publishing Company: New York: Oxford University Press, 1997.

# 参考文献

[11] T. W. Secular, "Institutions and the Rising Economic Value of Man", *American Journal of Agricultural Economics*, June 1968.

[12] H. Nico and K. Marijike, "China's New Rural Income Support Policy: Impacts on Grain Production and Rural Income Inequalitiy", *China & World Economy*, June 2006.

[13] W. Zou and H. Zhou, "Classification of Growh Chubs and Convergence: Evidence from Panel Data in China", *1981~2004 China & World Economy*, May 2007.

[14] T. W. Schultz, "Institutions and the Rising Economic Value of Man", *American Joural of Agricultural Economic*, June 1968.

[15] W. John, "China's Economy in 2005: at a New Turning Point and Need to Fix its Development Problems", *China & World Economy*, Febuary 2005.

[16] Y. F. Lin, "An Economic Theory of Institutional Change: Induced and Imp", *Cato Journal*, January 1989.

[17] C. D. Ma, "Relationship between Ecological Economics and Circular Economy, Ecoindustry, Cleaner Production, and other Relevant Categories", *Ecological Economy*, April 2006.

# 后 记

本书是在我的博士毕业论文修改的基础上完成的。非常感谢我的博士生导师、中共中央党校哲学教研部阮青教授。感谢导师给我提供无微不至的指导和无私的帮助。导师多次强调，马克思主义哲学不仅是一种科学的世界观，而且还是一种方法论，要善于从哲学视角来分析当前社会生活的重大现实问题。正是导师悉心指导，根据个人研究兴趣，结合社会热点重点问题，本选题才得以形成。论文在写作过程中，从谨慎地选择论题，到合理地布局结构，充分地论证观点，清晰地表述内容，都是在导师细心指点和耐心纠正下完成的。学海无涯，在以后学习研究工作中，牢记导师谆谆教导，深思笃行、严谨治学，扎实做好学术研究工作，以期回报导师的厚爱。

本书得以付梓，得到齐鲁工业大学（山东省科学院）社科处领导和马克思主义学院领导的关心和支持，他们也对本书修改完善提出一些宝贵的意见和建议。在此，对各位领导和专家学者的支持和帮助表示衷心感谢。

写作过程中我翻阅了大量的文献，参考了许多专家、学者的优秀研究成果，并对这些研究者表示感谢。

由于本书涉猎问题广泛，加上笔者水平所限，难免会出现疏漏和不足之处，感谢所有对本书提出批评的人。

邓文钱<br>
2018 年 6 月